欧州サステナビリティ報告基準

ESRS

European
Sustainability
Reporting
Standards

ハンドブック

三井久明＋片岡まり—————————著

中央経済社

はしがき

●本書の背景と目的

　環境や社会の持続可能性あるいはサステナビリティに対する関心は，日に日に高まっています。持続可能な開発目標（SDGs）が2015年に登場したころ，サステナビリティという概念はまだ目新しいものであり，SDGsは国際協力の枠組みのようにみなされていました。地球温暖化，温室効果ガスといったテーマも，どちらかというと環境分野の専門家が専門誌などで取り上げるものであり，我々の生活に直接の影響を与えるものとまでは意識されていなかったように思います。

　その後10年が経過し，2020年代の半ばに差し掛かると，地球温暖化は我々の生活に直接の影響を与えるようになりました。暴風雨，洪水，豪雪，熱波など季節を問わず「気象庁観測史上初」の異常気象に見舞われるようになりました。豪雨が土砂崩れや河川氾濫を招き，橋が流され家屋が倒壊し深刻な人的被害を引き起こすまでになりました。さらに，熱波に起因する山火事の発生や，気温上昇による農業や酪農，漁業への影響は，世界的な食糧価格の高騰を招き，食料の安定供給が不安視されています。過去10年で，地球の温暖化による気候変動は一般の人々の大きな関心事となりました。

　環境問題だけでなく，過去数年間で人権面の社会課題も人々の関心事となり，これがビジネスにも影響を与えるようになりました。2020年にH&M等が中国新疆ウイグル自治区の綿花を使った綿製品の調達を停止した事態は，世界の消費者の注目を集め，日本企業も対応に追われました。特に，就業人口の減少が加速する日本や先進国では，機会の平等や多様性の尊重と包摂，そして心理的安全性の確保といった，労働者の人権を尊重できなければ人財を集めることができない社会へと移行しています。

　環境・社会・ガバナンス面のサステナビリティ関連情報も考慮した投資をESG投資と呼び，企業のサステナビリティ関連情報は投資家等の意思決定において重要な情報になっています。しかし，企業のサステナビリティに関する情報は，投資家等に限定された関心事ではなく，消費者といった一般の人々や求

職者，NGO，地域社会，行政など様々な立場の人々にとっても大きな関心事です。

投資家等への情報提供を目的としてサステナビリティ関連の重要課題を絞り込む考え方をシングル・マテリアリティと呼びます。一方，幅広い立場の人々への情報提供も目的として重要課題を絞り込む考え方をダブル・マテリアリティと呼びます。ESRS（欧州サステナビリティ報告基準）は，後者の立場をとっています。ESRSを採択したEUの欧州委員会は，サステナビリティ関連情報は，投資家等だけでなく多くの人々に提供されるべきであり，企業価値への影響だけでなく，社会や環境へのインパクトも重視して重要課題が絞り込まれるべきと考えています。同じダブル・マテリアリティの考え方をとるGRI（グローバル・レポーティング・イニシアティブ）とEUとは，ESRS起草の初期段階から綿密な協議を重ね，強く連携しています。

本書は，2023年7月31日に欧州委員会から公開されたESRSの内容を紹介することを目的にしています。とりわけ，この基準の根底に流れているダブル・マテリアリティの概念については，背景とともに，なるべく平易な言葉で，図表を使いながらわかりやすく解説することを心掛けています。本書を通じてESRSの構成や内容，ダブル・マテリアリティの概念を理解いただけますと幸いです。さらに社会の中に存在する「会社」が社会と共栄するために，自社のサステナビリティについて改めて考えるきっかけになることを願います。

●適用対象・時期と訳語

ESRSの適用対象企業や適用時期はCSRD（企業サステナビリティ報告指令[1]）により規定されています。本書は2024年9月時点の情報に基づいており，当時の決定は第1章第2節にまとめられています。しかしながら，こうした決定は常に変更される可能性があります。特に，2026年には，EU域外企業向けに追加の基準が作成される予定です。日本企業に求められる開示事項がこの基準により明確に示されることが見込まれますが，本書の執筆時点ではその具体

---

1 2023年1月にEU域内の大企業および上場企業を対象に発効された，サステナビリティの情報開示に関する指令

はしがき　III

的内容は明らかになっていません。ESRSの適用や開示内容等に関する最新の情報は，ウェブサイト等でぜひご確認ください。

　なお，ESRSはEU加盟国の公用語である24カ国語で作成されています。英国はEUから脱退しましたが，他にも英語を公用語とする加盟国があるため英語版も作成されています。しかしながら日本はEUの加盟国ではないため，ESRSの公式日本語版は発表されていません。本書はESRSの英語版に基づいて作成されています。訳語は，原則として日本貿易振興機構（JETRO）が2024年5月に公開した下記の文書で使われている表記に揃えました。

- 『CSRD適用対象日系企業のためのESRS適用実務ガイダンス』（2024年5月）日本貿易振興機構 調査部・ブリュッセル事務所

　また，ESRSでの用語はGRIスタンダードの用語と共通する部分も多いため，GRIスタンダード（2021年）の公式日本語版の用語に揃えた部分もあります。各章を通じて用語の統一を心掛けていますが，本書で使われている用語や記述が不明な場合は，該当箇所を英語版にて確認願います。

　本書では第2章がESRS 1（全般的要求事項），第3章がESRS 2（全般的開示事項），第4章がESRS E1～G1（項目別基準）の内容を解説しています。ESRSでの記述内容を説明する場合，常に英語版の該当パラグラフ番号を括弧（　）内に示しています。例えば下記のとおりです。

（ESRS 1.43）	ESRS 1のパラグラフ番号43
（ESRS 2.1～2）	ESRS 2のパラグラフ番号1～2
（ESRS E1.1～7）	ESRS E1のパラグラフ番号1～7
（ESRS E1.AR39～55）	ESRS E1のパラグラフ番号AR39～55

　ここで，パラグラフ番号にARが付くものは，各項目別基準に添付されている付録Aの適用要件（Application Requirements）でのパラグラフ番号を意味します。こうしたパラグラフ番号を，本書内の記述について英語版で確認する際にご利用ください。

●謝辞

本書の執筆に際しては，GRI-GSSB[2]理事でありゼロボード総研所長の待場智雄氏に全般的な助言をいただきました。同様に，（一社）株主と会社と社会の和　代表理事である山崎直実氏には日ごろからのディスカッションを通じて，企業のサステナビリティ経営のあり方についての示唆をいただきました。加えて（株）国際開発センターの研究助手の岸田和香氏には，初稿段階でのチェックと校正作業を手伝っていただきました。さらに，中央経済社の坂部秀治常務には本書の企画段階から相談にのっていただき，貴重な助言をいただきました。本書は支援いただいた方々のおかげで完成したものであり，皆様に心から感謝申し上げます。

しかしながら，本書における記述および見解は筆者が責任を負うものであり，万が一記述内容に誤りがあるとすれば，助言や支援をいただいた方々ではなく，すべて筆者の誤認識によるものです。また，本書における解釈や見解は，筆者がそれぞれ所属する（株）国際開発センターおよびSDGs室，（一社）株主と会社と社会の和の見解を反映するものではないことも申し添えます。

2024年12月

三井久明
片岡まり

2　Global Sustainability Standards Board。GRIスタンダードの設定機関。様々な技術的専門知識と経験を有する15名の理事から構成される。

CONTENTS

第1章	ESRS総論

第1節　ESRSで目指したこと……………………………………2

(1) 開示基準の明確化・統一化　2

(2) 適用対象企業の拡大　3

(3) 開示場所の指定と開示情報の保証　4

(4) ダブル・マテリアリティ　5

① ダブル・マテリアリティとは　5

② インパクト・マテリアリティとは　5

③ 財務マテリアリティとは　6

④ 2つのマテリアリティの目線の違い　6

⑤ ダブル・マテリアリティとシングル・マテリアリティの関係　7

⑥ なぜESRSはダブル・マテリアリティを採るのか　8

⑦ ESRSにおけるマテリアリティの特徴　8

第2節　ESRSの適用対象・時期 ……………………………………9

(1) 適用対象となる企業　9

(2) EU域外企業向けの基準　11

(3) 適用時期　12

第3節　ESRSの構造 ……………………………………14

(1) 全体構造　14

(2) 横断的基準（ESRS 1・ESRS 2）　16

① ESRS 1（全般的要求事項）　16

② ESRS 2（全般的開示事項）　16

(3) 項目別基準（ESRS E1〜G1）　18

⑷　セクター別基準　　18

第2章　ESRSの構造と基礎概念（ESRS 1）

第1節　ESRSの構造 ……………………………………………… 22
⑴　ESRSのカテゴリー　　22
　①　横断的基準　　23
　②　項目別基準　　23
⑵　報告領域　　25
⑶　起草規則　　27
　①　インパクトおよびリスク・機会の定義　　27
　②　必須と任意の開示事項　　28

第2節　情報の定性的特性 ……………………………………… 30
⑴　情報開示の基本的な特性　　31
　①　関 連 性　　31
　②　忠実な表現　　31
⑵　情報開示を改善する特性　　32
　①　比較可能性　　32
　②　検証可能性　　33
　③　理解可能性　　33

第3節　ダブル・マテリアリティ ……………………………… 35
⑴　インパクト・マテリアリティ　　36
　①　インパクトとは　　36
　②　マイナスのインパクト　　37
⑵　財務マテリアリティ　　38
⑶　2つのマテリアリティの関連性　　39
⑷　2つのマテリアリティにとってのステークホルダー　　40

第4節　インパクト・マテリアリティの決定プロセス …… 41

- (1) インパクト・マテリアリティ決定のステップ　42
  - ① ステップ1：背景の理解　42
  - ② ステップ2：インパクトの特定　42
  - ③ ステップ3：報告項目の決定　43
- (2) マイナスのインパクトを及ぼす事例　44

第5節　財務マテリアリティの決定プロセス ………………… 45

- (1) 財務マテリアリティの決定プロセス　45
  - ① インパクト・マテリアリティの特定　45
  - ② 将来のシナリオ・予測の検討　46
  - ③ 発生可能性，影響の重大性の検討　46
- (2) 各種資源への依存　47
  - ① 天然資源への依存　47
  - ② 社会的資源への依存　48
  - ③ 人的資源への依存　49

第6節　開示項目の特定 ……………………………………… 50

- (1) 開示決定までの手順　50
  - ① 項目が重大であると判断されなかった場合　51
  - ② 項目が重大であると判断された場合　51
- (2) 開示情報の細分化と集約　52

第7節　デュー・ディリジェンス ………………………………… 52

- (1) デュー・ディリジェンスの意味　52
- (2) デュー・ディリジェンスのプロセス　53

第8節　バリューチェーン ……………………………………… 54

- (1) バリューチェーンの意味　54
  - ① バリューチェーンとは　54
  - ② サプライチェーンとの違い　55

⑵　バリューチェーンの情報開示の課題の例　　56

　①　原 材 料　56

　②　サプライヤー　　56

　③　調達物流　　57

　④　操　　業　　57

　⑤　販　　売　　57

　⑥　製品の使用　　58

　⑦　製品の廃棄　　58

第9節　時 間 軸 ……………………………………………… 59

⑴　時間軸の定義　　59

⑵　異なる定義の使用　　60

第10節　サステナビリティ情報の作成と提示 ……………… 60

⑴　比較情報の提示　　60

⑵　推定と不確実性　　61

⑶　過去の報告内容の修正　　62

⑷　連結レベルの報告　　62

⑸　機密情報の省略　　63

⑹　サステナビリティ情報の記載場所　　63

　①　2つのケース　　63

　②　マネジメントレポートの専用セクションでの記載　　64

　③　他の報告書等からの参照　　65

　④　留 意 点　　66

第11節　経過措置 …………………………………………… 67

⑴　セクター別基準の利用　　67

⑵　バリューチェーンの情報開示　　67

⑶　比較情報の提示　　68

⑷　その他の経過措置対象事項　　68

CONTENTS v

第3章 | 全般的開示事項 (ESRS 2)

第1節 概　　要 ……………………………………………………… 72

第2節 全般的開示事項 ……………………………………………… 74

(1) 作成の基礎 (BP)　74

　(i) BP-1：サステナビリティ報告作成にあたっての一般的根拠　74

　(ii) BP-2：特定の状況に関連する開示　75

(2) ガバナンス (GOV)　77

　(i) GOV-1：管理，経営および監督機関の役割　77

　(ii) GOV-2：管理，経営および監督機関への情報提供　78

　(iii) GOV-3：サステナビリティに関するインセンティブ制度　79

　(iv) GOV-4：デュー・ディリジェンスに関する声明　79

　(v) GOV-5：サステナビリティに関するリスク管理と内部統制　80

(3) 戦略 (SBM)　81

　(i) SBM-1：戦略，ビジネスモデル，バリューチェーン　81

　(ii) SBM-2：ステークホルダーの利害と見解　82

　(iii) SBM-3：重大なインパクト，リスクおよび機会と，戦略およびビジネスモデルとの相互作用　83

(4) インパクト・リスク・機会の管理 (IRO)　85

　① マテリアリティ評価プロセスの開示　85

　(i) IRO-1：重大なインパクト，リスク，機会を特定し評価するプロセスの説明　86

　(ii) IRO-2：事業者のサステナビリティ・ステイトメントによってカバーされるESRSの開示要件　88

　② マテリアリティ評価プロセスの開示　90

　(i) MDR-P：重大なサステナビリティ事項を管理するために採用された方針　91

　(ii) MDR-A：重大なサステナビリティ事項に関する行動とリソース　92

(5) 指標とターゲット (MT)　93

　(i) MDR-M：重大なサステナビリティ事項に関する指標　94

（ii） MDR-T：ターゲットを通じた方針と行動の有効性の追跡　94

第3節　ESRS 2の開示要件と項目別基準 …………………… 95

| 第4章 | 項目別開示基準 |

第1節　E1「気候変動」……………………………………… 100
⑴　目　　的　100
⑵　他のESRSとの関連　101
⑶　開示要件　102
　①　ガバナンス（GOV）　104
　　（i）　GOV-3補足　104
　　（ii）　開示要件E1-1：気候変動緩和のための移行計画　104
　②　戦略（SBM）　106
　　（i）　SBM-3補足　106
　③　インパクト・リスクおよび機会の管理（IRO）　106
　　（i）　IRO-1補足　106
　　（ii）　開示要件E1-2：気候変動の緩和と適応に関する方針　108
　　（iii）　開示要件E1-3：気候変動に関する行動とリソース　108
　④　指標とターゲット（MT）　109
　　（i）　開示要件E1-4：気候変動の緩和と適応に関するターゲット　109
　　（ii）　開示要件E1-5：エネルギー消費量と構成　111
　　（iii）　開示要件E1-6：スコープ1，2，3およびGHG総排出量　113
　　（iv）　開示要件E1-7：カーボンクレジットによるGHGの除去と緩和の取組み　114
　　（v）　開示要件E1-8：社内炭素価格（社内カーボンプライシング）の設定　116
　　（vi）　開示要件E1-9：重大な物理的・移行的リスク，潜在的な気候関連機会から予想される財務上の影響　117

第2節　E2「汚染」……………………………………………… 120
⑴　目　　的　120

(2) 他のESRSとの関連　121

(3) 開示要件　122

① インパクト・リスク・機会の管理（IRO）　123

(i) IRO-1補足　123

(ii) 開示要件E2-1：汚染に関する方針　124

(iii) 開示要件E2-2：汚染に関する行動とリソース　125

② 指標とターゲット（MT）　126

(i) 開示要件E2-3：汚染に関するターゲット　126

(ii) 開示要件E2-4：大気，水質，土壌の汚染　127

(iii) 開示要件E2-5：懸念物質と高懸念物質　128

(iv) 開示要件E2-6：重大な汚染に関するリスクから予想される財務上の影響　129

第3節　E3「水と海洋資源」 ………………………………………… 131

(1) 目　的　131

(2) 他のESRSとの関連　132

(3) 開示要件　133

① インパクト・リスク・機会の管理（IRO）　134

(i) IRO-1補足　134

(ii) 開示要件E3-1：水と海洋資源に関する方針　135

(iii) 開示要件E3-2：水および海洋資源に関連する行動およびリソース　137

② 指標とターゲット（MT）　138

(i) 開示要件E3-3：水と海洋資源に関するターゲット　138

(ii) 開示要件E3-4：水消費　140

(iii) 開示要件E3-5：水および海洋資源に関連する重大なリスクおよび機会による財務上の影響　141

第4節　E4「生物多様性と生態系」 ……………………………… 143

(1) 目　的　143

(2) 他のESRSとの関連　144

(3) 開示要件　144

① 戦略（SBM） 146
(i) SBM-3補足 146
(ii) 開示要件E4-1：戦略およびビジネスモデルにおける生物多様性および生態系の移行計画と考察 147
② インパクト・リスク・機会の管理（IRO） 149
(i) IRO-1補足 149
(ii) 開示要件E4-2：生物多様性と生態系に関する方針 152
(iii) 開示要件E4-3：生物多様性と生態系に関する行動とリソース 154
③ 指標とターゲット（MT） 156
(i) 開示要件E4-4：生物多様性と生態系に関するターゲット 156
(ii) 開示要件E4-5：生物多様性と生態系の変化に関するインパクト指標 158
(iii) 開示要件E4-6：生物多様性と生態系に関する重大なリスクおよび機会による財務上の影響 161

第５節 E5「資源利用と循環経済」…… 163
(1) 目　的 163
(2) 他のESRSとの関連 165
(3) 開示要件 166
① インパクト・リスク・機会の管理（IRO） 167
(i) IRO-1補足 167
(ii) 開示要件E5-1：資源利用と循環経済に関する方針 170
(iii) 開示要件E5-2：資源利用と循環経済に関する行動とリソース 171
② 指標とターゲット（MT） 173
(i) 開示要件E5-3：資源利用と循環経済に関するターゲット 173
(ii) 開示要件E5-4：資源の流入 175
(iii) 開示要件E5-5：資源の流出 177
(iv) 開示要件E5-6：資源利用と循環型経済に関連する重大なリスク・機会から予想される財務上の影響 179

第６節 S1「自社の従業員」…… 181
(1) 目　的 181
(2) 他のESRSとの関連 183

CONTENTS ix

(3) **開示要件** 183

① 戦略（SBM） 185

(ⅰ) SBM-2補足 185

(ⅱ) SBM-3補足 185

② インパクト，リスクおよび機会の管理（IRO） 187

(ⅰ) 開示要件S1-1：自社の従業員に関する方針 187

(ⅱ) 開示要件S1-2：インパクトに関して自社の従業員および労働者代表と関わりを持つためのプロセス 188

(ⅲ) 開示要件S1-3：マイナスのインパクトを是正するためのプロセス，および従業員が懸念を表明するためのチャンネル 190

(ⅳ) 開示要件S1-4：自社の従業員に対する重大なインパクトへの行動，および自社の従業員に関連する重大なリスクの緩和と重大な機会の追求への取組み，およびそれらの行動の有効性 191

③ 指標とターゲット（MT） 192

(ⅰ) 開示要件S1-5：重大なマイナスのインパクトの管理，プラスのインパクトの推進，重大なリスクと機会の管理に関連するターゲット 192

(ⅱ) 開示要件S1-6：自社の従業員の特徴 194

(ⅲ) 開示要件S1-7：非従業員の特徴 195

(ⅳ) 開示要件S1-8：団体交渉の適用範囲と社会的対話 196

(ⅴ) 開示要件S1-9：多様性の指標 197

(ⅵ) 開示要件S1-10：適切な賃金 197

(ⅶ) 開示要件S1-11：社会保護 198

(ⅷ) 開示要件S1-12：障害のある人々 199

(ⅸ) 開示要件S1-13：研修・能力開発の指標 199

(ⅹ) 開示要件S1-14：労働安全衛生の測定基準 200

(xi) 開示要件S1-15：ワーク・ライフ・バランス指標 201

(xii) 開示要件S1-16：報酬指標（給与格差および報酬総額） 202

(xiii) 開示要件S1-17：事故，苦情および人権への深刻なインパクト 202

第7節　S2「バリューチェーンにおける労働者」⋯⋯⋯ 205

(1) 目　的 205

(2) 他のESRSとの関連　207

(3) 開示要件　207

① 戦略（SBM）　209

(i) SBM-2補足　209

(ii) SBM-3補足　209

② インパクト，リスクおよび機会の管理（IRO）　212

(i) 開示要件S2-1：バリューチェーンの労働者に関する方針　212

(ii) 開示要件S2-2：インパクトについてバリューチェーン労働者と関わりを持つためのプロセス　213

(iii) 開示要件S2-3：マイナスのインパクトを是正するためのプロセス，およびバリューチェーンで働く人々が懸念を表明するためのチャンネル　215

(iv) 開示要件S2-4：バリューチェーンの労働者に対する重大なインパクトへの行動，およびバリューチェーンの労働者に関連する重大なリスクの緩和と重大な機会の追求への取組み，およびそれらの行動の有効性　216

③ 指標とターゲット（MT）　218

(i) 開示要件S2-5：重大なマイナスのインパクトの管理，プラスのインパクトの推進，重大なリスクと機会の管理に関連するターゲット　218

第8節　S3「影響を受けるコミュニティ」 …………………… 220

(1) 目　的　220

(2) 他のESRSとの関連　221

(3) 開示要件　221

① 戦略（SBM）　223

(i) SBM-2補足　223

(ii) SBM-3補足　223

② インパクト，リスクおよび機会の管理（IRO）　226

(i) 開示要件S3-1：影響を受けるコミュニティに関する方針　226

(ii) 開示要件S3-2：インパクトについて影響を受けるコミュニティと関わりを持つためのプロセス　226

(iii) 開示要件S3-3：マイナスのインパクトを是正するためのプロセス，お

および影響を受けたコミュニティが懸念を表明するためのチャンネル
228

(iv) 開示要件S3-4：影響を受けるコミュニティに対する重大なインパクト
への行動，および影響を受けるコミュニティに関連する重大なリスク
の緩和と重大な機会の追求への取組み，およびそれらの行動の有効性
231

③ 指標とターゲット（MT）　233

(i) 開示要件S3-5：重大なマイナスのインパクトの管理，プラスのインパ
クトの推進，重大なリスクと機会の管理に関連するターゲット
233

第9節　S4「消費者とエンドユーザー」 ……………………… 235

(1) 目　　的　235

(2) 他のESRSとの関連　236

(3) 開示要件　236

① 戦略（SBM）　238

(i) SBM-2補足　238

(ii) SBM-3補足　239

② インパクト，リスクおよび機会の管理（IRO）　241

(i) 開示要件S4-1：消費者・エンドユーザーに関する方針　241

(ii) 開示要件S4-2：インパクトについて消費者およびエンドユーザーと関
わりを持つためのプロセス　242

(iii) 開示要件S4-3：マイナスのインパクトを是正するためのプロセス，お
よび消費者とエンドユーザーが懸念を表明するためのチャンネル
243

(iv) 開示要件S4-4：消費者およびエンドユーザーに対する重大なインパク
トへの行動，および消費者およびエンドユーザーに関連する重大なリ
スクの緩和と重大な機会の追求への取組み，およびそれらの行動の有
効性　246

③ 指標とターゲット（MT）　248

(i) 開示要件S4-5：重大なマイナスのインパクトの管理，プラスのインパ
クトの推進，重大なリスクと機会の管理に関連するターゲット
248

第10節　G1「企業行動」 ·· 251

(1) 目　　的　251

(2) 他のESRSとの関連　251

(3) 開示要件　251

　① ガバナンス（GOV）　253

　　(i) GOV-1補足　253

　② インパクト，リスクおよび機会の管理（IRO）　254

　　(i) IRO-1補足　254

　　(ii) 開示要件G1-1：企業行動方針および企業文化　254

　　(iii) 開示要件G1-2：サプライヤーとの関係の管理　256

　　(iv) 開示要件G1-3：腐敗・賄賂の防止と発見　257

　③ 指標とターゲット（MT）　258

　　(i) 開示要件G1-4：腐敗または贈収賄の事例　258

　　(ii) 開示要件G1-5：政治的影響力およびロビー活動　259

　　(iii) 開示要件G1-6：支払実務　261

第5章　関連する報告枠組み

第1節　サステナビリティ報告枠組みの変遷 ················ 264

(1) サステナビリティ報告の黎明　264

　① GRIの誕生（1997年）　264

　② PRIの提唱（2006年）　265

　③ TCFD提言（2017年）　266

(2) 報告枠組みの乱立と収斂　267

　① アルファベットスープ　267

　② IFRS財団を中心とした報告枠組みの収斂　270

　③ GRIの対応　273

(3) ESRSの策定　273

　① 欧州グリーンディール　273

　② EFRAGによるESRSの作成　274

CONTENTS xiii

第2節　GRIスタンダードとESRS ································ 275

(1) GRIスタンダードの概要　275

① GRIスタンダードの発行　275

② GRIスタンダードの構成　276

(2) ESRSとの相関性　278

① マテリアリティの視点　278

② バリューチェーン上の不足情報等への対応　279

③ 省略の可能性　280

④ 財務諸表との連結性　280

⑤ 情報の記載場所　281

⑥ 外部保証　282

⑦ 項目の分類方法　282

第3節　IFRSサステナビリティ開示基準とESRS ············· 284

(1) IFRSサステナビリティ開示基準の概要　284

(2) ESRSとの相関性　284

① マテリアリティの視点　284

② バリューチェーン上の不足情報等への対応　285

③ 省略の可能性　286

④ 財務諸表との連結性　286

⑤ 情報の記載場所　287

⑥ 外部保証　288

⑦ 開示事項の相関性　288

第4節　EUの関連法令 ·· 289

(1) サステナブル投資に関するEUタクソノミー規則　290

(2) 金融機関等に対するサステナビリティ関連情報開示規則（SFDR）
293 291

(3) コーポレート・サステナビリティ・デュー・ディリジェンス指令
292

第6章	ESRS対応の経営への活用

第1節　日本企業におけるサステナビリティ情報開示の変遷
··· 296

(1) 【1960年代〜1990年代前半】社会的責任を果たすため　296

(2) 【1990年代後半〜現在】GRIとESG関連投資インデックスへの対応
297

(3) 【将来に向けて】ESRS対応の検討を機に　298

第2節　ESRS対応経営に向けた4つのポイント ············· 299

(1) ポイント1：サステナビリティを「経営の仕事」として捉え直す
299

① 環境や社会の課題が事業に大きな影響を与える　299

② サステナビリティ推進部門の経営企画部門との統合　300

③ 企業の意思決定の場としてのサステナビリティ委員会　302

(2) ポイント2：情報開示は「マテリアリティ」に絞り込む　303

① 自社の持続可能性に本当に必要なものは何か　303

② ステークホルダーの関心に応え続ける　304

(3) ポイント3：「規定演技」のマテリアリティを必ず組み込む　305

(4) ポイント4：専門人材を育成し配置　307

第3節　ESRSを踏まえたマテリアリティ決定・開示の
ステップ ································· 308

(1) ロングリスト作成　309

① 開示基準等を参考にした作成　309

② 自身の目とステークホルダーの声で確認　310

(2) 社会や市場の変化の把握　310

(3) 秘伝のタレ・企業文化の確認　313

(4) ステークホルダーとの対話　314

① 対話を通じて課題を見出す　314

② ステークホルダーとの協働　315

⑸　財務上の影響の算出　317

⑹　マテリアリティの機関決定　319

⑺　サステナビリティ情報の開示　321

補章　ESRSの重要用語Q&A

1．マテリアリティ ———————————————————— 324

Q1-1　マテリアリティとは何か　324

Q1-2　シングルとダブルのマテリアリティの違い⑴　325

Q1-3　シングルとダブルのマテリアリティの違い⑵　328

Q1-4　2つのマテリアリティの併存理由　332

Q1-5　ダブル・マテリアリティ基準の利用状況　335

2．インパクト ————————————————————— 336

Q2-1　インパクト・マテリアリティの重要性　336

Q2-2　バリューチェーン上のインパクトへの関与　337

Q2-3　マイナスとプラスのインパクトの相殺　339

3．マテリアリティの評価 ——————————————— 340

Q3-1　財務諸表とサステナビリティ報告上の重要情報の違い　340

Q3-2　マテリアリティ評価の頻度　342

Q3-3　項目別基準で示されるサステナビリティ事項の扱い　343

Q3-4　複数のセクターで事業を行う場合のマテリアリティ評価　344

4．ステークホルダー ————————————————— 345

Q4-1　ステークホルダーの定義　345

Q4-2　ステークホルダーの優先順位と役割　347

Q4-3　サイレント・ステークホルダー　349

5．バリューチェーン ———————————————————— 350

Q5-1　バリューチェーンへのインパクト　350

Q5-2　バリューチェーンの範囲　352

Q5-3　バリューチェーンのデータ収集　353

Q5-4　バリューチェーンに関する推定値　354

第1章

ESRS総論

本章ではESRS（欧州サステナビリティ報告基準）の位置付けを理解いただくため，同基準が登場した背景や狙いについて説明します。さらに，ESRSが適用する対象範囲やESRSの全体構造について説明します。

第1節　ESRSで目指したこと

　EUの行政執行機関である欧州委員会は，事業者あるいは企業のサステナビリティ情報開示に関する新たな指令として，CSRD（Corporate Sustainability Reporting Directive：企業サステナビリティ報告指令）案を2021年4月に公表し，この指令は2023年1月に発効しました。ESRS（European Sustainability Reporting Standards：欧州サステナビリティ報告基準）は，このCSRDに基づく報告のための共通の基準という位置付けです。本節では欧州委員会がESRSを策定することで何を目指したのかについて，以下にまとめます。

(1)　開示基準の明確化・統一化

　EUは2014年以降，NFRD（Non-Financial Reporting Directive：非財務情報開示指令）という法令に基づき，域内の大手企業に対してサステナビリティ情報開示を求めてきました。2017年6月には「非財務情報ガイドライン」，2019年6月には「気候関連開示ガイドライン」を公開し，企業がNFRDに基づいて報告する際の手引きを提供しました。しかし，これらのガイドラインは強制適用ではなく，各企業が任意で参考とするものという位置付けでした。そのため，適用範囲や開示基準が明確でなく，情報量にばらつきがあり，信頼性や比較可能性が不十分という状況が生じていました。

　もともとこの指令の目的は，企業活動が環境や社会にどのような影響を与えているか，または気候変動などが企業経営にどのような影響を与えうるかといった情報の透明性を高めることです。それにより，「サステナビリティが高い企業に投資したい」と考えている投資家や，「サステナビリティが高い企業から製品などを買いたい」と考える市民に，判断のための物差しの提供を意図しています。開示情報量にばらつきがあり，信頼性や比較可能性に難があればこうした判断が難しくなるからです。

　そのため，EUはNFRDに続く新たな指令を作り，サステナビリティ情報の十分性，信頼性，比較可能性やアクセスの容易性を向上させ，報告書の利用における有用な情報提供を目指しました。これが，2023年に公開されたCSRDで

第1章　ESRS総論　**3**

す。

　必要な情報が比較可能な状態で開示されるためには，任意のガイドラインでは不十分であり，強制力のある報告基準が必要です。そのため，EUはEFRAG（European Financial Reporting Advisory Group：欧州財務報告諮問グループ）に委託して，新たな欧州サステナビリティ報告基準（ESRS）を作成しました。ESRSは2023年12月に施行され，EU域内外の対象企業がこれを利用したサステナビリティ報告を義務付けられます。ESRSに基づくサステナビリティ情報開示を行うことにより，企業間での比較可能性が向上し報告の信頼性が高まることが期待されています。

(2)　適用対象企業の拡大

　2019年12月，フォン・デア・ライエン氏は欧州委員会委員長に就くと，2050年までにカーボンニュートラル（温室効果ガスの実質排出ゼロ）の達成を目指す「欧州グリーン・ディール」を発表しました。本政策は，2019〜2024年の5カ年計画の中で，欧州のエネルギー，食料，交通システムの設計を根本的に見直す成長戦略として「最重要政策」の位置付けとなっています。カーボンニュートラルのほかに，人や動植物を汚染や公害から守り，欧州企業がクリーン技術や製品のリーダーとなり，誰も取り残さない公正な社会変革を実現するための包括的な気候・環境政策パッケージであるとしています。

　この欧州グリーン・ディールに基づいて2050年までにカーボンニュートラル等の目標を達成するには，通常のEU予算だけでは不足します。民間部門の莫大な資金を，グリーン化に貢献する企業や事業に誘導することが必要です。

　こうした必要性を1つの背景として，CSRDではESRSによる報告が義務付けられる企業の範囲が拡大しました。NFRDでは従業員500人超の企業が適用対象となっていたところ，CSRDでは対象範囲をすべての大企業，およびEU規制市場に上場するすべての企業（ただし零細企業を除く）が対象となりました。さらに，EU域外の企業であっても，適用対象の基準に該当する場合には，ESRS報告の対象となります。これにより，対象企業数はNFRDでは約1万社であったのが，CSRDでは5万社近くになると見込まれ，EU企業の総売上高の約75％がカバーされます。

図表1-1-1 CSRDによる適用対象企業の拡大

出所：筆者作成

(3) 開示場所の指定と開示情報の保証

　NFRDでは，サステナビリティ情報の開示場所については，企業の「マネジメントレポート（経営報告書）」の中を原則としつつも，開示場所が明らかであれば同レポート以外でも開示することが認められていました。一方，CSRDではサステナビリティ情報は，マネジメントレポートの中で開示することが義務化され，その他の媒体での開示は認められなくなりました。

　なお，EUにおけるマネジメントレポートとは，財務年次報告の法定開示の構成要素になっています[1]。すなわち，CSRDによってサステナビリティ情報開示が，財務年次報告において義務付けられます。さらに財務情報とサステナビリティ情報を単一の電子フォーマット（XHTML）で提出することも要求されます。これらにより，財務情報とサステナビリティ情報の結合性を明確にすることを目指しています。

　また，NFRDでは，監査人等によるサステナビリティ情報開示の「確認」を求めていましたが，情報の「保証」までは義務付けられていませんでした。一方CSRDでは，EU加盟各国の保証基準や要求等に基づく第三者保証を求めています。当面は限定的な保証業務が予定されていますが，限定的保証業務の実

1　JETRO『非財務情報と取締役会の多様性の開示に関するEU会社法改正の影響』（2014年4月）

務への適用が進んだ後に，合理的保証業務への移行が見込まれます。

(4)　ダブル・マテリアリティ

①　ダブル・マテリアリティとは

　開示すべき要素の検討の際に重要となるマテリアリティ[2]の視点については，CSRDおよびESRSではダブル・マテリアリティの考え方を採用しています。NFRDにおいても，この考え方を採っていたものの明確に規定されておらず，企業によって対応が異なっていたケースがありました。そこで，ESRSではダブル・マテリアリティの考えを明確化し，この視点で重大と特定された項目を開示対象とすることを求めています。いわば，ダブル・マテリアリティは，ESRSのサステナビリティ情報開示の基礎であり，ESRS全体を通して，「マテリアル」と「マテリアリティ」という用語は，ダブル・マテリアリティを指すものとして使用されます。

　ダブル・マテリアリティとは，インパクト・マテリアリティ（impact materiality）と財務マテリアリティ（financial materiality）という２つの側面から重要課題を特定するという考え方です。ダブル・マテリアリティと対比されるシングル・マテリアリティとは，財務マテリアリティのみに基づく見方を指します。

②　インパクト・マテリアリティとは

　インパクト・マテリアリティとは，企業の事業活動の環境や社会に及ぼすインパクトに注目する考え方です。あるサステナビリティ事項が，事業者にとってインパクト・マテリアリティであるとみなされるのは，その事業活動が環境や社会に対して，プラスかマイナスか，意図的か非意図的か，可逆的か非可逆的かにかかわらず，中期，長期のいずれかにわたって影響を与える場合となります。ここで考慮すべきインパクトは，事業者自身の事業活動に由来するものに留まりません。製品やサービス，取引関係を含む上流・下流のバリューチェーンに関連するものも含まれます。取引関係も下請けといった直接的な契

2　事業者の持続可能性に関わる「重大性」あるいは「重要課題」

約関係には限定されません。

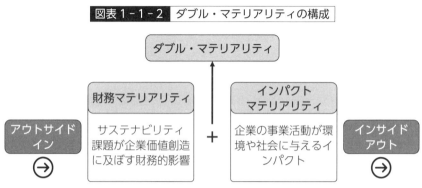

出所：GRI CEOセミナー資料（2023年）に基づき筆者作成

③ 財務マテリアリティとは

一方，財務マテリアリティは，企業経営に影響を及ぼすサステナビリティ関連課題に注目する考え方です。特に一般目的財務報告書（GPFR: General-purpose Financial Reports）の主要な利用者が，企業への資源提供に関連する意思決定を行う際に，重大（マテリアル）と考えられる情報としてサステナビリティ関連課題に着目しています。ここでの利用者とは，具体的には当該事業者への現在のおよび潜在的な投資者（株主・投資家），融資者および他の債権者を指します。特定のサステナビリティ関連情報に関して，その省略，虚偽記載，不明瞭化が，投資者，融資者などの意思決定に影響を及ぼすと予想される場合，当該情報は財務マテリアリティであるとみなされます。

④ 2つのマテリアリティの目線の違い

このインパクト・マテリアリティと財務マテリアリティという概念は，それぞれ「インサイドアウト」，「アウトサイドイン」という言葉でも説明されます。前者は企業の事業活動が外部の環境や社会に及ぼす影響を見るので「インサイドアウト」，後者はサステナビリティに関連する課題が企業価値に及ぼす影響を見るので「アウトサイドイン」になります。この2つは同じコインの表裏であり，両者の情報をカバーするのがダブル・マテリアリティになります。

⑤ ダブル・マテリアリティとシングル・マテリアリティの関係

　ダブル・マテリアリティとシングル・マテリアリティとの関係は，CDPやGRI，SASBなどサステナビリティ情報開示に関連する5団体によって整理されています。図表1-1-3はこれらの団体が2020年に公開した共同文書の中で示されたものです。最も外側の四角形は，インパクト・マテリアリティの対象となる領域を表しています。広いステークホルダーの視点で，社会や経済に対して大きなインパクトがある事項を含みます。地域社会，市民，行政，取引先など幅広いステークホルダーの視点での重要課題です。

　また，中間にある四角形は，財務マテリアリティの対象となる領域を示しています。これは投資家の視点での重要課題です。今後に企業価値に影響を及ぼし投資家等の意思決定を左右する事項がここに含まれます。さらに，左下に位置する小さな四角形は，すでに財務諸表にデータとして反映されている領域を示します。

　インパクト・マテリアリティとして特定された課題の一部は，財務マテリアリティの課題になる可能性があり，さらに財務マテリアリティの課題の一部は，実際に財務諸表に反映される課題になりうるという関係性が描かれています。繰り返しになりますが，ESRSは，インパクト・マテリアリティと財務マテリアリティの双方の見方を採るダブル・マテリアリティの位置付けとなります。

図表1-1-3　ダブル／シングル・マテリアリティの関係

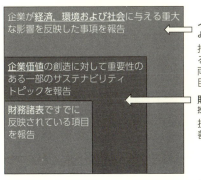

出所：CDP, CDSB, GRI, IIRC and SASB (2020), "Statement of Intent to Work Together Towards Comprehensive Corporate Reporting" に基づき筆者作成

⑥ なぜESRSはダブル・マテリアリティを採るのか

ESRSが「ダブル・マテリアリティ」を採る理由は，サステナビリティ情報を開示する相手が投資者（株主・投資家），融資者，債権者に限定されないからです（図表1-1-4参照）。前述のとおり，「欧州グリーン・ディール」は幅広い政策目的の達成を目指すものであり，報告指令CSRDをもとに企業にESRSに基づく情報開示を求めています。本指令に基づくサステナビリティ情報の提供先は，投資者（株主・投資家）だけでなく，行政や地域コミュニティ，取引先，従業員，消費者など様々なグループが想定されます。これらのグループや個人は，企業価値や資金調達への影響といった側面だけでなく，地域社会や環境に対するインパクトを重視します。そのため，インパクト・マテリアリティも含むダブル・マテリアリティの採用が必然であったと考えられます。

図表1-1-4 ESRSに基づくサステナビリティ情報の利用者

出所：各種資料に基づき筆者作成

⑦ ESRSにおけるマテリアリティの特徴

ESRSにおいては，インパクト・マテリアリティの定義は「GRIスタンダード」に類似しており，財務マテリアリティの定義は「IFRSサステナビリティ開示基準」に類似しています。ESRSは2つの基準のハイブリッド型に見えます。

ESRSではマテリアリティ評価の「出発点」は，事業活動が環境や人々（人権を含む）のサステナビリティにどのようなインパクトを与えているのかを把

握する，「インパクトの評価」であると示されています。一般的に，事業活動が及ぼす環境や人々へのインパクトが大きな課題は，中長期的には事業者の財政状態，財務実績，キャッシュフロー，資金調達手段，資本コストに対しても財務的影響を及ぼすと予想されます。その結果，インパクト・マテリアリティが財務マテリアリティに移行することになります。まずは「出発点」として社会や環境に対するインパクトに注目し，マテリアリティ項目を識別しておくほうが，当該項目が財務マテリアリティになった際に対応が後手に回らなくて済みます。

　インパクト・マテリアリティと財務マテリアリティの関係性については，第2章第3節で改めて取り上げますので，ご参照ください。

第2節　ESRSの適用対象・時期

(1)　適用対象となる企業

　ESRSの適用対象企業は，CSRDの中で示されEU域内で実質的に事業活動を行う企業に適用されます。図表1-2-1は，CSRDの適用対象となる企業のタイプを見極めるための判断が質問形式で示されています。どのような企業が対象となるのか本図でご確認ください。

　日本企業においては，本社所在地が日本であっても，EU域内の規制市場に上場していればCSRDが適用となります。上場していない場合は，過去2年間のEU域内での年間売上高が1億5,000万ユーロを超過しているかどうかがポイントとなります。この金額を超過し，さらに，①売上高4,000万ユーロを超える支店（branch）をEU域内に有する，あるいは，②EUの大規模事業者の定義を満たす子会社（subsidiary）を有する場合は，CSRDの適用対象となります[3]。

3　1億5,000万ユーロは約237億円，4,000万ユーロは約63億円（1ユーロ＝157円として換算；2024年9月）。

| 図表 1-2-1 | CSRD適用対象企業のチェック項目 |

EUの規制市場に上場しているか（零細企業を除く）
YES / NO

すでにNFRD規制の対象となっているか
YES / NO

EU域内に本社があるか
YES / NO

以下の３つの大企業の基準のうち，少なくとも２つに該当するか
- 従業員数が250名以上
- 純売上高が5,000万ユーロを超える
- 純資産残高が2,500万ユーロを超える
YES / NO

過去２年間のEU域内における年間売上高がそれぞれ１億5,000万ユーロを超え，かつEU域内における事業会社の売上高が4,000万ユーロを超えているか
YES / NO

過去２年間のEU域内の年間売上高がそれぞれ１億5,000万ユーロを超え，EUに本社を置く企業に関する基準に記載されているEUの大規模事業者の定義を満たすEU子会社を有しているか
YES / NO

CSRD適用対象

CSRD適用対象外

出所：ERM Webinar（2023）"Recording: Implementing the CSRD"に基づき筆者作成

　日本企業としては，特にEU域内に子会社がある場合，CSRDの適用対象となるかを確認する必要があります。子会社がEU規制市場へ上場させている場合，事業規模が大企業なのか中小企業なのかの確認も必要です。子会社がCSRDの適用対象となる場合，子会社単独で情報開示を行うか，親会社の本邦企業の連結ベースでCSRDが求める情報開示を行うかの選択となります。

　なお，ここでご紹介したCSRD適用対象の基準は，あくまで本書執筆時点（2024年９月）の情報によるものです。その後に変更される可能性がありますので，最新の情報をウェブサイト等でご確認ください。

　なお，GRIが2024年５月に公開した『CSRD解説書（CSRD Essentials[4]）』および同書の参照先であるWSJ記事によると，EU域内の規制市場に上場しているEU域外企業の総数は約100社とのことです。また，EU域内で上場していなくても，域内での売上高などからCSRDの適用となる第三国（EU域外）企業

4　https://www.globalreporting.org/search/?query=CSRD+Essentials

の総数は約11,000社と推定されています。この中には英国企業の約1,000社，米国企業の3,000社以上が含まれており，日本企業の数は約800社と想定されています。

　もっとも，EU域内に子会社がなくEU域内での売上高も少ないために，CSRDが適用されない企業でも，本指令の影響を受ける可能性はあります。CSRDは自社の事業活動だけでなく，バリューチェーン上の事業活動のインパクト等についても情報開示を求めますので，例えば，取引先企業がCSRDの適用対象となりバリューチェーン上の企業であるからという理由から情報提供を求めてきた場合には，CSRD適用対象外企業でもCSRDの影響を受けます。

(2)　EU域外企業向けの基準

　ESRSのサステナビリティ情報は，他の基準と比べて量が多く煩雑であることが指摘されています。そのためEUは，域内の中小企業やEU域外企業にはすべての情報開示の必要はないとして，中小企業向けとEU域外企業向けの新基準策定を決定しました。中小企業向けの新基準は2024年1月に公開草案が公表されました。「EU域外企業向けの基準（ESRS for third-country companies）」は，2026年6月に採択され，2028年度からの適用が予定されています。CSRDの適用対象となる日本企業は，この「EU域外企業向けの基準」か，公表済みのESRSのどちらかを選択して開示することになります。

　なお，前述のGRIの『CSRD解説書』によると，EU域外企業向けの基準はESRSと異なり，事業活動による社会や環境に与えるインパクトに関する情報（インパクト・マテリアリティ）のみが報告対象となると示されています。ESRSが立脚するダブル・マテリアリティは「インパクト・マテリアリティ」と「財務マテリアリティ」の2つから構成されますが，EU域外企業には「インパクト・マテリアリティ」に関する部分のみの情報開示が求められることになります。

	EU域内企業	EU域外企業
インパクト・マテリアリティ	開示	開示
財務マテリアリティ	開示	不要

図表１‐２‐２ EU域内・域外企業に求められる情報開示

出所：GRI "CSRD Essentials"（May 2024）に基づき筆者作成

これは日本企業の情報開示内容を大きく左右する基準ですが，草案も公開されておらず，本書執筆時点（2024年９月時点）ではESRSのどの開示項目が報告対象となるのかは明らかではありません。新基準の草案が公開された後に，その開示項目を確認する必要があります。

(3) 適用時期

CSRDの報告要件は，すべての企業に同時に同じ方法で適用されるわけではありません。対象となる企業の規模や所在地に応じて，次のように段階的に適用されます。図表１‐２‐３と併せてご確認ください。

NFRD適用対象のEU企業

- もともとNFRDの適用対象であったEU域内の大企業の場合，CSRDは即座に適用されます。2024年１月１日以後に開始する事業年度を対象に，2025年からの報告が求められます。

NFRD適用対象外のEU企業

- NFRDの適用対象から外れていたEU域内企業の場合，適用開始は１年遅れます。2025年１月１日以後に開始する事業年度を対象に，2026年から報告することとなります。

EU域内の上場中小企業

- EU域内の上場中小企業については，適用開始までさらに１年間の余裕があります。2026年１月１日以後に開始する事業年度を対象に，2027年から報告します。

EU域外企業

- 日本企業を含むEU域外企業については，適用開始の順番は最後となります。2028年1月1日以後に開始する事業年度を対象に，2029年から報告することが求められます。

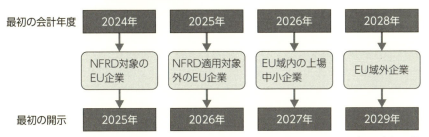

図表1-2-3 対象企業ごとの適用時期

出所：JETRO『CSRD適用対象日系企業のためのESRS適用実務ガイダンス』（2024年）に基づき筆者作成

なお，CSRDはEUの「指令（Directive）」であり，EU加盟国へは直接適用されず，国内法への置換えが必要となります。指令発効から18カ月以内に国内法を整備することが義務付けられています。本書執筆時点（2024年9月）において，国内法整備が完了した国はフランスのみであり，ドイツ，オランダ等のEU加盟の各国で関連法の整理と整備が進んでいます[5]。

さらにESRSに類する「サステナビリティ報告基準」を国内法に整備し，マネジメントレポートへの記載を義務付けている国と地域も世界中で次々と増えている状況です。引き続き，それぞれの地域の動きを注視していく必要があります。

---

[5] https://www2.deloitte.com/content/dam/Deloitte/jp/Documents/audit/crd/jp-sus-disclosure-sustainability-info-trends.pdf

第3節　ESRSの構造

(1)　全体構造

ESRSは「横断的基準（Cross-cutting Standards）」，「項目別基準（Topical Standards）」，業界別の基準である「セクター別基準（Sector Standards）」の3つの基準から構成されています。横断的基準としてはESRS 1，ESRS 2の2つがあり，項目別基準ではESRS E1からG1まで環境，社会，ガバナンスの3つの分野から構成される10の基準があります。本書執筆時点でセクター別基準はまだ公開されていないため，ESRSは横断的基準と項目別基準を合わせて12の基準から構成されています。全体の構成は図表1-3-1をご参照ください。

図表1-3-1 ESRSの構造

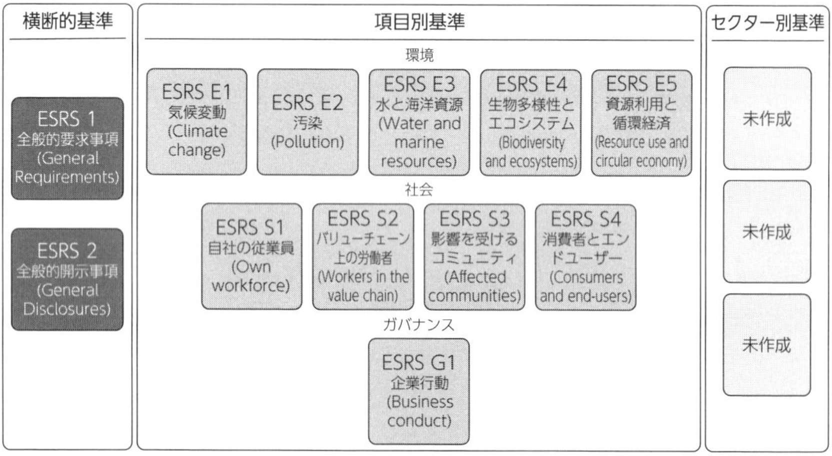

出所：ESRSに基づき筆者作成

各基準には，その内容を補足する複数の「付録（Appendix）」が添付されています。この付録は，各基準の不可欠な一部という位置付けであり，当該基準の他の部分と同等の権限を有することが記されています。中でも付録Aは「適

用要件（Application Requirements）」と名付けられており，各基準の開示事項の補足説明が示されています。各々の開示事項について正確に理解する上で重要な部分です。

GRIスタンダードを利用してサステナビリティ報告を行っている方々にとっては，「横断的基準」，「項目別基準」，「セクター別基準」というESRSの構成は既視感があるかと思います。実際，GRIスタンダードの構成とESRSの構成はよく似ています。ESRSの横断的基準は，GRIの共通スタンダード（GRI 1とGRI 2）に相当します。ESRSの項目別基準も項目の分け方は異なりますが，GRIの項目別スタンダード（GRI 101等）に相当します。さらに，ESRSのセクター別基準も，現時点で表明されている限り，GRIのセクター別スタンダード（GRI 11等）の区分に似ています。図表1-3-2は両者の関係性を示したものです。

なお，ESRSを起草したEFRAGとGRIは，両基準間の補完性と整合性を解説するため資料を共同で作成しています。これについては第5章でご紹介します。

図表1-3-2 ESRSとGRIスタンダードの関係性

横断的基準	項目別基準					セクター別基準
ESRS 1 全般的要求事項	ESRS E1	ESRS E2	ESRS E3	ESRS E4	ESRS E5	未作成
ESRS 2 全般的開示事項	ESRS S1	ESRS S2	ESRS S3	ESRS S4	ESRS G1	未作成

ESRS

GRIスタンダード

共通 スタンダード	項目別スタンダード					セクター別 スタンダード
GRI 1 基礎	GRI 101	GRI 201	GRI 202	GRI 203	GRI 204	GRI 11
GRI 2 一般開示事項	GRI 301	GRI 302	GRI 303	GRI 401	・・・・・	GRI 12 ・・・・・

出所：ESRS・GRIスタンダードに基づき筆者作成

16

(2) 横断的基準 (ESRS 1・ESRS 2)

横断的基準は，ESRS 1「全般的要求事項（General Requirements）」と，ESRS 2「全般的開示事項（General Disclosures）」の2つから構成されます[6]。それぞれの概要は以下のとおりであり，詳細は第2章で説明します。

① ESRS 1 (全般的要求事項)

ESRS 1では，ESRSに従って報告する際に適用される「必須の概念」と「原則」を定めています。具体的な開示要求事項は提示していませんが，どこまでが情報開示範囲か，どの媒体で情報開示すべきかといった原則を説明しています。また，マテリアリティやデュー・ディリジェンス，バリューチェーンといった基本的用語を説明しています。

ESRS 1には巻末にAからGまでの7つの付録（Appendix）が付けられています。例えば，付録Eには「ESRSにおける開示判断のフローチャート」が示されています。自社がESRSを使って情報開示する必要があるか否かが，このフローチャートを使って判断できるようになっています（第2章第6節参照）。

② ESRS 2 (全般的開示事項)

ESRS 2（全般的開示事項）は，セクターに関係なく，すべての事業者に適用され，サステナビリティの項目に横断的に適用される開示要求事項を定めています。具体的には，「ガバナンス」，「戦略」，「インパクト・リスク・機会の管理」，「指標とターゲット」という4つの領域についての情報開示を求めています。これらは項目別基準での環境，社会，ガバナンスという3分野での情報開示と合わせて利用されます。

---

6 本書ではJETRO『ESRS適用実務ガイダンス』での日本語訳に倣ってGeneralを「全般的」と訳していますが，これが「一般」と訳される場合もあります。例えば，ESRS 2: General Disclosuresは「全般的開示事項」でなく「一般開示事項」と表記されることがありますが，両者は同じものです。

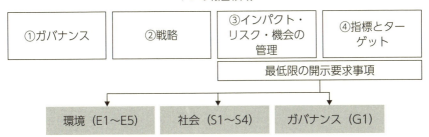

出所：ESRSに基づき筆者作成

　第1の「ガバナンス（GOV: Governance）」では，サステナビリティ事項を監視，管理，監督するために設けられているガバナンス・プロセス，統制，手続きを対象とした情報開示項目が示されます。

　第2の「戦略（SBM: Strategy and Business Model）」では，事業者の戦略が，サステナビリティ事項，ビジネスモデル，バリューチェーンにどのような影響を及ぼしているかに関する情報開示項目が示されます。さらに戦略の策定にステークホルダーの見解等がどう反映されているか，インパクト，リスク，機会の評価結果が戦略にどう反映されているかについても報告が求められます。

　第3の「インパクト・リスク・機会のマネジメント（IRO: Impact, Risk and Opportunity management）」では，重大なインパクト，リスク，機会を特定するプロセスと，そのマテリアリティ評価結果の記載に関する情報開示項目が示されます。

　そして第4の「指標とターゲット（MT: Metrics and Targets）」では，重大なサステナビリティ事項に関連する指標やターゲットに関する情報開示項目が示されます。

　なお，第3のインパクト等のマネジメントおよび，第4の指標およびターゲットに関しては，当然ながら環境，社会，ガバナンス分野の項目ごとに開示すべき事項が異なります。そのため，ESRS 2ではそれぞれの「最低限の開示要求事項」のみを提示し，その他の具体的な開示事項は項目別基準に従うように求めています。詳細は第3章と第4章でご確認ください。

⑶ 項目別基準（ESRS E1〜G1）

　「項目別基準」は，環境，社会，ガバナンスの分野ごとに，複数の基準から構成されています。各基準には番号が付けられており，環境分野の基準の番号にはE，社会分野の基準の番号にはS，ガバナンス分野の基準にはGが付いています。環境分野はE1からE5まで5つの基準，社会分野はS1からS4まで4つの基準，ガバナンス分野はG1の1つの基準から構成されます。

　なお，これらの「項目別基準」にも，それぞれ付録が添付されています。ESRS 2と同様に，付録A「適用要件」では，各基準の開示要求事項の内容を補足する説明が示されています。

⑷ セクター別基準

　セクター別基準は，セクター（業界）内のすべての事業者に適用される基準です。当該セクターに属するすべての事業者にとって重要である可能性が高いが，項目別基準ではカバーされていない，あるいは十分な粒度でカバーされていない開示事項が取り上げられます。セクター別基準を適用することで，当該セクターにおける事業者間での高度な比較可能性の達成を目指しています。

　EUは石油，天然ガス，鉱業，道路輸送，繊維，農業，漁業を環境などへの影響が大きい「ハイリスクセクター」としています。まず，これらのハイリスクセクターを対象に，セクター別基準が作成される予定です。セクター別基準は当初，2024年6月を期限とする委任法として採択が予定されていましたが，採択期限が2年間延長され，新たな採択期限は2026年6月となっています。

　図表1-3-4は2024年4月にEFRAGが発表したセクター基準の作成状況です。「石油・ガス」に続き「石炭・採石・鉱業」，「道路輸送」といった順番でセクター別基準が公開されるものと考えられます。

第 1 章　ESRS総論　　19

図表 1 - 3 - 4 ESRSセクター別基準の作成状況（2024年 4 月 1 日時点）

セクター名称	現段階	次の段階	次の段階の想定開始時期
石油・ガス	初期草案－承認済	SRB*での協議	未定
石炭・採石・鉱業	初期草案－承認済	SRB*での協議	未定
道路輸送	初期草案－検証中	未定	未定
農業・水産業	初期草案－起草中	未定	未定
自動車	初期草案－検討中	未定	未定
エネルギー生産・公益事業	初期草案－検討中	未定	未定
食品・飲料	初期草案－検討中	未定	未定
繊維・装飾品・靴・宝飾品	初期草案－検討中	未定	未定

注*：Sustainability Reporting Board, EFRAG
出所：EFRAG資料に基づき筆者作成

第 2 章

ESRSの構造と基礎概念
（ESRS 1）

本章ではESRS 1「全般的要求事項（General Requirements）」の内容を紹介します。
ESRS 1では，ESRS全体の構造が示されるとともに，サステナビリティ報告に関する基礎的な概念が解説されています。

第1節　ESRSの構造【ESRS 1.4～18】

　本節では，ESRS 1の冒頭の「ESRSのカテゴリー，報告領域，及び起草規則（Categories of ESRS Standards, reporting areas and drafting conventions）」について紹介します。

(1)　ESRSのカテゴリー

　まず，ESRSのカテゴリー，あるいは構造についてあらためて説明します。ESRSは「横断的基準（Cross-cutting Standards）」，「項目別基準（Topical Standards）」，「セクター基準（Sector Standards）」の3者から構成されます。前章でご案内したとおり，「セクター基準」は2024年にESRSが公開された際には含まれていませんでした。これは2026年6月ごろからセクターごとに順次公開される見込みです。

図表2-1-1　ESRSの構造（図表1-3-1再掲）

横断的基準	項目別基準					セクター別基準
	環境					
ESRS 1 全般的要求事項 (General Requirements)	ESRS E1 気候変動 (Climate change)	ESRS E2 汚染 (Pollution)	ESRS E3 水と海洋資源 (Water and marine resources)	ESRS E4 生物多様性とエコシステム (Biodiversity and ecosystems)	ESRS E5 資源利用と循環経済 (Resource use and circular economy)	未作成
	社会					
ESRS 2 全般的開示事項 (General Disclosures)	ESRS S1 自社の従業員 (Own workforce)	ESRS S2 バリューチェーン上の労働者 (Workers in the value chain)	ESRS S3 影響を受けるコミュニティ (Affected communities)	ESRS S4 消費者とエンドユーザー (Consumers and end-users)		未作成
	ガバナンス					
	ESRS G1 企業行動 (Business conduct)					未作成

出所：ESRSに基づき筆者作成

第2章　ESRSの構造と基礎概念（ESRS 1）　23

① 横断的基準

　横断的基準はESRS 1「全般的要求事項（General Requirements）」とESRS 2「全般的開示事項（General Disclosures）」から構成されます。ESRS 1「全般的要求事項」は，ESRSに従って報告する際に適用される一般原則を定めています。どこまでが情報開示の範囲なのか，どの媒体で情報開示すべきかなどについて示されています。

　一方，ESRS 2「全般的開示事項」では，ESRS 1と異なり，具体的な開示要求事項が提示されています。「ガバナンス」，「戦略」，「インパクト・リスク・機会の管理」，「指標とターゲット」の各領域について，すべての事業者に求められる開示事項が示されています。

② 項目別基準

　続いて，「項目別基準」は，環境，社会，ガバナンスの分野ごとに，複数の基準から構成されています。それぞれの基準には番号が付けられており，環境分野の基準の番号にはE，社会分野の基準の番号にはS，ガバナンス分野の基準にはGが各々付けられています。各々の基準の名称と，それぞれが対象とする具体的な課題を整理すると図表2-1-2のとおりです。

図表2-1-2　ESRS項目別基準の構成と対象課題

環　　境	
E1：気候変動 （Climate change）	気候変動への適応，気候変動の緩和，エネルギー
E2：汚染 （Pollution）	大気汚染，水質汚染，土壌汚染，生物および食料資源の汚染，懸念される物質，強く懸念される物質，マイクロプラスチック
E3：水と海洋資源 （Water and marine resources）	水（水利用，取水，排水，海洋への排水），海洋資源（海洋資源の採取と利用）

E4：生物多様性とエコシステム (Biodiversity and ecosystem)	生物多様性損失の直接的影響要因（気候変動，土地利用変化・淡水利用変化・海洋利用変化），直接搾取，侵略的外来種，汚染，その他），種の状態に与える影響（種の個体数，種の世界的絶滅リスク），生態系の範囲と状態に与える影響（土地の劣化，砂漠化，汚染土壌封じ込め）
E5：資源利用と循環経済（Resource use and circular economy）	資源の使用を含む資源流入，製品およびサービスに関連する資源流出，廃棄物
社　　会	
S1：自社の従業員 (Own workforce)	労働条件（安定した雇用，作業時間，適切な賃金，社会との対話，結社の自由，労使協議会の存在，従業員の情報・協議・参加権，労働協約の対象となる労働者の割合を含む団体交渉，ワークライフバランス，健康と安全），すべての従業員に対する平等な待遇と機会（男女平等と同一価値労働同一賃金，研修と能力開発，障害者雇用とインクルージョン，暴力・ハラスメント対策，ダイバーシティ），その他の労働関連の権利（児童労働，強制労働，適切な住居，プライバシー）
S2：バリューチェーン上の労働者 (Workers in the value chain)	労働条件（安定した雇用，作業時間，適切な賃金，社会との対話，労使協議会の設立を含む結社の自由，団体交渉，ワークライフバランス，健康と安全），すべての従業員に対する平等な待遇と機会（男女平等と同一価値労働同一賃金，研修と能力開発，障がい者雇用とインクルージョン，暴力・ハラスメント対策，ダイバーシティ），その他の労働関連の権利（児童労働，強制労働，適切な住居，水と衛生，プライバシー）
S3：影響を受けるコミュニティ (Affected communities)	地域社会の経済的・社会的・文化的権利（適切な住宅，適切な食事，水と衛生，土地に関する影響，安全に関する影響），地域社会の市民的・政治的権利（表現の自由，集会の自由，人権擁護活動家への影響），先住民族の権利（自由意志に基づく事前のインフォームド・コンセント，自己決定，文化的権利）

S4：消費者とエンドユーザー (Consumers and end-users)	消費者および／または最終利用者に対する情報に関する影響（プライバシー，表現の自由，質の高い情報へのアクセス），消費者および／または最終利用者の身の安全（健康と安全，身の安全，児童の保護），消費者および／または最終利用者の社会的包摂（無差別，製品とサービスへのアクセス，責任あるマーケティングの実践）
ガバナンス	
G1：企業行動 (Business conduct)	企業文化，内部告発者の保護，動物福祉，政治的関与とロビー活動，支払実務を含むサプライヤーとの関係，汚職と賄賂（研修を含む予防と検知，事件）

出所：ESRS 1.AR16に基づいて筆者作成

　各々の基準には，その内容を補足するものとして複数の「付録（Appendix）」が添付されています。この付録は，各基準の不可欠な一部という位置付けであり，当該基準の他の部分と同等の権限を有することが明記されています。付録の中でも，付録Aは「適用要件（Application Requirements）」と名付けられており，各基準の開示事項の補足的説明が示されています。各々の開示事項について正確に理解する上で重要な部分です。

　なお，特定の課題が項目別基準でカバーされていない場合，あるいは十分な粒度でカバーされていない場合は，企業は自社に固有（entity-specific）の追加的開示を行うことが求められます。付録Aの適用要件AR 1からAR 5に，企業固有（entity-specific）の開示に関する手引きが示されています。例えば，GRI 207「税金」に相当する基準がESRSにはありません。もしも事業者がこうした項目をマテリアリティと特定し，報告する場合は，GRIスタンダードのようなESRS以外の基準を用いることが認められています。

(2)　報告領域

　報告領域（reporting area）とは，ESRSが求める情報開示事項の分類を意味します。具体的な開示事項は，ESRS 2（全般的開示事項）および項目別基準の中に整理されていますが，すべての事項は，「ガバナンス」，「戦略」，「インパクト・リスク・機会の管理」，「指標とターゲット」の4つに分類されます。それぞれの概要は図表2－1－3のとおりです。

図表2-1-3 ESRSの報告領域

ガバナンス（GOV）	監視，管理，監督に使用されるガバナンス・プロセス，統制，手続，インパクト，リスク，機会
戦略（SBM）	事業者の戦略とビジネスモデルが，その重大なインパクト，リスク，機会とどのように相互作用しているか
インパクト・リスク・機会の管理（IRO）	インパクト，リスクおよび機会を特定し，そのマテリアリティを評価するプロセス 方針と行動を通じて，重大なサステナビリティ事項を管理するプロセス
指標とターゲット（MT）	事業が設定したターゲットとその達成に向けた進捗状況など，事業のパフォーマンス

出所：ESRS 1.12に基づき筆者作成

なお，特に「インパクト等の管理」および，「指標とターゲット」に関しては，環境，社会，ガバナンス分野の項目ごとに開示すべき事項が大きく異なります。そのため，ESRS 2ではそれぞれの「最低限の開示要求事項（MDR: minimum disclosure requirement）」のみを提示しています。事業者は，これらの最低限の開示要求事項を，項目別基準に対応する開示要求事項とともに開示しなければなりません。

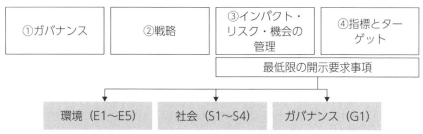

図表2-1-4 ESRS 2の報告領域（再掲）

出所：ESRS 1に基づき筆者作成

この最低限開示要求事項は，「インパクト・リスク・機会の管理」に関して

は「方針（MDR-P」と「行動（MDR-A)」の2つ，「指標とターゲット」については「指標（MDR-M)」と「ターゲット（MDR-T)」の2つに整理されています。各々の概要は図表2-1-5のとおりです。

図表2-1-5　ESRS 2での最低限開示要求事項

インパクト・リスク・機会の管理	
方針（MDR-P）	重大なサステナビリティ事項を管理するために採用した方針（policy）に関する説明
行動（MDR-A）	重大なサステナビリティ事項を管理するための行動（action）に関する説明
指標とターゲット	
指標（MDR-M）	重大な事項を管理するための行動の有効性を追跡するために使用している指標（metrics）に関する説明
ターゲット (MDR-T)	重大な事項に関して設定したターゲット（target）および，これを管理するための行動の有効性の追跡方法に関する説明

出所：ESRS 2に基づき筆者作成

(3)　起草規則

　起草規則（drafting conventions）とは，ESRSを使ってサステナビリティ報告をするにあたって確認すべき事項を示したものです。

①　インパクトおよびリスク・機会の定義

　まず「インパクト」および「リスクと機会」という用語の意味が説明されます。「インパクト」とは，事業者の事業活動に関連して生じた，サステナビリティ課題への影響を指します。これにはプラスとマイナスのインパクトがあり，さらに顕在化しているインパクトと，（顕在化していない）潜在的なインパクトの両者があります。「インパクト・マテリアリティ評価」を通じて特定されるものです。

図表2-1-6 インパクトの意味

事業活動　インパクト　プラスとマイナス　顕在／潜在的　サステナビリティ課題

出所：ESRS 1.14に基づき筆者作成

続いて「リスクと機会」とは、自然資源、人的資源、社会資源への依存から派生するものを含む、事業活動のサステナビリティに関連する財務上のリスクと機会を指します。これは財務マテリアリティ評価を通じて特定されるものです。

図表2-1-7 リスク・機会の意味

自然・人的・社会資源への依存　サステナビリティ課題　リスク・機会　財務的影響　事業活動

出所：ESRS 1.14に基づき筆者作成

両者を合わせて「インパクト・リスク・機会」（IRO）と称されます。これはESRSの視点であるダブル・マテリアリティを反映する概念となります。

② 必須と任意の開示事項

さらに、事業者の情報開示義務の程度を区別するための用語の説明もあります。ESRSでは図表2-1-8の用語を区別して使っています。なお、ここで、データポイントとは、各基準の開示要求事項を構成する細目を意味します。

第2章　ESRSの構造と基礎概念（ESRS 1）　**29**

図表2-1-8 必須と任意の開示事項の表示

表　示	意　味
開示しなければならない (shall disclose)	必須開示事項（開示要求事項またはデータポイントに よって規定されている）
開示することができる (may disclose)	任意開示事項（よい実践を奨励するための自発的な開示 を示す）
考慮しなければならない (shall consider)	ある開示に際して考慮することが期待される論点，資源， 方法論に言及する

出所：ESRS 1.18に基づき筆者作成

例えば，次のような使われ方です。

✓ 開示要求事項GOV-2（事業の管理・経営・監督機関に提供される情報
および事業が取り組むサステナビリティ事項）
  • 事業者は，管理，経営，監督機関にサステナビリティ事項がどのよう
    に報告されているか，また報告期間中にこれらの事項にどのように対
    処したかを*開示しなければならない*（shall disclose）。（ESRS 2.24）
  • 事業者の構造によっては，管理・経営・監督機関は包括的なターゲッ
    トに焦点を当て，経営陣はより詳細なターゲットに焦点を当てること
    がある。この場合，事業者は，ガバナンス機関がパフォーマンスモニ
    タリングのための適切なメカニズムをどのように確保しているかを*開
    示することができる*（may disclose）。（ESRS 2. AR6）
✓ 開示要求事項SBM-3（重大なインパクト，リスクおよび機会と，戦略
およびビジネスモデルとの相互作用）
  • 事業者は，その上流および／または下流のバリューチェーンのどこに，
    重大なインパクト，リスクおよび機会が集中しているかを説明する際，
    地理的地域，施設または資産の種類，インプット，アウトプットおよ
    び流通経路を*考慮しなければならない*（shall consider）。（ESRS 2.
    AR17）

「開示しなければならない（shall disclose）」という用語はESRSの各基準の

30

本編で，「開示することができる（may disclose）」と「考慮しなければならない（shall consider）」という用語は，各基準の付録の適用要件（AR: Application Requirements）の中で使われていることが多いです。

翻訳ツールなどを使用してESRSを和訳する場合には，こうした表現が適切に訳されない可能性があります。基準の原文にさかのぼって，開示事項が必須（shall disclose）なのか任意（may disclose）なのかを確認する必要があります。

なお，本書の第3章，第4章において開示事項を示す場合，必須開示事項を中心に取り上げます。この場合，「開示しなければならない」，「開示する必要がある」，「開示が求められる」といった表現を使います。任意開示事項を取り上げる場合は，「………（任意開示）」のような表現で当該開示が任意であることをカッコ書きで示します。

第2節　情報の定性的特性【ESRS 1.19〜20，付録B QC1〜20】

「情報の定性的特性（Qualitative characteristics of information）」とは，サステナビリティ情報を報告する上で各々の情報開示に求められる姿勢をまとめたものです。本節では，ESRSで示される情報の定性的特性について説明します。

サステナビリティ情報を報告する際に，事業者は下の2種類の特性に配慮しなければならないと示されます。

---

(1)　情報開示に基本的な特性：①関連性，②忠実な表現
(2)　情報開示を改善する特性：①比較可能性，②検証可能性，③理解可能性

それぞれの特性の示す内容を以下にまとめます。

(1) 情報開示の基本的な特性

① 関連性

第1の定性的特性は関連性（Relevance）です。ESRSでは，特定のサステナビリティ情報が，情報の利用者の意思決定に違いをもたらす可能性があるならば，それは関連性がある情報とみなします。

図表2-2-1　関連性のある情報

出所：ESRS 1.QC1〜4に基づき筆者作成

ESRSはダブル・マテリアリティの視点をとるので，情報の利用者とは投資家のみならず，従業員，取引先，地域社会，規制当局など様々なステークホルダーが含まれます。関連性のある情報であれば，その利用者は将来の結果を予測するためのプロセスのインプットとしてこれを活用することができます。

② 忠実な表現

第2の特性は忠実な表現（Faithful representation）です。情報の利用者が受け取るサステナビリティ情報は，(i)完全であること，(ii)中立的であること，(iii)正確であることの3要件を満たす必要があり，その場合に，当該情報は有益であり，その表現は忠実であるとみなされます。

まず，完全な表現とは，情報利用者が事業活動のインパクト，リスクまたは機会を理解するために必要なすべての重要な情報が含まれていることを意味します。第2の中立的な表現とは，情報の選択や開示に偏りがないことを意味します。情報の利用者が，その情報を好意的に，あるいは不利に受け取る可能性が高くなるように，意図的に操作されていれば，その情報は中立的ではありません。よい面と悪い面のどちらかを誇張するのではなく，双方をバランスよく

図表 2-2-2　忠実な表現となる 3 要件

- 完全である　・すべての重要情報が含まれる
- 中立的である　・情報の選択や開示に偏りがない
　　　　　　　・よい面と悪い面の双方のバランス
- 正確である　・誤謬や虚偽記載を回避する内部統制
　　　　　　　・推定値部分は明確に識別

 忠実な表現

出所：ESRS 1.QC5〜9に基づき筆者作成

開示しなければなりません。最後の正確であることとは，事業者が重大な誤謬や虚偽記載を回避するための適切なプロセスと内部統制を導入していることを意味します。情報自体が完全に正確であるべきということではありません。何らかの推定値が使われている場合は，その限界や不確実性について明確に示す必要があります。

(2) 情報開示を改善する特性

① 比較可能性

上記に続く第3の特性は比較可能性（Comparability）です。サステナビリティ情報が比較可能であるとは，その事業者が過去の期間に提供した情報と比較できること，また，他の事業者，特に類似した活動を行う事業者や同じ業界で事業を行う事業者が提供した情報と比較できることを意味します。

図表 2-2-3　2種類の情報との比較

出所：ESRS 1.QC10〜12に基づき筆者作成

そのためには，まず事業者はサステナビリティの問題に対して，期間ごとに同じアプローチや方法を用いて，一貫性を保ちつつ情報やデータを収集しなければなりません。

② 検証可能性

第4の特性は検証可能性（Verifiability）です。サステナビリティ情報の検証可能性とは，その情報自体，またはその情報を導き出すために使用されたインプットを裏付けることができるという意味です。

検証可能であれば，その情報が完全，中立，正確であるという確信を情報利用者に与えることができます。情報が検証可能であるためには，例えば次のような要件が確保されている必要があります。

- 情報利用者が他の情報と比較することにより裏付けをとることができる。
- 見積りまたは概算のために使用された入力データおよび計算方法に関する情報が提示されている。
- 行政機関，管理機関，監督機関が検討し合意した情報が提供されている。

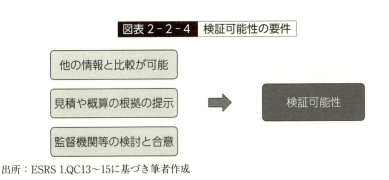

図表2-2-4 検証可能性の要件

出所：ESRS 1.QC13～15に基づき筆者作成

③ 理解可能性

第5の特性は理解可能性（Understandability）です。理解可能な情報とは，常識がある利用者であれば誰でも，報告されている情報を容易に理解できるこ

とを意味します。サステナビリティ情報の報告は，明確で簡潔であることが求められます。

図表2-2-5 理解可能性の要件

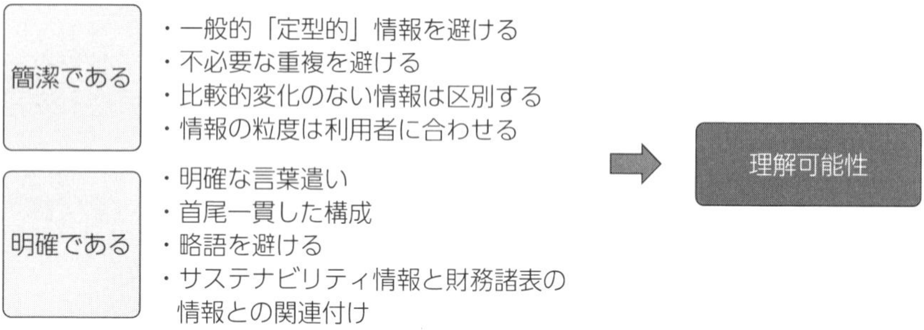

| 簡潔である | ・一般的「定型的」情報を避ける
・不必要な重複を避ける
・比較的変化のない情報は区別する
・情報の粒度は利用者に合わせる |
| 明確である | ・明確な言葉遣い
・首尾一貫した構成
・略語を避ける
・サステナビリティ情報と財務諸表の
　情報との関連付け |

→ 理解可能性

出所：ESRS 1.QC16〜20に基づき筆者作成

情報開示が簡潔であるためには，次のような点に注意する必要があります。

- 事業に特化していない一般的な「定型的」情報を避ける
- 不必要な重複を避ける
- 報告期間中の進展や変化に関する情報と，比較的変化のない情報とを区別する
- 情報のレベル，粒度，専門性は，利用者のニーズと期待に沿ったものにする。

さらに，情報が明確であるためには次の点の配慮が必要です。

- 明確な言葉，よく構成された文章や段落を使用する
- 情報を全体的に首尾一貫したものとして提示する
- 略語を避け，測定単位を定義し，開示する
- サステナビリティ情報を，財務諸表に記載されている情報と関連付けることができるような方法で提供する

第2章 ESRSの構造と基礎概念（ESRS 1） 35

図表2-2-6 定性的特性の3基準比較

出所：各種資料に基づき筆者作成

　なお，ESRSが求める情報の定性的特性と，他の基準との相関性を整理すると図表2-2-6のとおりです。ESRSでの表記と，IFRSサステナビリティ開示基準，GRIスタンダード（2021年版）の表記と対比しました。GRIスタンダードについては質的特性ではなく，報告原則（Reporting principles）という表記となっています。

　一見してESRSとIFRSサステナビリティ開示基準が同様の表現を使っていることがわかります。ESRSの5項目はすべてIFRS基準の中に含まれています。一方，GRIスタンダードの用語とは共通性が少なく，「比較可能性」と「検証可能性」の2つのみがESRSと一致しています。

第3節　ダブル・マテリアリティ【ESRS 1.37～51】

　ESRSを利用する事業者は，ダブル・マテリアリティの考え方に基づき，サ

ステナビリティに関する事項を報告しなければなりません。ダブル・マテリア
リティは，ESRSのサステナビリティ情報開示の基礎として位置付けられてお
り，ESRS全体を通して，「マテリアル」と「マテリアリティ」という用語は，
ダブル・マテリアリティを指すものとして使用されます。本項ではESRS 1で
の要求事項に基づきダブル・マテリアリティの概念について説明します。

　ダブル・マテリアリティには，インパクト・マテリアリティ（Impact
materiality）と財務マテリアリティ（Financial materiality）という2つの側
面があります。いわゆるシングル・マテリアリティとは，後者のみを注視する
立場を指します。これら2つのマテリアリティの見方の違いについてご説明し
ます。

(1) インパクト・マテリアリティ

　インパクト・マテリアリティとは，企業の事業活動の外部に及ぼすインパク
トが大きいものを重大（マテリアル）とみなす考え方です。インパクト
（impact）は日本語では影響と訳されますが，影響はaffect, effect, influence
などの訳語としても使われます。本書ではimpactをインパクトとそのままカ
タカナで表記します。

① インパクトとは

　まず，ESRSにおけるインパクトという用語の意味を確認します。ESRSに
添付される用語集（Table 2, Annex II）の定義によると，事業者が事業活動
を通じて環境や人々（人権を含む）に関する課題に影響を及ぼす場合，あるい
は及ぼす可能性がある場合，インパクトがあるとみなされます。これはプラス
かマイナスか，意図したものであるか意図しないものであるか，可逆的なもの
であるか不可逆的なものであるかは問われません。また，短期，中期，長期の
いずれにおいても生じうるものです。インパクトとは事業者の持続可能な開発
に対する寄与，貢献を示します。

第 2 章　ESRSの構造と基礎概念（ESRS 1）　37

| 図表 2-3-1 | インパクト・マテリアリティの意味 |

事業者 → インパクト → 環境 / 人々（人権を含む）

・プラス／マイナス
・意図的／非意図的
・可逆的／不可逆的
・短期／中期／長期

出所：ESRS 1.43に基づき筆者作成

　すなわち，あるサステナビリティ事項が，事業者にとってインパクト・マテリアリティであるとみなされるとは，その事業者の事業活動が環境や人々に対して，プラスかマイナスか，意図的か非意図的か，可逆的か非可逆的かにかかわらず，中期，長期のいずれかにわたってインパクトを与える場合となります。

　考慮すべきインパクトは，事業者自身の事業活動に留まりません。製品やサービス，取引関係を含む上流・下流のバリューチェーンに関連するものも含まれます。取引関係も下請けといった直接的な契約関係には限定されません（ESRS 1.43）。

②　マイナスのインパクト

　なお，特にマイナスのインパクトの大きさを評価する際の考え方は以下となります[1]。まず「実際の」マイナスのインパクトについては，影響の深刻さ（severity）に基づき評価されます。この深刻さは，影響の規模，範囲，是正可能性の3つの視点から考察されます。例えば，ある事業活動の影響が膨大な金額の損失につながるものであれば「規模」は大きいでしょうし，影響が地域全体に及ぶのであれば「範囲」も広いです。事業活動による影響を元に戻すことが困難であれば，是正の可能性は低いことになります。これらの3つの要件を考慮しつつ，影響の深刻さが評価されます（ESRS 1.45）。

1　「国連：ビジネスと人権に関する指導原則（UN Guiding Principles on Business and Human Rights）」および「OECD多国籍企業行動指針（OECD Guidelines for Multinational Enterprises）」参照。

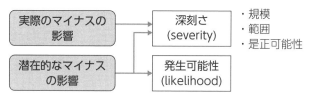

出所:ESRS 1.45～46に基づき筆者作成

　次に,「潜在的」なマイナスのインパクトの場合は,影響の深刻さに加えて,発生可能性(likelihood)が考慮されます(ESRS 1.46)。まだ現実的な問題になっていないので,その影響が発生する可能性を含めて検討することが必要です。例えば,原子力発電所の事故といったケースは,マイナスの影響の深刻さは甚大なものになります。広い地域が居住困難地域となり,陸や海の生態系への影響は容易に是正されるものではありません。被害総額も天文学的な値になります。しかし,このような事故は決して頻繁に起こるものではなく,東日本大震災のような天災が起きない限り,発生する可能性は低いです。

　一方,道路交通事故のようなケースは日々各地で生じており,発生可能性は高いといえます。こうした事故は運輸業や物流業界にとっては深刻な影響となるでしょうが,原発事故と違って,事故が発生した地域に広範囲で影響を与えるようなものではありません。事故で破損した道路を修復して通行を再開するのも,それほどの時間は要しないでしょう。

　深刻さと発生可能性の両者のバランスを考慮しつつ,マイナスの影響が重大なものであるかを考える必要があります。ここで注意が必要な点は,ESRSでは人権面でのマイナスの影響については,他と別の見方をとることを求めていることです。人権面へのマイナスの影響は現れる可能性が低くても,それは見過ごされるべきではなく,影響の深刻さの観点からインパクトの大きさが判断されなければなりません(ESRS 1.45)。

(2) 財務マテリアリティ

　財務マテリアリティとは,一般目的財務報告書(GPFR: general-purpose financial reports)の主要な利用者が,企業への資源提供に関連する意思決定

を行う際に，重大とみなされる情報であることを意味します。一般目的財務報告書とは，財務諸表と，これを補完・補足する情報を指します。その利用者とは，主に当該事業者への現在のおよび潜在的な投資者，融資者および他の債権者のことです。財務マテリアリティに関して，その省略，虚偽記載，不明瞭化が，投資者，融資者などの意思決定に影響を及ぼすと予想される場合，当該情報は財務マテリアリティであるとみなされます。

例えば，あるサステナビリティ事項が，短期，中期，長期のいずれかにわたって，事業の発展，財政状態，財務実績，キャッシュフロー，資金調達手段，資本コストに重大な影響を及ぼす，または及ぼすと合理的に予想されるリスクや機会を発生させる場合，その事項は財務的に重大な事項となります。

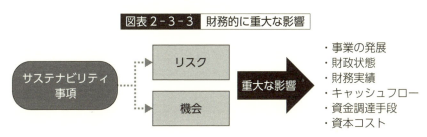

出所：ESRS 1.48～49に基づき筆者作成

このサステナビリティ事項は，事業者の統制の範囲内にある事項に限定されるものではなく，財務諸表の作成に使用される連結の範囲を越えた取引関係に起因する重要なリスクと機会に関する情報も含まれます（ESRS 1.49）。

(3) 2つのマテリアリティの関連性

インパクト・マテリアリティの評価と財務マテリアリティの評価は相互に関連しています。両者の相互依存性を考慮する必要があります。

ESRSでは「出発点」は一般的にインパクトの評価であると示されています（ESRS 1.38）。まずは，事業活動が環境や人々（人権を含む）のサステナビリティにどのようなインパクトを与えているのかを把握しなければなりません。こうしたインパクトは，当初から財務的に重要（財務マテリアリティ）である

ケースがありえます。一方，当初は財務的に重要とみなされなくても，中長期的に事業者の財政状態，財務実績，キャッシュフロー，資金調達手段，資本コストに影響を及ぼすと合理的に予想され，その結果，財務的に重要（財務マテリアリティ）になる場合もありえます。

図表2-3-4　2つのマテリアリティの関連性

出所：ESRS 1.38等を参考に筆者作成

インパクト・マテリアリティとして識別された項目が，いつどのタイミングで財務マテリアリティの項目に転ずることになるかはわかりません。インパクト・マテリアリティとして特定された課題が，財務マテリアリティにならないケースもありえます。しかしながら，まず「出発点」としてインパクトに注目し，マテリアリティ項目を識別しておいたほうが，これらが財務マテリアリティに転じた際に，対応が後手に回らなくて済むと考えられます。

(4)　2つのマテリアリティにとってのステークホルダー

ステークホルダーとは利害関係者と訳されることが多いですが，ESRS 1に添付される用語集（ESRS 1 ANNEX II）では「事業に影響を与える，または影響を受ける可能性のある人々」と定義されています。このステークホルダーには図表2-3-5の2つのグループがあります。

第2章　ESRSの構造と基礎概念（ESRS 1）　　41

図表2-3-5　ESRSでのステークホルダーの定義	
影響を受けるステークホルダー（インパクト・マテリアリティ）	事業者の活動およびそのバリューチェーン全体にわたる直接的・間接的な取引関係によって，その利害が影響を受ける，または影響を受ける可能性のある個人またはグループ。影響にはプラスとマイナスの双方の可能性がある。
サステナビリティ報告書の利用者（財務マテリアリティ）	一般目的財務報告の主要な利用者（既存および潜在的な投資家，貸し手，資産運用会社，信用機関，保険会社を含むその他の債権者），ならびに事業体のビジネスパートナー，労働組合，社会的パートナー，市民社会，非政府組織，政府，アナリスト，学者を含むその他の利用者

出所：ESRS Annex II ACRONYMS AND GLOSSARY OF TERMSに基づき筆者作成

　これら2つのグループのどちらが，マテリアリティの評価にあたってエンゲージメントの相手となるかは自明です。インパクト・マテリアリティの評価にあたっては，前者の「影響を受けるステークホルダー」，財務マテリアリティの評価にあたっては，後者の「サステナビリティ報告書の利用者」とエンゲージメントを行うことが求められます（ESRS 1.24）。

　なお，ここでエンゲージメントとは，「関係するステークホルダーと関与する相互作用のプロセス[2]」を意味します。これは，会合，ヒアリングまたは協議手続等によって行うことができます。

第4節　インパクト・マテリアリティの決定プロセス
【ESRS 1.AR9～12】

　前節で示したように，ESRSでは一般的にはプロセスの「出発点」は，インパクトの評価であると示されています（ESRS 1.38）。そこで，本節ではイン

2　OECD,『責任ある企業行動のためのOECDデュー・ディリジェンス・ガイダンス』，49ページ。

パクト・マテリアリティの決定プロセスについて、ESRS 1での要求事項に基づきまとめます。

(1) インパクト・マテリアリティ決定のステップ

インパクト・マテリアリティを判断し、報告すべき重要事項を決定する際、事業者は図表2-4-1の3つのステップを考慮することが求められます（ESRS 1.AR9）。

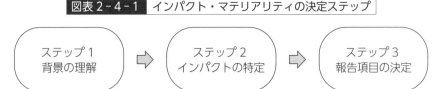

図表2-4-1 インパクト・マテリアリティの決定ステップ

出所：ESRS 1.AR9に基づき筆者作成

① ステップ1：背景の理解

ステップ1において、考慮すべき文脈には、事業者自身の事業や、製品やサービス、取引関係を含む上流・下流のバリューチェーンに関連するものが含まれます。取引関係には、事業の上流および下流のバリューチェーンにおけるものが含まれ、直接的な契約関係に限定されません（ESRS 1.43）。

② ステップ2：インパクトの特定

ステップ2では、様々なステークホルダーや専門家との対話などを通じ、顕在的、および潜在的なインパクト（プラスとマイナスの双方）を特定します。事業者の事業活動が短期、中期、長期のいずれかにわたって、社会や環境に対して、プラスとマイナスのインパクトを顕在的、あるいは潜在的に及ぼす場合、その課題はインパクトの観点から重要、すなわちインパクト・マテリアリティと判断されます。

顕在化したマイナスのインパクトは、インパクトの重大さ（severity）に基づき、潜在的なマイナスのインパクトについてはインパクトの重大さと発生す

る可能性（likelihood）に基づき重要度が判断されます。なお，人権に対する
マイナスのインパクトは，可能性よりも重大さの判断のほうが重視されます。
言い換えると，人権侵害などで重大なインパクトが起こりうる場合，たとえ発
生可能性が低くとも，これは重要課題としてみなさなければならないというこ
とです。

　なお，マイナスのインパクトの重大さについては図表2-4-2の3点から判
断されます（ESRS 1.AR10）。

図表2-4-2　マイナスのインパクトの重要性の判断基準

規模	インパクトがどれほど大きいか。
範囲	インパクトがどの程度広がっているか。環境へのインパクトの場合，範囲とは損害の範囲または地理的な広がりとして理解できる。人への影響の場合，範囲は，悪影響を受ける人の数として理解できる。
是正困難度	マイナスのインパクトを是正できるかどうか，またどの程度まで是正できるか，すなわち影響を受ける環境や人々を以前の状態に戻すことができるかどうか。

出所：ESRS 1.AR10に基づき筆者作成

　プラスのインパクトの重要性，マテリアリティの判断についても同様です。
顕在化したプラスのインパクトについては，重要性はインパクトの規模と範囲
に基づいて判断されます。潜在的なプラスのインパクトについてはその規模，
範囲，可能性の組み合わせで判断されます。

図表2-4-3　プラスのインパクトの重要性の判断基準

顕在化したインパクト	重大さ（規模，範囲）
潜在的インパクト	重大さ（規模，範囲），発生可能性

出所：ESRS 1.46に基づき筆者作成

③　ステップ3：報告項目の決定

　ステップ3は，マテリアリティの判断に基づいた報告項目の決定です。その

際には，どの項目を報告対象とするのか，判断基準となる境界線あるいは閾値を定める必要があります。例えば，マイナスのインパクトが及ぶ規模の境界線をＸ人，範囲がＹ平方キロメール，是正にかかる日数がＺ日とあらかじめ定めて，これを超えた時点で報告対象とみなすという考え方です。

(2) マイナスのインパクトを及ぼす事例

ESRSでは事業者の事業活動がもたらすマイナスのインパクトを説明するために，2つの事例を紹介しています（ESRS 1.AR12）。

第1は，事業活動により，人権問題，特に児童労働へインパクトが生じる事例です。このケースでは，ある事業者が，外国の鉱山からコバルトを調達し，自社の製品の製造に利用しています。この鉱山では，労働可能な法定年齢に満たない児童を採掘労働に利用しています。当該事業者がこのコバルトを調達している限り，バリューチェーンの上流でのビジネス関係を通じて，人権問題にマイナスのインパクトを及ぼしていることになります。これらの関係には，製錬業者や鉱物取引業者，児童労働を使用している採掘企業などがすべて含まれます。

図表2-4-4　事業活動によるマイナスのインパクトの事例(1)

出所：ESRS 1.AR12に基づき筆者作成

第2は，事業者が環境汚染をもたらす事業者に資金提供している事例です。このケースでは，ある地域の業者が，法令基準に違反し，工場周辺の水や土地の汚染をもたらす事業活動を行っています。この業者に対して融資といった資金提供を行う場合，この金融関係を通じて，地域の環境汚染に拍車をかけ，マイナスのインパクトを及ぼしていることになります。

図表2-4-5 事業活動によるマイナスのインパクトの事例(2)

出所：ESRS 1.AR12に基づき筆者作成

第5節　財務マテリアリティの決定プロセス
【ESRS 1.AR13～15】

　本節ではインパクト・マテリアリティと並んでダブル・マテリアリティを構成する財務マテリアリティの意味と，その決定プロセスについて，ESRS 1での要求事項に基づいてまとめます。

(1) 財務マテリアリティの決定プロセス

① インパクト・マテリアリティの特定

　ダブル・マテリアリティの原則に基づくESRSでは，インパクト・マテリアリティの特定が出発点であり，これが財務マテリアリティの決定に先行します。インパクト・マテリアリティの課題が特定された後，将来実現しそうなシナリオや予測を検討します。その結果，インパクト・マテリアリティの課題が，事業者のリスクや機会の源泉となりうるかを考えます。リスクと機会が発生する可能性と，その影響の重大性を加味して，最終的に財務マテリアリティが特定されます。

図表2-5-1 財務マテリアリティの決定プロセス

出所：ESRS 1.AR14～15に基づき筆者作成

例えば,ある事業者が熱帯地域から農産物を調達していたとします。その地域ではジャングルの密林を開墾してプランテーション農園を経営しており,その結果,絶滅危惧種として指定されている動物の生息域が危機にさらされています。この農園から農産物を調達し続けることは,絶滅危惧種の保全を大きく左右する行為であり,調達行為はインパクト・マテリアリティとして特定されます。

② 将来のシナリオ・予測の検討

続いて,将来のシナリオ・予測について考えます。野生動物の保護は近年注目されており,頻繁に国際会議が開催されています。仮に,当該地域の問題が国際的なメディアでも報道されるようになり,NGOによる抗議運動も展開されるなら,ここからの調達を続けることは,事業者にとってリスクになります。

図表2-5-2 財務マテリアリティの決定プロセスの例

出所:各種資料を参考に筆者作成

③ 発生の可能性,影響の重大性の検討

次は,このリスクが事業者の財務状態や資本コストなどに影響を与えるまでに至るかどうかについて,発生可能性や影響の重大性の観点から検討します。例えば,NGOによる抗議運動が消費者の不買運動につながる可能性はあるのか,それはどの程度の広がりを見せるのかを考慮します。あるいは国際会議の結果,当該農産物の交易に規制がかけられるようなことがあるのか,その場合に事業者のビジネスにどういった影響があるのかを考慮します。発生の可能性が高く,影響が重大であると判断されるのであれば,この調達行為は財務マテリアリティと特定されることになります。

(2) 各種資源への依存

　さらにESRSでは，自然資源，人的資源，社会的資源への依存が，財務上のリスクや機会の源泉となりうることが示されています（ESRS 1.50）。この依存の影響は，2つの形で現れます。第1は資源の利用に関する影響です。何らかの依存関係により，特定のサステナビリティ事項が，事業プロセスで必要な資源の入手可能性，価格，品質などに影響を及ぼす可能性があります。第2は事業プロセス上の関係性に関する影響です。何らかの依存関係により，特定のサステナビリティ事項が，事業プロセスで必要とされる関係性の維持を困難にし，これに頼れなくなってしまう可能性があります。

図表2-5-3　リスクと機会の特定

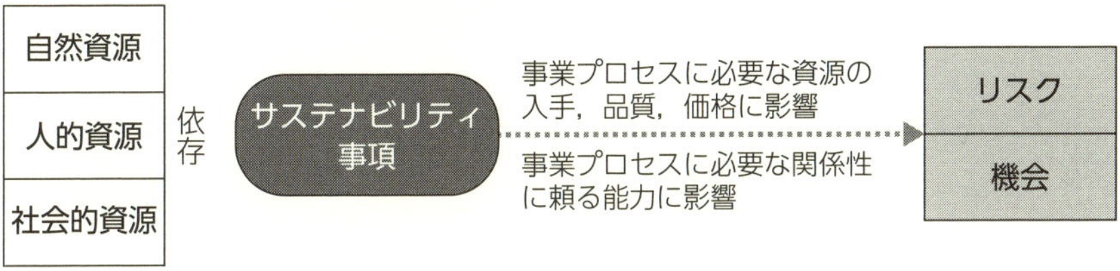

出所：ESRS 1.50に基づき筆者作成

　ESRSでは，こうした資源への依存がリスクや機会の源泉となる例を3つ提示しています（ESRS 1.AR13）。

① 天然資源への依存

　第1は，天然資源，例えば水資源への依存です。事業のビジネスモデルが水資源に大きく依存している場合，その資源の質，利用可能性，価格の変化によって影響を受ける可能性が高いことになります。例えば，製造業の中には食品加工業，染色業など大量の水を使う工程を含むものがあります。近年の気候変動の影響で降水量が不安定化し，渇水状況が深刻化している地域が広がっています。今後，水利用の制限，あるいは水価格の上昇といった事態を招く可能性があります。こうした地域において，大量の水を使うビジネスは，気候変動

の影響を大きく受けます。水資源への依存が将来のリスクになりえます。

図表2-5-4 水資源依存のリスクと機会

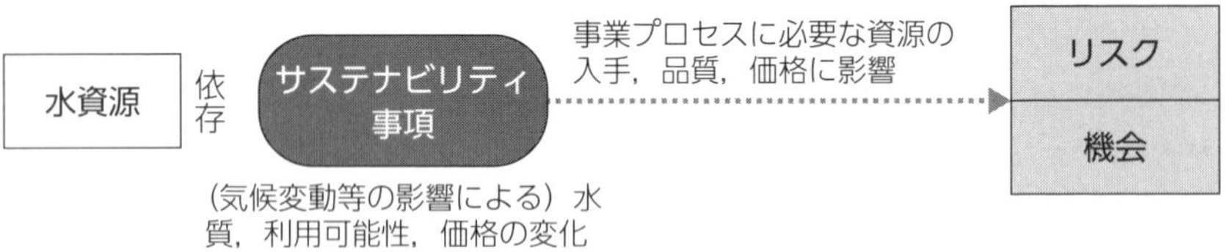

水資源	依存	サステナビリティ事項	事業プロセスに必要な資源の入手，品質，価格に影響	リスク
		（気候変動等の影響による）水質，利用可能性，価格の変化		機会

出所：ESRS 1.AR13に基づき筆者作成

② 社会的資源への依存

第2は，社会的資源への依存です。地域密着型の産業として地域コミュニティとの関係に依存している場合，事業活動を通じて地域に何らかのマイナスのインパクトが発生した場合，これは大きなリスクになります。事業活動が政府による規制強化の対象となる可能性があります。さらに，その影響が風評被害を引き起こす可能性もあります。これらは，事業者のブランドに悪影響を及ぼし，高い採用コストが発生することになりえます。例えば，ある地域の特産物の製造にあたり，地元業者から原材料を調達している事業者があったとします。加工用の原材料の調達という点で，この事業者は地域社会に依存しています。仮に，この事業者の加工工程で，原材料に低品質の輸入品を混ぜるなど，地域の信頼を裏切るような行為があったとします。これが発覚した時点で，この事業者の製品への信頼が落ち，消費者離れを引き起こします。さらに，地元業者との関係も悪化し，原材料の調達が困難になります。ここでは，社会的資源への依存が事業活動のリスクになっています。

第 2 章　ESRSの構造と基礎概念（ESRS 1）　　49

図表 2 - 5 - 5　社会的資源依存のリスクと機会

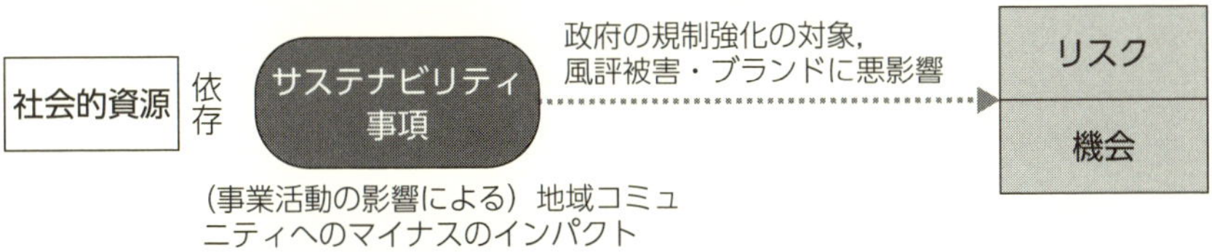

| 社会的資源 | 依存 | サステナビリティ事項 | 政府の規制強化の対象,風評被害・ブランドに悪影響 ⟶ | リスク |
| | | | | 機会 |

（事業活動の影響による）地域コミュニティへのマイナスのインパクト

出所：ESRS 1.AR13に基づき筆者作成

③　人的資源への依存

　第 3 は人的資源への依存の例です。事業者が特定のビジネスパートナーとの個人的関係に大きく依存していたとします。このパートナーがサステナビリティに関連する重大な問題に直面し，パートナー関係を続けられなくなったとすると，この場合，事業者自身の事業活動を継続することが困難になりえます。例えば，ある事業者が，特定国の独裁的な権力者とのつながりから，他より有利な条件で鉱物資源などを調達していたとします。その後，当該国で人権擁護運動が高まり，この権力者が失脚を余儀なくされます。すると，この権力者とのつながりに依存していた事業者のビジネスは成り立たなくなります。この場合，特定の人的資源への依存が事業リスクとなります。

図表 2 - 5 - 6　人的資源依存のリスクと機会

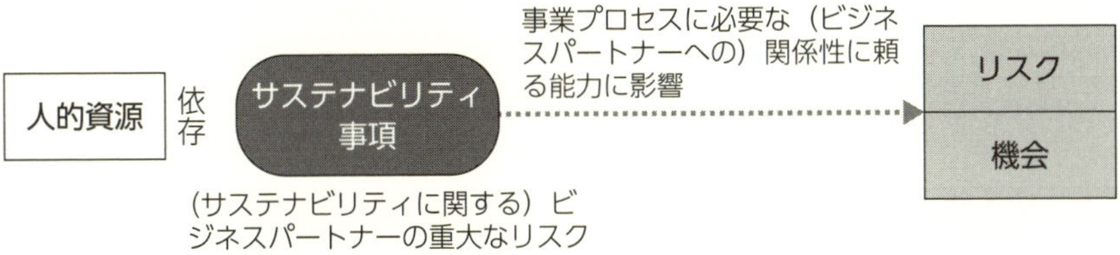

| 人的資源 | 依存 | サステナビリティ事項 | 事業プロセスに必要な（ビジネスパートナーへの）関係性に頼る能力に影響 ⟶ | リスク |
| | | | | 機会 |

（サステナビリティに関する）ビジネスパートナーの重大なリスク

出所：ESRS 1.AR13に基づき筆者作成

第6節　開示項目の特定【ESRS 1.54〜57, 付録E】

インパクト・マテリアリティと財務マテリアリティの双方で，事業者にとってのマテリアリティ（重要課題）が決まったら，次はそのマテリアリティに関する情報開示項目を特定するステップになります。本節ではESRSにおける開示項目の特定について説明します。

(1) 開示決定までの手順

ESRSでは「ESRSに基づく開示決定のフローチャート」を付録Eとして提示しています（ESRS 1付録E）。これはマテリアリティが決定された後に，どのような情報を開示するべきかの判断を図解したものです。なお，このフローチャートにおける手順は，拘束力のあるものではなく，あくまで参考として示されています。

図表2-6-1　情報開示項目の特定フローチャート

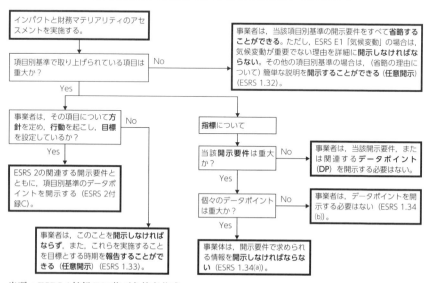

出所：ESRS 1付録Eに基づき筆者作成

第2章　ESRSの構造と基礎概念（ESRS 1）　　51

①　項目が重大であると判断されなかった場合

　出発点は，インパクトの評価と財務マテリアリティのアセスメントとなります。このアセスメントの結果，ある項目が重大であると判断されなかった場合，事業者はその項目について何らの情報を開示する必要はありません。関連する項目別基準に開示要求事項が示されていても，これをすべて省略することができます。ただし，「気候変動」が重大でないと判断された場合は，その理由を詳細に開示しなければなりません。これは「気候変動」が様々なサステナビリティのテーマに関わる重要な項目であり，事業者の関与が幅広いものであると考えられているからです。「気候変動」以外の項目の場合は，省略の理由を示す義務はなく，必要があれば簡単な理由を示すことが可能です。

②　項目が重大であると判断された場合

　反対に，ある項目が重大であると判断された場合，「指標について」の選択肢に続く手順は次のようになります。まず，その項目にいくつかの開示要求事項が示されています。これが重大であるかどうかを判断します。もしも重大であると判断されなければ，その開示要求事項やデータポイント（計測や調査で引き出された実際の情報）を開示する必要はありません。重大であると判断された場合，今度は当該事項の個々のデータポイントが重大であるか判断します。ここでももしそのデータポイントが重大であると判断されなければ，これを開示する必要はありません。重大であると判断された場合，事業者は開示要求事項で示されている情報を開示しなければなりません。

　続いて，同じくある項目が重大であると判断された場合の，「方針，行動，目標」に関する手順は次のようになります。事業者が，重大であると判断された項目について，方針を定め，行動を起こし，目標を設定している場合，ESRS 2に基づいて関連する開示要求事項とデータポイントを開示する必要があります。反対に開示できるような方針，行動，目標が存在していない場合，事業者はこれらを開示する必要があると認識した上で，開示を目指す時期を報告することができます（任意開示）。

⑵ 開示情報の細分化と集約

　重大なインパクト，リスク，機会について適切に理解するために必要であれば，事業者は開示情報を細分化する必要があります（ESRS 1.54）。例えば次のような場合です。

> ● 国や地域によって状況が大きく異なり，より高い集計レベルで情報を表示すると，インパクト，リスク，機会に関する重要な情報が不明瞭になる場合
> ● 特定の場所や資産にインパクト，リスク，機会が大きく依存している場合

　このような場合，事業者は開示情報を，国や地域ごと，あるいは場所や重要な資産ごとに細分化して示さなければなりません。

　開示情報の集約の際も注意が必要です。異なる階層，または階層内の複数の場所からのデータが集計される場合，事業者は，この集計によって，情報を解釈するために必要な固有性と文脈が不明瞭にならないようにしなければなりません。事業者は，性質が異なる重要な項目を1つにまとめてはなりません（ESRS 1.56）。

第7節　デュー・ディリジェンス【ESRS 1.58～61】

　本節ではESRSのデュー・ディリジェンスのプロセスについて説明します。

⑴　デュー・ディリジェンスの意味

　ESRSの中で取り上げられている重要な概念にデュー・ディリジェンスがあります。これは，事業者がその事業に関連する環境と人々に対する実際の，そして潜在的なマイナスのインパクトを特定し，防止し，緩和し，その対処方法を説明するプロセスを示します。デュー・ディリジェンスの対象は，事業者自

第2章 ESRSの構造と基礎概念（ESRS 1） **53**

身の事業だけでなく，製品やサービス，取引関係を含む上流と下流のバリュー
チェーンに関連するマイナスのインパクトも含まれます。ここでは，あくまで
マイナスのインパクトが対象であり，プラスのインパクトについては対象と
なっていません。また，事業者が一度にすべてのインパクトに対処できない場
合，インパクトの重大さと可能性に基づいて優先順位を付けて行動することが
可能です。

デュー・ディリジェンスを行うことで，事業者の信頼性を高め，ステークホ
ルダーを巻き込み，インパクトとリスクを管理し，戦略的意思決定に反映させ
ることが可能となります。事業者の戦略，ビジネスモデル，活動，取引関係，
営業，調達，販売の状況に対応し，変革を引き起こすきっかけとなることが期
待されます。

(2) デュー・ディリジェンスのプロセス

ESRSではデュー・ディリジェンスの実施方法について具体的なガイダンス
は示されていません。おそらくその理由の1つは，欧州には「サステナビリ
ティ・デュー・ディリジェンス指令（Corporate Sustainability Due Diligence
Directive）」が別に存在するからだと考えられます。2024年4月に欧州議会は，
この指令を採択し，EU域内の大企業に対し，自社およびバリューチェーン上
の事業において人権と環境デュー・ディリジェンスを実施する義務を法律に定
めました（第5章第4節参照）。

また，デュー・ディリジェンスの意味や実施方法については，OECDが2018
年に公開した「責任ある企業行動のためのOECDデュー・ディリジェンス・ガ
イダンス[3]」の中にも細かく示されています。このガイダンスでは，デュー・
ディリジェンスのプロセスを3つのステップで説明しています。各々のステッ
プと，その具体的行動の一部を図表2-7-1に示します。詳しくはOECDのガ
イダンスをご参照ください。

---

3 https://www.mofa.go.jp/mofaj/files/000486014.pdf

図表2-7-1 デュー・ディリジェンスのプロセス

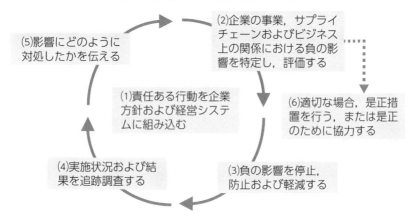

出所：OECD『責任ある企業行動のためのOECDデュー・ディリジェンス・ガイダンス』(2018)

第8節　バリューチェーン【ESRS 1.63】

　本節ではESRSの情報開示の範囲に関わるバリューチェーンについて説明します（ESRS 1.62〜72）。サステナビリティ・ステイトメントに記載される情報は、上流および/または下流のバリューチェーン情報を含めている必要があります。事業者の直接的、間接的な取引関係を通じて、バリューチェーン上で重大なインパクト、リスク、機会が見出される場合、これを含めて報告しなければなりません。

(1)　バリューチェーンの意味

①　バリューチェーンとは

　バリューチェーンは直訳すると「価値連鎖」になります。事業者の事業活動を価値創造のための一連の流れとして把握する考え方です。もともとアメリカの経済学者マイケル・ポーター氏が提唱した概念です。バリューチェーン上で、例えば製品の製造や流通、販売といった各プロセスにおいて、それぞれの価値

が付与されます。このバリューチェーン上で，事業者の製品やサービスの産出に使用される製品やサービスを提供するサプライヤーは上流の事業になります。一方，流通業者や顧客など組織から製品やサービスを受け取る事業体は下流の事業体となります。

ちなみに，UNGC（国連グローバルコンパクト）とGRIが2016年に公開した『SDGコンパス—SDGsの企業行動指針』[4]では，バリューチェーンの構成例として図表2-8-1が示されています。これは製造業を想定したバリューチェーンであり，他の業種であれば当然ながら各々のバリューチェーンがあります。このバリューチェーンの各段階において，重大なインパクト，リスク，機会がどのようなものになるか具体例で示します。

図表2-8-1　バリューチェーンの構成例

| 原材料 | サプライヤー | 調達物流 | 操業 | 販売 | 製品の使用 | 製品の廃棄 |

出所：UNGC, GRI『SDGコンパス』(2016)，12ページ

②　サプライチェーンとの違い

バリューチェーンと似た概念として「サプライチェーン」があります。サプライチェーンとは，直訳すると「供給連鎖」という意味になります。製品やサービスが消費者に届くまでの企業の事業活動をいいます。すなわち，原材料調達から製造，流通，販売，サービスまでの供給の一連の流れを指します。サプライチェーンでは製品やサービスが消費者に届くまでが対象なので，消費者がこれらを利用し，廃棄し，リサイクルするといった下流の工程は含まれない場合が多いです。下流を含めて全段階を対象とするがバリューチェーンになります。

もっとも，事業者はバリューチェーン内のすべての関係者に関する情報を開

4　https://sdgcompass.org/wp-content/uploads/2016/04/SDG_Compass_Japanese.pdf

示する必要があるわけではありません。バリューチェーンの上流と下流における重要な情報のみを含めることが要求されています。「重要な情報」はバリューチェーン上の段階でそれぞれ異なっていることがありえます。その場合，その事項が重要である部分に関するバリューチェーン情報のみの報告が求められます（ESRS 1.64）。

(2) バリューチェーンの情報開示の課題の例

バリューチェーンに関するESRS 1での説明を補足するため，日本企業の報告書に多く見られる事例を参考にしつつ，図表2-8-1のバリューチェーン上の段階ごとに，情報開示のポイントとなる課題の例をご提示します。

① 原材料

産業用の原材料の中で，電子機器に広く使われている鉱物として，例えばスズ，タンタル，タングステンと金があります。頭文字から「3TG」（Tin, Tantalum, Tungsten, Gold）と呼ばれます。これらは中央アフリカのコンゴ民主共和国とその隣接国において多く採掘されます。これらの採掘業は，一部が武装集団の資金源となって，人権侵害や紛争を助長している懸念があると指摘されてきました。そうした懸念ある3TGは「紛争鉱物」と指定され，米国や欧州ではこれらの調達が武装勢力の資金源になっていないかどうか調査することが義務付けられています。本邦企業が「紛争鉱物」を現地から調達していれば，現地の人権侵害や紛争に重大なインパクトを及ぼす可能性があります。対応を誤れば，企業の財務価値に負の影響を及ぼす「リスク」となるため，情報開示の対象となります。

② サプライヤー

仮に，食品加工業の事業者が，熱帯地域のサプライヤーから農産物を調達しているとします。また，このサプライヤーは熱帯雨林のジャングルを開拓し，大規模なプランテーション農園を保有しています。ジャングルを開拓したことで，地域の植生が変わり，野生の動植物の生育に重大なインパクトを及ぼしました。絶滅危惧種を含む野生動物の保護がNGOや有識者により求められ，国

第2章　ESRSの構造と基礎概念（ESRS 1）　　57

連機関も注視するようになりました。このサプライヤーの事業形態を黙認し，調達をそのまま続けていると，当該事業者の製品への不買運動などを招きかねません。これも，対応を誤れば，企業の財務価値に負の影響を及ぼす「リスク」となるため，情報開示の対象となります。

③　調達物流

　日本では2024年4月からトラックドライバーの時間外労働の上限規制が適用され，労働時間が短くなることで，輸送能力が不足することが懸念されています。様々な業界に影響を与える問題ですが，特に全国にネットワークを広げるコンビニエンスストアにとっては，極めて重大なインパクトを及ぼすことになります。これに対応するため，大手2社のコンビニエンスストアが，東北3県で商品を共同で配送する取組みを始めました。共同配送を通して安定的な輸送能力を維持するとともに，トラック台数削減を通じたCO_2削減効果も期待されています。こうした取組みは，企業の財務価値にプラスの影響を及ぼす「機会」とみなされ，情報開示の対象になりえます。

④　操　業

　建設業は従業員に占める男性比率が高く，少子高齢化によって人材確保はますます困難になり，事業の継続が懸念される状態にあります。人材不足は建設業にとって重大なインパクトを及ぼしかねません。これに対処し，かつ組織の多様性を進めるため，あるハウスメーカーは様々な女性活躍推進の取組みを進めてきました。女性の現場監督のサポートや，女性管理職の育成を目的としたプログラムを実施しています。実際に，女性従業員の活躍の場が，商品開発，設計提案，現場管理など幅広い業務に広がっており，企業の財務価値にプラスの影響を及ぼす「機会」とみなされます。これも，情報開示の対象になりえます。

⑤　販　売

　開発途上国には40億人ともいわれる低所得層が存在し，BOP（Base of Pyramid）市場と呼ばれています。BOP市場の規模は膨大であり，大きなビジ

ネスチャンスがあります。しかしながら，低所得層の購買力は小さく，品質より価格に敏感です。また，こうした人々が居住する地域では，物流や流通網が整備されていません。規模は大きくとも，外国企業にとって参入が難しい市場です。ある乳酸菌飲料メーカーはBOP市場で製品を販売するため，東南アジアにおいて，地元の女性を販売員として雇用し，店舗ではなく移動販売の形態でビジネスを展開してきました。製品の効能を地元の販売員が説明することで，地域に居住する低所得層の購買を促すことにつながりました。さらに，販売員としての雇用機会を低所得地域の女性に提供することにもなりました。女性販売員の増加とともに，製品の販売量も増加してきました。このようなビジネスモデルは，企業の財務価値にプラスの影響を及ぼす「機会」とみなされ，情報開示の対象になりえます。

⑥　製品の使用

　温室効果ガス排出による気候変動は地球規模で深刻な問題であり，あらゆる分野に影響を及ぼしています。エアコンは電化製品の中でも，比較的多くのエネルギーを消費する製品であり，地球温暖化による夏の猛暑で，エアコンをフル稼働させると温室効果ガス排出増を招くという悪循環が懸念されます。気候変動は電機メーカーにとって重大なインパクトを及ぼすものです。そこで空調機を製造するあるメーカーは，CO_2排出量を大幅に削減できる省エネエアコンを開発しました。この製品が世界で使用されたことにより，2015年から2020年までに7,000万トンのCO_2排出量が削減されたと推測されています。こうした製品開発は，企業の財務価値にプラスの影響を及ぼす「機会」であり，情報開示の対象になりえます。

⑦　製品の廃棄

　自動車は小さなネジまで数えると約3万個の部品から作られています。生産時に発生した端材やスクラップのみならず，廃車の解体時に回収した資材をリユース，リサイクルすることで，天然資源の消費および廃棄物の発生の抑制に貢献することができます。ある日本の自動車メーカーの生産台数は極めて大きく，同社が廃車のリサイクル推進に取り組むことで，循環型経済の実現に向け

第2章　ESRSの構造と基礎概念（ESRS 1）　59

て重大なインパクトを及ぼすことができます。具体的には，廃車の資源循環を
推進するために，リサイクルしやすい材料を使用するとともに，解体しやすく，
分別しやすい易解体設計を新型車両に積極的に採用しています。こうした取組
みは，企業の財務価値に正の影響を及ぼす「機会」であり，情報開示の対象に
なりえます。

第9節　時間軸【ESRS 1.73〜81】

本節ではESRSの情報開示のベースとなる時間軸について説明します。短期，
中期，長期の定義を示すとともに，この定義に基づかない場合の対処について
指示があります。

(1)　時間軸の定義

サステナビリティ報告には，将来の企業の持続性に関する非財務情報の開示
が求められます。財務報告が過去の実績に注目するのに対し，サステナビリ
ティ報告は将来の持続性が焦点となります。この場合，「将来」の時間軸をど
のように設定するかを明確に規定する必要があります。短期，中期，長期と
いった時間軸が企業間で統一されていないと，企業間の比較が困難になります。
そこで，ESRSではこの時間軸について図表2-9-1のような明確な定義を示
しています（ESRS 1.77〜81）。

図表2-9-1　ESRSにおいて規定される時間軸

短期	事業者が財務諸表の報告期間として採用した期間
中期	短期報告期間の終わりから5年まで
長期	5年以上

出所：ESRS 1.77に基づき筆者作成

短期とは，財務諸表の報告期間として採用されている期間となります。つま
り，サステナビリティ・ステイトメントの報告期間は，財務諸表と一致させる

ことが必要となります。

⑵　異なる定義の使用

　もしも，5年を超える期間にインパクトや行動が予想される場合，長期的な時間軸の内訳（例えば，5年〜10年，10年〜20年，20年以上など）を追加的に示す必要があります。

　仮に，他の基準等において，特定の開示項目に関して，上記と異なる中期または長期の時間軸の定義が要求されている場合は，ESRSの定義を優先させることが求められます。しかしながら，何らかの業種固有の特性といった理由から，上記の時間軸の定義が適当でないケースもありえます。例えば，特定の業種において，キャッシュフローや事業サイクル，設備投資の予想期間，サステナビリティ・ステイトメント評価の時間軸，または意思決定に一般的に使用される計画軸などが，上記の時間軸とは異なる可能性があります。その場合は，事業者は中期および長期の時間軸について，異なる定義を採用することができます。

第10節　サステナビリティ情報の作成と提示
【ESRS 1.82〜129】

　ESRS 1ではサステナビリティ情報を作成，提示する際に適用される一般的な要求事項がいくつか示されています。これについて以下に整理します。

⑴　比較情報の提示

　まず過去の数値との比較情報の提示に関する要求事項です。ESRSに基づいて報告する事業者は，当期に開示するすべての定量的指標と金額について，前期との比較情報を開示しなければなりません。当期のサステナビリティ報告書の理解に関連する場合，定量的情報だけでなく，定性的情報についても比較情報を開示しなければなりません（ESRS 1.83）。

第 2 章　ESRSの構造と基礎概念（ESRS 1）　61

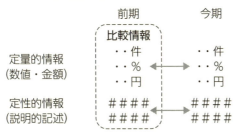

図表 2-10-1　比較情報の表示

出所：ESRS 1.83に基づき筆者作成

　仮に，事業者が，前期に報告された情報と異なる比較情報を報告する場合，次の情報を開示しなければなりません（ESRS 1.84）。

- 前期に報告された数値と修正後の比較数値との差異
- 数値を修正した理由

　もっとも，新たな指標を設定し，定義を変更したような場合，過去の期間にわたり同様の比較データを収集できない可能性があります。この場合は比較情報を改めて作成することは現実的ではありません。過去の年度の比較情報を修正することが実行不可能な場合，企業はその事実を開示しなければなりません。

(2) 推定と不確実性

　ESRSでは事業者自身の事業活動のみならず，上流および下流のバリューチェーン情報の開示も求めます。この場合，あるいは他の状況であっても，事業者が直接的に計測できず，推定値しか提示できないケースがありえます。ここでの開示情報には，不確実性が伴う可能性があります。事業者は，サステナビリティ報告で示される情報の不確実性に関して，利用者が十分に理解できるよう示す必要があります（ESRS 1.88）。

　シナリオ分析や感応度分析を含む仮定や見積りが適切に行われている場合は，こうした情報はサステナビリティ報告の不可欠な要素です。仮定や見積りが正確に記述されていれば，推定された情報の有用性が損なわれることはありませ

ん。なお，サステナビリティ報告書の作成に使用されるデータおよび仮定は，事業者の財務諸表に使用される財務データおよび仮定と可能な限り一致しなければなりません（ESRS 1.90）。

(3) 過去の報告内容の修正

　事業者の過去のサステナビリティ報告に，計算書の記載漏れや虚偽記載があった場合，事業者は新たな報告の中でこれを修正しなければなりません（ESRS 1.96）。こうした記載が生じた理由としては，計算ミス，測定基準や目標の定義の適用ミス，事実の見落としや誤解，不正行為などがありえます。当期中に発見された誤りは，マネジメントレポート（経営報告書）の発行が承認される前に修正することが可能です。しかし，大きな誤りが発見されるのは翌期になってからということもありえます。

　過去の複数年度の報告に誤りがあった場合，その誤りが実務に与えてきた影響をすべからく判断するのは難しい場合があります。事業者は，実務上で可能な限り早い時点から，誤りを修正し，比較情報を再表示しなければなりません（ESRS 1.100）。

(4) 連結レベルの報告

　事業者が連結レベルで報告する場合，グループの法的構造に関係なく，連結グループ全体の重要なインパクト，リスク，機会の評価を実施しなければなりません。また，重大なインパクト，リスク，機会を偏りなく特定できるよう，すべての子会社を対象とする必要があります（ESRS 1.102）。

　グループ会社レベルと，1つまたは複数の子会社との間で，重大なインパクト，リスクまたは機会に関して著しい差異が特定されることがありえます。その場合，事業者は該当する子会社のインパクト，リスクおよび機会に関して，適切に説明しなければなりません（ESRS 1.103）。また，もしもグループ内の特定の子会社が，他の会社と異なるセクターで事業を行っている場合，重大なインパクト，リスク，機会の判断は，セクター別に細分化するといった手段で行うことができます（ESRS 1.104）。

⑸　機密情報の省略

　なお，戦略，計画，行動に関する情報を開示する際，それが機密やノウハウ
に関わる情報であれば，省略することが認められます（ESRS 1.105）。事業者
は，たとえある情報が重要であるとみなされる場合でも，知的財産，ノウハウ，
または技術革新の結果に関連する場合は，次の要件を満たすならば開示する必
要はありません。

- その情報が，これを通常取り扱う関係者の間で一般的に知られておらず，
  またはその関係者が容易に入手することができない。
- 機密であることで商業的な価値がある。
- 機密を保持するために事業者が合理的な措置を講じている。

　ただし，事業者は，機密情報以外の情報については，これらをすべて開示す
ることにより，当該開示要件を遵守しなければなりません。

⑹　サステナビリティ情報の記載場所

①　2つのケース

　ESRSに基づいてサステナビリティ情報を開示する場合，その情報をどこに
記載するかについても示されています。この情報は「マネジメントレポート」
本体の専用セクションで記載されるケースと，他の報告書等から参照するとい
う形で取り込まれるケースの2つがあります（ESRS 1.112）。いずれのケース
でも，次の2つの事項が求められます。

- ESRSの開示で要求される情報と，マネジメントレポートに含まれるそ
  の他の情報とを区別できる方法で表示すること
- サステナビリティ・ステイトメントへのアクセスと理解を容易にする構
  成となっており，人間のみならず，機械でも読める（machine-readable）
  フォーマットで表示すること

② マネジメントレポートの専用セクションでの記載

　サステナビリティ情報が「マネジメントレポート」本体の専用セクションで記載されるケースに関して，ESRS 1の付録Fには「ESRSサステナビリティ・ステイトメントの構成例」が図示されています（ESRS 1.付録F）。なお，これはあくまで例示であり，拘束力を伴うものではありません。

図表2-10-2	マネジメントレポート内のサステナビリティ・ステイトメント

マネジメントレポート

事業者のビジネスの発展とパフォーマンスおよびその地位の分析	主なリスクと不確実性の記述
事業者に想定される将来の発展	コーポレートガバナンス声明

サステナビリティ・ステイトメント

1. 一般的情報	3. 社会面の情報
ESRS 2「全般的開示事項」 ・項目別基準上の特定の項目別開示要件 ・セクター基準上の追加的な項目別開示要件 ・開示要件のリスト（下記と整合） ・他のEU規制に由来するすべてのデータポイントの表	（例）ESRS S1 自社の従業員 ・ESRS S1によるインパクト，リスク，機会の管理および指標とターゲットの開示要件 ・セクター別ESRSからの追加開示要件 ・企業固有の追加的な情報開示の可能性
2. 環境面の情報	**4. ガバナンス面の情報**
EU規則2020/852（EUタクソノミー）第8条に基づく開示 （例）ESRS E1 気候変動 ・ESRS E1によるインパクト，リスク，機会の管理および指標とターゲットの開示要件 ・セクター別ESRSからの追加開示要件 ・企業固有の追加的な情報開示の可能性	（例）ESRS G1 自社の従業員 ・ESRS G1によるインパクト，リスク，機会の管理および指標とターゲットの開示要件 ・セクター別ESRSからの追加開示要件 ・企業固有の追加的な情報開示の可能性

出所：ESRS 1付録Fに基づき筆者作成

　マネジメントレポートにはサステナビリティ・ステイトメントの専用セクションが設けられます。このセクションの前に，次の4項目が記載されます。

- 事業者のビジネスの発展とパフォーマンスおよびその地位の分析
- 事業者に想定される将来の発展
- 主なリスクと不確実性の記述
- コーポレートガバナンス声明

第2章　ESRSの構造と基礎概念（ESRS 1）　65

サステナビリティ・ステイトメントのセクションは，「1．一般的情報」，「2．環境面の情報」，「3．社会面の情報」，「4．ガバナンス面の情報」，の4つに分かれます。「1．一般的情報」では，ESRS 2に基づいて全般的開示事項について記載します。「2．環境面の情報」では，EU規則2020/852（EUタクソノミー）に基づく開示を行う必要があります。タクソノミー規則で定義された各環境目標に関連する開示は，環境面の情報の中で明確に識別できる部分にまとめて提示されなければなりません。

今後，セクター別ESRSが公開された際，この中で要求される開示は，報告領域ごとにグループ化される必要があります。これらの開示はESRS 2と項目別基準で要求される開示と併記されなければなりません（ESRS 1.116）。

このサステナビリティ・ステイトメントでは，ESRS以外の法律や基準に基づいて開示された情報を追加的に含めることが可能です。例えば，ESRSの項目別基準に該当する項目がなかった場合，IFRSサステナビリティ開示基準やGRIスタンダード等に基づく情報を開示することができます。その場合，次のような点に留意する必要があります（ESRS 1.114）。

(a) 関連する法律，基準，またはフレームワークに言及するとともに，明確に識別すること（ESRS 2.BP2.15）

(b) ESRS 1の第2章および付録Bに規定されている情報の質的特性に関する要求事項を満たすこと

---

③　他の報告書等からの参照

次に，サステナビリティ情報を他の報告書等から「参照（incorporation by reference）」という形で，マネジメントレポートに取り込まれるケースについて説明します。このケースについても，ESRS 1の付録Gに「参照による組込みの例」として構成案が図示されています。これもあくまで例示であり，拘束力を伴うものではありません。

| 図表 2-10-3 | 他の報告書を参照するサステナビリティ・ステイトメント |

```
┌─────────────────────────────────────────────────────────┐
│ マネジメントレポート                                        │
│                                                           │
│  ┌─────────────────────────────────────────────────────┐ │
│  │ 戦略と事業 (ESRS 2.38 SBM-1)                          │ │
│  │  - 戦略，ビジネスモデル，バリューチェーン               │ │
│  │   - (ESRS 2 SBM-1に対応することが明確に識別された個別の情報要素) │ │
│  └─────────────────────────────────────────────────────┘ │
│                                                           │
│  ┌─────────────────────────────────────────────────────┐ │
│  │ サステナビリティ・ステイトメント                        │ │
│  │                                                       │ │
│  │  ┌───────────────────────────────────────────┐       │ │
│  │  │ 1. 一般的情報                              │       │ │
│  │  └───────────────────────────────────────────┘       │ │
│  │                                                       │ │
│  │   参照により組み込まれる開示                            │ │
│  │   以下の情報は，マネジメントレポートの他の部分を参照している： │ │
│  │   - 市場での地位，戦略，ビジネスモデル，バリューチェーン (ESRS 2.38 SBM-1) │ │
│  │                                                       │ │
│  │  ┌───────────────────────────────────────────┐       │ │
│  │  │ 2. 環境面の情報                            │       │ │
│  │  └───────────────────────────────────────────┘       │ │
│  │  ┌───────────────────────────────────────────┐       │ │
│  │  │ 3. 社会面の情報                            │       │ │
│  │  └───────────────────────────────────────────┘       │ │
│  │  ┌───────────────────────────────────────────┐       │ │
│  │  │ 4. ガバナンス面の情報                      │       │ │
│  │  └───────────────────────────────────────────┘       │ │
│  └─────────────────────────────────────────────────────┘ │
└─────────────────────────────────────────────────────────┘
```

出所：ESRS 1付録Gに基づき筆者作成

　ここでもマネジメントレポートの中にサステナビリティ・ステイトメントのセクションが設けられます。同セクションに「1．一般的情報」，「2．環境面の情報」，「3．社会面の情報」，「4．ガバナンス面の情報」が提示されますが，具体的な情報はここでは記載する必要はありません。マネジメントレポートの他の部分の情報がここに「参照」されることだけが示されます。サステナビリティ・ステイトメントのセクションの前には，ESRS 2 SBM-1.38に基づいて，戦略と事業に関する情報が記載されることになります。

④　留意点

　なお，マネジメントレポートの開示時期は，会計指令2013/34EU（30条）において，12カ月以内に財務諸表とともに公表すべきことが記載されています。具体的なタイミングはEU加盟国によるCSRDの国内法制化の中で確認する必要があります。

　このマネジメントレポートは，EUでは任意の報告書ではなく，法定により開示が求められているものです。日本では有価証券報告書に近い位置付けです。

第2章　ESRSの構造と基礎概念（ESRS 1）　67

しかしながら，ESRSに基づくサステナビリティ・ステイトメントが，EU域外諸国ではどのような報告書に記載されるべきなのかについて，EUからは明確な説明が出されていません。今後にEUが公表する「EU域外企業向けの基準」の中で明らかになることが求められます。

第11節　経過措置【ESRS 1.130〜137】

本節ではESRSの利用に適用される経過措置について説明します。ESRSはまったく新しく起草された基準であるだけに，すべての要求事項を初年度から開示するのは困難な部分があります。

開示が困難な情報については，経過措置として，初期の3年間は情報の開示要求に対して柔軟な対応が認められます。具体的には以下の3点の情報開示について経過措置が適用されます。

(1)　セクター別基準の利用

第1は，ESRSのセクター別基準の利用についてです。ESRSにはセクター基準としてセクターごとの要求開示事項をまとめた基準が含まれます。しかしながら，2023年7月に公開された時点ではセクター基準は含まれておらず，今後に公開される見込みです。それまでは，企業は企業固有（entity-specific）の情報開示を行うか，IFRSの産業別ガイダンス（SASBスタンダード）やGRIセクター別スタンダードのような既存の基準を用いることが認められます。

もっとも，企業固有の情報開示を行う際には，これはESRS 1の第2章に示される「情報の定性的特性」（本章第2節）を満たすことが条件となります。

(2)　バリューチェーンの情報開示

第2は，バリューチェーン上の非財務情報の開示です。上流と下流バリューチェーンには様々な事業者があり，中小企業も多く含まれることが想定されます。バリューチェーンに関する必要な情報がすべて入手できない場合，ESRSを使ってサステナビリティ報告を行う事業者は，最初の3年間はこの情報の開

示を，社内で入手可能な情報に限定することができます。その代わりに，バリューチェーンに関する必要な情報を入手するために行った努力，必要な情報がすべて入手できなかった理由，今後必要な情報を入手するための計画について説明しなければなりません。

また，ESRS 2の付録Bにある，「他のEU法規に由来する横断的・項目別基準のデータポイントのリスト（List of datapoints in cross-cutting and topical standards that derive from other EU legislation）」については，当該法規の要求に従う必要があります。

(3) 比較情報の提示

第3は，ESRS 1.83〜86で（本章第10節）求められる比較情報の提示についてです。ESRSに基づいて報告する事業者は，当期に開示するすべての定量的指標と金額について，前期との比較情報を開示しなければなりません。しかしながら，サステナビリティ報告の初年度において，こうした比較情報を提示することができなければ，これは免除されます。

(4) その他の経過措置対象事項

上記の3つに加え，ESRS 1の付録Cには「経過措置で段階的に導入される開示要求事項のリスト（List of phased-in Disclosure Requirements）」が示されています。これはESRS 2および，ESRS E1からS4までの開示要求事項の中で，サステナビリティ報告の作成初年度において，省略の可能性のある，または適用されない可能性のある開示要求事項またはデータポイントを個別に特定し，それぞれについて段階的導入の規定を定めているものです。

例えば，ESRS E1（気候変動）の開示要求事項E1-6で求められる「グロス・スコープ1，2，3および総GHG排出量」については，次のように示されています。

第2章　ESRSの構造と基礎概念（ESRS 1）　　69

> • 従業員数が，会計年度中の平均従業員数750名（該当する場合は連結
>   ベース）を超えない事業体またはグループは，サステナビリティ報告書
>   作成初年度のスコープ3排出量と温室効果ガス総排出量のデータを省略
>   することができる。

　また，ESRS E4（生物多様性及び生態系）の開示要求事項E4-6で求められ
る「生物多様性及び生態系に関連するリスクと機会から予想される財務的影
響」については，次のように示されています。

> • 事業者は，持続可能性報告書の作成初年度については，ESRS E4-6に
>   規定される情報を省略することができる。事業者は，サステナビリティ
>   報告の作成初年度から3年間は，定性的開示のみを報告することで，
>   ESRS E4-6を遵守することができる。

　さらに，ESRS S1（自社の従業員）の開示要求事項S1-7で求められる「事業
者内の非従業員の特徴」についても，次のように示されています。

> • 事業者は，持続可能性報告書の作成初年度について，本開示要件のすべ
>   てのデータポイントの報告を省略することができる。

第 3 章

全般的開示事項
（ESRS 2）

本章ではESRS 2「全般的開示事項（General Disclosures）」の内容を紹介します。
ESRS 2では，すべての企業に報告が求められる横断的な開示事項が示されています。これらの横断的な開示事項を説明し，最後に項目別開示基準との関係について整理します。

第1節 概　要

　ESRS 2「全般的開示事項」の冒頭に，本章の目的は「事業者が属するセクターにかかわらず全事業者に適用され，いずれのサステナビリティトピックにも適用が求められる開示事項を示すこと」と記述されています。ESRS 2はすべての事業者に適用される，横断的かつ一般的な報告分野を詳述したものになります（ESRS 2.1〜2）。

　第2章でも述べたとおり，ESRSが求めるのはダブル・マテリアリティの考え方に基づくサステナビリティ報告です。すなわち，社会や環境に与える「インパクト」をバリューチェーン全体にわたって検証し，ステークホルダーとともに自らの事業にとって重要な「リスクと機会」は何かを見極めた上で，マテリアリティを決定し，実際のアクションに移し検証していく作業です。

図表 3 - 1 - 1 サステナビリティ報告の流れ

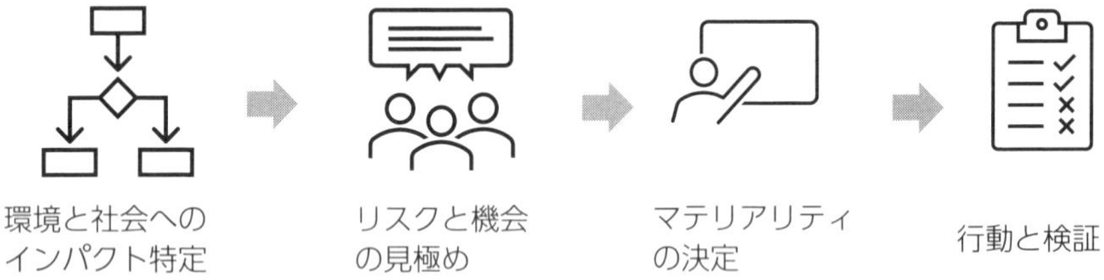

環境と社会への　　リスクと機会　　マテリアリティ
インパクト特定　　の見極め　　　　の決定　　　　　行動と検証

出所：各種資料に基づき筆者作成

　マテリアリティを管理していくために，しっかりとした「ガバナンス」を行い，事業部門と密接に連携し，財務的な裏付けのある「戦略」を立案した上で，戦略を管理するための「指標・目標」に基づいて進捗を測ることが求められます。場合によってはすみやかに見直しを行っていく過程を示し，ステークホルダーの利害や見解を取り入れることが必要です。

　この考えに基づき，ESRS 2「全般的開示事項」では，作成の基礎（BP）を示した後，①ガバナンス（GOV），②戦略（SBM），③インパクト・リスク・機会の管理（IRO），④指標とターゲット（MT）という4領域に関する要求事

第3章　全般的開示事項（ESRS 2）　73

項を記載しています[1]。図表3-1-2は各領域の具体的な開示事項のリストです。

| 図表3-1-2 | 全般的開示事項の構成 |

作成の基礎（BP）	
BP-1	サステナビリティ報告書の作成にあたっての一般的基礎
BP-2	特定の状況に関連する開示

ガバナンス（GOV）	
GOV-1	管理，経営および監督機関の役割
GOV-2	事業者の管理，経営および監督機関に提供される情報，ならびに当該機関が対処するサステナビリティに関する事項
GOV-3	インセンティブ制度におけるサステナビリティ関連実績の組込み
GOV-4	サステナビリティ・デュー・ディリジェンスに関する記述
GOV-5	サステナビリティ報告に関するリスクマネジメントと内部統制

戦略（SBM）	
SBM-1	戦略，ビジネスモデル，バリューチェーン
SBM-2	ステークホルダーの関心と見解
SBM-3	重大なインパクト，リスクおよび機会と事業者の戦略およびビジネスモデルとの相互関連

インパクト・リスク・機会の管理（IRO）	
マテリアリティ評価プロセスに関する開示	
IRO-1	重大なインパクト，リスクおよび機会を特定し，評価するプロセスの記述
IRO-2	事業者のサステナビリティ報告書によってカバーされるESRSの開示要件
方針と行動に関する最低限の開示要件	
MDR-P	重大なサステナビリティ項目を管理するために採用した事業者方針
MDR-A	重大なサステナビリティ項目に関する行動とリソース

1　BPはBasis for preparation，GOVはGovernance，SBMはStrategy and business model，IROはImpact, risk and opportunities，MTはMetrics and targetの頭文字。

指標とターゲット（MT）	
指標に関する最低限の開示要件	
MDR-M	重要なサステナビリティ項目に関する指標
ターゲットに関する最低限の開示要件	
MDR-T	目標を通じた，方針および行動の有効性の追跡

出所：ESRS 2「一般的開示事項」に基づき筆者作成

第2節　全般的開示事項

　本節ではESRS 2「全般的開示事項」に従い，すべての事業者に求められる横断的な開示事項についてご説明します。「作成の基礎（BP）」に続いて，「ガバナンス（GOV）」，「戦略（SBM）」，「インパクト・リスク・機会の管理（IRO）」，「指標とターゲット（MT）」の4つの報告領域ごとの開示要件が示されています。

　なお，各開示要件の説明の終わりには，当該開示要件に関連するGRIスタンダードの開示事項を示した対照表を付けてあります。GRI内容索引をベースにESRS報告をされる場合は参照ください。なお，この対照表はGRIが作成した"ESRS-GRI Standards data point mapping"に基づいて作成していますが，両者の開示事項の範囲が完全に一致しているわけではないことを了解ください。

(1)　作成の基礎（BP）【ESRS 2.3～17, AR1～AR2】

　ESRS 2「全般的開示事項」の導入となる「作成の基礎（BP）」は，BP-1とBP-2の2つの開示事項から構成されます。それぞれの概要は以下のとおりです。

(i)　BP-1：サステナビリティ報告作成にあたっての一般的根拠（ESRS 2.3 ～5)

　本事項では，事業者は「どのようにサステナビリティ報告を作成しているか」の理解を図るため，連結範囲，バリューチェーン情報を開示することが求められます。

第3章　全般的開示事項（ESRS 2）　**75**

主に以下の事項の開示が求められます。

- サステナビリティ報告書の範囲（連結ベースか，個別ベースか）
- 連結の範囲に関する事項および連結免除規定
- サステナビリティ報告書がカバーするバリューチェーンの範囲
- 知的財産，ノウハウ，イノベーションの成果に関する省略オプションの使用有無

図表3-2-1　BP-1に関連するGRIスタンダードの開示事項

| BP-1 | 2-2 | 組織のサステナビリティ報告の対象となる事業体 |
| | 3-1 | マテリアルな項目の決定プロセス |

出所：GRI, "ESRS-GRI Standards data point mapping" に基づき筆者作成

(ii)　BP-2：特定の状況に関連する開示（ESRS 2.6〜17）

本事項では，サステナビリティ報告書の作成にあたって，時間軸の変更など特定の状況が与える影響を理解できるように，関連する情報の開示が求められます。主な開示項目とその内容は図表3-2-2のとおりです。

図表3-2-2　特定の状況に関連する開示要件

時間軸
短期は財務諸表の報告期間，中期は短期〜5年，長期は5年以上，それ以外の場合は説明が必要。
バリューチェーンにおける推計
バリューチェーンを含む指標に間接的な情報源（セクター平均等）を使用した場合には，当該指標や範囲，正確性，精度向上のための取組みについて説明が必要。
推定や不確実性の要因
不確実性の高い指標と金額の特定と，その要因に関する情報や事業者の仮定や近似値，判断の内容の開示が必要。将来見通しに関しては不確実であると示すことが可能。

サステナビリティ情報の作成，または表示変更
前回報告期間の内容から変更が生じた場合は，変更点と理由の説明が必要。指標を変更することで，より有用な情報が得られる理由を説明。過年度の情報修正が困難な場合はその事実の表明と，前期の開示数値と修正後の比較数値との差額の開示が必要。
過年度の報告ミス
重要な過年度のミスを発見した場合，ミスの性質，可能な範囲での過去期間における修正の開示が必要。修正が不可能な場合はその経緯を説明。
法律や一般に公正妥当と認められたサステナビリティ報告に関する公告に基づく開示
持続可能性情報の開示を要求する他の法律，または一般に認められたサステナビリティ報告基準や枠組みに由来する情報を含める場合は，ESRSに規定された情報に加え，その事実の開示が必要。他の報告基準や枠組みを部分的に適用する場合，事業者は適用する基準や枠組みの段落を正確に参照すべき。
参照情報の開示
有価証券報告書をはじめとした参照情報を活用する場合，該当のESRSの開示要件，または開示要件により義務付けられている特定のデータポイントのリストの開示が必要。
段階的導入条項の適用
決算日時点で従業員数が平均750名を超えない事業者またはグループが，ESRS E4（生物多様性および生態系），ESRS S1（自社の従業員），ESRS S2（バリューチェーンの労働者），ESRS S3（影響を受けるコミュニティ），またはESRS S4（消費者とエンドユーザー）で要求される情報を省略する場合，対象項目について所定の開示が必要[2]。

出所：ESRS 2「一般的開示事項」に基づき筆者作成

図表3-2-3　BP-2に関連するGRIスタンダードの開示事項

BP-2	2-4	情報の修正・訂正記述
	2-22	持続可能な発展に向けた戦略に関する声明
	3-2	マテリアルな項目のリスト
	3-3-c, d, e	マテリアルな項目のマネジメント（方針，措置およびその有効性の評価）

出所：GRI，"ESRS-GRI Standards data point mapping"に基づき筆者作成

2　第2章 第11節(4)参照。

第3章　全般的開示事項（ESRS 2）　　**77**

(2)　ガバナンス（GOV）【ESRS 2.18〜36, AR3〜AR11】

　「ガバナンス（GOV）」は，サステナビリティに関する事項を監視，管理，監督するためのガバナンスのプロセス，統制，方法を説明するための開示要件を示しています。

| 図表3-2-4　ガバナンスの開示目的 |

出所：ESRS 2.18〜36に基づき筆者作成

　これはGOV-1からGOV-5のまでの5つの開示事項から構成されます。それぞれの概要は以下のとおりです。

(i)　GOV-1：管理，経営および監督機関の役割（ESRS 2.19〜23）

　本項目では，事業者は管理・経営・監督機関の構成と多様性，インパクト等のプロセスに対する機関の役割，サステナビリティに関する専門的な知識やスキルを持っているか，あるいは専門的な知識やスキルを得ることができているかといった情報の開示を求められます。

　主な開示項目とその内容は図表3-2-5のとおりです。

| 図表3-2-5　管理・経営および監督機関の役割に関する開示事項 |

管理・経営・監督機関のメンバー構成と多様性
(a)執行および非執行の役員の人数
(b)従業員やその他の労働者の代表が含まれているか
(c)事業の分野，製品，地理的位置に関連する経験があるか
(d)取締役会の男女別の比率と事業会社が考慮する多様性の開示
(e)独立取締役の比率

管理・経営・監督機関の役割と責任
(a)インパクト，リスク，機会の管理に責任を負う，管理，運営，監督機関
(b)インパクト，リスク，機会に対する各組織・個人の責任が，事業の職務権限，取締役会の権限，その他の関連方針にどのように反映されているか
(c)インパクト，リスクと機会を監視，管理，監督するために使用されるガバナンス・プロセス，統制，手順における経営者の役割
(d)重大なインパクト，リスクおよび機会に関するターゲットの設定の，管理・経営・監督機関および上級経営幹部による監督体制，ターゲットに向けた進捗の監視方法
管理・経営・監督機関の技能や専門知識
(a)組織全体の専門知識または専門家へのアクセス，研修の活用
(b)専門知識と事業の重大なインパクト，リスク，機会との関連

出所：ESRS 2「一般的開示事項」に基づき筆者作成

図表 3 - 2 - 6 GOV-1に関連するGRIスタンダードの開示事項

GOV-1	2-9	ガバナンス構造と構成
	2-12	インパクトのマネジメントの監督における最高ガバナンス機関の役割
	2-13	インパクトのマネジメントに関する責任の移譲
	2-14	サステナビリティ報告における最高ガバナンス機関の役割
	2-17	最高ガバナンス機関の集合的知見
	405-1	ガバナンス機関および従業員のダイバーシティ

出所：GRI, "ESRS-GRI Standards data point mapping" に基づき筆者作成

(ii) **GOV-2：管理，経営および監督機関への情報提供（ESRS 2.24～26）**

　本事項において，事業者はサステナビリティ項目に関する情報についてガバナンス機関がどのように報告を受けているか，また，報告期間中にこれらの項目にどのように対処したかを開示しなければなりません。

　具体的にはマテリアリティの特定やデュー・ディリジェンス，それらに関する方針や活動，進捗状況に関する報告がガバナンス機関にどのように報告されているか（頻度や責任者を含む），また事業戦略や重要な取引の決定に際してリスクやチャンスを検討しているか，またそのリストの開示も行います。

第3章　全般的開示事項（ESRS 2）　　79

図表3－2－7		GOV-2に関連するGRIスタンダードの開示事項	
GOV-2	2-12	インパクトのマネジメントの監督における最高ガバナンス機関の役割
	2-13	インパクトのマネジメントに関する責任の移譲
	2-16	重大な懸念事項の伝達
	2-24	方針声明の実践

出所：GRI，"ESRS-GRI Standards data point mapping"に基づき筆者作成

(ⅲ)　GOV-3：サステナビリティに関するインセンティブ制度（ESRS 2.27 ～29）

　本事項において，事業者はサステナビリティ項目に関連するインセンティブ制度および報酬方針が存在する場合には，その制度の主な特徴の説明やインセンティブ測定に含まれる指標などの開示をしなければなりません。

図表3－2－8		GOV-3に関連するGRIスタンダードの開示事項	
GOV-3	2-19	報酬方針
	2-20	報酬の決定プロセス

出所：GRI，"ESRS-GRI Standards data point mapping"に基づき筆者作成

(ⅳ)　GOV-4：デュー・ディリジェンスに関する声明（ESRS 2.30～33）

　本事項において，事業者は自らが実施したデュー・ディリジェンスのプロセスと，サステナビリティ報告書に記載されている情報のマッピングを開示しなければなりません。

　なお，ESRS 2の付録A「適用要件」の中で，このマッピングの表のひな形が示されています。これは国連「ビジネスと人権に関する指導原則」とOECD「多国籍企業行動指針」など文書での定義に基づいたものです。

80

| 図表3-2-9 | デュー・ディリジェンスのプロセスの情報のマッピング |

デュー・ディリジェンスのプロセス	サステナビリティ報告での該当箇所
a）ガバナンス，戦略，ビジネスモデルへのデュー・ディリジェンスの組み込み	
b）重要ステップにおいてインパクトを受けるステークホルダーへの関与	
c）人と環境に与えるネガティブなインパクトの特定と評価	
d）上記のネガティブなインパクトに対処するためのアクション	
e）上記アクションの効果の追跡と開示	

出所：ESRS 2「一般的開示事項」付録Aに基づき筆者作成

| 図表3-2-10 | GOV-4に関連するGRIスタンダードの開示事項 |

GOV-4	該当する開示事項なし

出所：GRI，"ESRS-GRI Standards data point mapping"に基づき筆者作成

⑤ GOV-5：サステナビリティに関するリスク管理と内部統制（ESRS 2.34～36)

本事項において，事業者はサステナビリティ報告プロセスに関連するリスク管理および内部統制プロセスならびにシステムの範囲，主な特徴，構成要素等を開示しなければなりません。また，主なリスクに関する統制や軽減のための戦略，ガバナンス機関への定期報告の状況等について記載します。

| 図表3-2-11 | GOV-5に関連するGRIスタンダードの開示事項 |

GOV-5	2-14	サステナビリティ報告における最高ガバナンス機関の役割

出所：GRI，"ESRS-GRI Standards data point mapping"に基づき筆者作成

(3) 戦略（SBM）【ESRS 2.37～49, AR12～18】

「戦略（SBM）」では、事業者の戦略、ビジネスモデルおよびバリューチェーンについての開示要件が提示されます。この開示要件の目的は、次項で取り上げる「インパクト・リスク・機会（IRO）」が発生する源となる戦略やビジネスモデルについて理解することです。

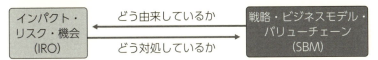

図表3-2-12 戦略・ビジネスモデル・バリューチェーンの開示目的

出所：ESRS 2.37～49に基づき筆者作成

これはSBM-1からSBM-3までの3つの開示事項から構成されます。それぞれの概要は以下のとおりです。

(i) SBM-1：戦略，ビジネスモデル，バリューチェーン（ESRS 2.38～42）

本事項において、事業者はサステナビリティ事項に関連する、またはインパクトを与える戦略、ビジネスモデル、バリューチェーンを開示することを求められます。

戦略に関しては、主に以下の事項の開示が求められます。

- 提供する製品および／またはサービスの重要なグループ
- 主要市場および／または顧客グループ
- 地域別の従業員数
- 該当する場合、特定の市場で禁止されている製品およびサービス
- 財務諸表に含まれる総収入の主要ESRSセクター別内訳
- 該当する場合、関連収入とともに、事業者が化石燃料、化学品製造、兵器などの分野で活動していることの提示

一方，ビジネスモデルとバリューチェーン関しては，主に以下の事項の開示が求められます。

- インプットと，それらのインプットを収集，開発，確保するためのアプローチ
- 顧客，投資家，その他のステークホルダーにとっての便益という観点からのアウトプットとアウトカム
- 上流と下流のバリューチェーンの主な特徴と，そのバリューチェーンにおける事業者の位置付け

図表3-2-13 SBM-1に関連するGRIスタンダードの開示事項

SBM-1	2-6	活動，バリューチェーン，その他の取引関係
	2-7	従業員
	2-22	持続可能な発展に向けた戦略に関する声明
	3-3-e	マテリアルな項目のマネジメント（講じた措置の有効性の追跡）
	201-1	創出，分配した直接的経済価値

出所：GRI，"ESRS-GRI Standards data point mapping"に基づき筆者作成

(ii) SBM-2：ステークホルダーの利害と見解（ESRS 2.43〜45）

本事項において，事業者は，ステークホルダーの利益や見解が，事業者の戦略やビジネスモデルにおいてどのように考慮されているかを開示しなければなりません。

ステークホルダーおよびステークホルダーとのエンゲージメントに関して，主に以下の事項の開示が求められます。

- 主要なステークホルダーの説明
- ステークホルダーとのエンゲージメントが行われているかどうか，およびどのカテゴリーのステークホルダーに対してエンゲージメントが行わ

第3章　全般的開示事項（ESRS 2）　83

れているか
- エンゲージメントはどのように組織化されているか
- エンゲージメントの目的は何か
- エンゲージメントの結果は事業者にどのように考慮されているか

図表3-2-14　SBM-2に関連するGRIスタンダードの開示事項

SBM-2	2-29	ステークホルダー・エンゲージメントへのアプローチ

出所：GRI, "ESRS-GRI Standards data point mapping" に基づき筆者作成

(iii)　SBM-3：重大なインパクト，リスクおよび機会と，戦略およびビジネスモデルとの相互作用（ESRS 2.46～49）

　本事項において事業者は，その重大なインパクト，リスク，機会を開示し，それらが戦略やビジネスモデルとどのように関連しているかを説明しなければなりません。この開示要件の目的は，重大なインパクト，リスク，機会がどのように事業者の戦略やビジネスモデルに由来しているか，戦略やビジネスモデルを調整するきっかけとなるかを理解することです。ここでは，図表3-2-15に示される(a)から(h)までの情報の開示が求められます。少し細かくなりますが，それぞれの内容をご説明します。

　まず(a)では，重大なインパクト，リスク，機会についての簡潔な説明を求められます。特に，それらがビジネスモデル，バリューチェーンのどこに集中しているかについて説明が必要です。

　次の(b)は，重大なインパクト，リスク，機会が，事業者のビジネスモデル，バリューチェーン，戦略および意思決定に及ぼす影響について説明します。さらに，こうした影響に事業者がどのように対応するか，あるいはする予定であるかについて情報開示が求められます。

　(c)では　重大なマイナスのインパクトとプラスのインパクトが，人々や環境にどのように影響するか，さらにその影響が事業者の戦略やビジネスモデル，取引関係に由来するものであるかどうかについて説明します。想定されるイン

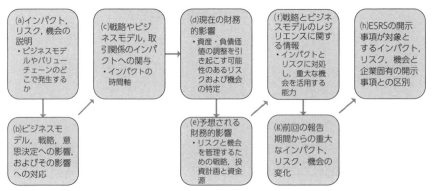

出所：ESRS 2.48に基づき筆者作成

パクトの時間軸についても説明が必要です。

続く(d)と(e)はリスクと機会の財務的影響についての説明です。(d)は現在の財務的影響，(e)は将来に予想される財務的影響が対象です。(d)では，資産・負債価値の調整を引き起こす可能性のあるリスクおよび機会についての説明が必要です。(e)では，将来に予想されるリスクと機会を管理するための戦略，およびこれを実現するための投資計画と資金源についての説明が求められます。

さらに(f)では，インパクトとリスクに対処し，重大な機会を活用する能力に関する戦略とビジネスモデル，およびこれらのレジリエンス（強靭性）に関する説明が求められます。

(g)では前回の報告期間からの変更点，(h)では企業固有の追加的開示事項がどれなのか説明することが求められます。

第 3 章　全般的開示事項（ESRS 2）　**85**

図表 3 - 2 -16		SBM-3に関連するGRIスタンダードの開示事項
SBM-3	2-27	法規制遵守
	3-2-a. b	マテリアルな項目のリスト（一覧表示，変更点）
	3-3-a. b	マテリアルな項目のマネジメント（マイナスのインパクト，組織の関与）
	201-2	気候変動による財務上の影響，その他のリスクと機会
	303-1	使用原材料の重量または体積
	306-1	廃棄物の発生と廃棄物関連の著しいインパクト
	308-2	サプライチェーンにおけるマイナスの環境インパクトと実施した措置
	413-2	地域コミュニティに著しいマイナスのインパクト（顕在的，潜在的）を及ぼす事業所
	414-2	サプライチェーンにおけるマイナスの社会的インパクトと実施した措置

注：GRIスタンダードにはSBM-3の(d)と(f)に該当する開示事項はなし
出所：GRI, "ESRS-GRI Standards data point mapping" に基づき筆者作成

(4)　インパクト・リスク・機会の管理（IRO）

【ESRS 2.50～69, AR19～AR23】

　「インパクト・機会・リスクの管理（IRO）」は，「マテリアリティ評価プロセスの開示」と「方針と行動に関する最低限の開示要件」という 2 部門によって構成されます。

①　マテリアリティ評価プロセスの開示

　ここではIRO-1とIRO-2という 2 つの開示事項があります。IRO-1は重大なインパクト，リスク，機会を特定するプロセスについての開示です。IRO-2は実際にマテリアリティ評価を行った結果を受けて，事業者がサステナビリティ・ステイトメントに記載した情報について開示することが求められます。

（ⅰ） IRO-1：重大なインパクト，リスク，機会を特定し評価するプロセスの説明（ESRS 2.51〜53）

　本事項において事業者は，インパクト，リスク，機会を特定し，どれが重大かを評価するプロセスを開示することを求められます。ESRS 1「全般的要求事項」で示されたように，ESRSはダブル・マテリアリティの観点で重大なインパクト，リスク，機会を評価しなければなりません。ここでは，図表3-2-17に示される(a)から(h)までの情報の開示が求められます。少し細かくなりますが，それぞれの内容をご説明します。

図表3-2-17 IRO-1の開示事項

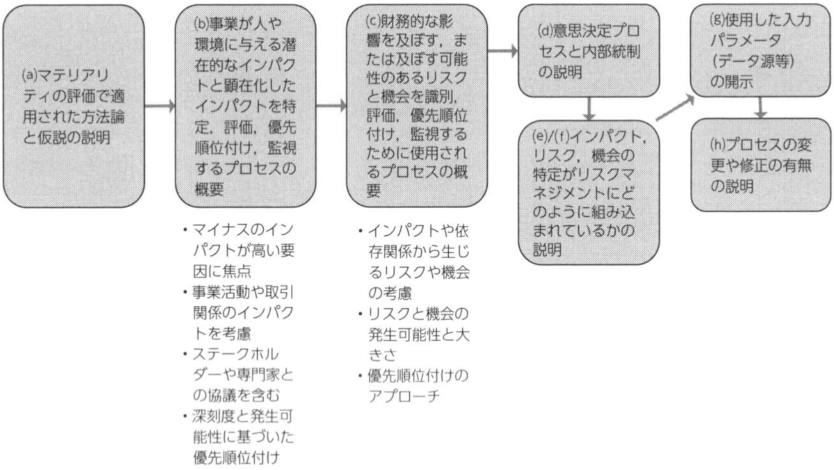

出所：ESRS 2.53に基づき筆者作成

　まず(a)では，マテリアリティなインパクトを評価する際に適用した方法論と仮定を説明します。具体的にどういった情報を含めるかは示されていませんが，例えば，マテリアリティ特定プロセスでのバリューチェーンの範囲，時間軸，ステークホルダーの関与等に関する情報がここに該当すると考えられます。

　次の(b)は，インパクト・マテリアリティの特定に関する情報です。事業活動が人や環境に与える潜在的なインパクトと顕在化したインパクトを特定，評価，優先順位付け，モニタリングするプロセスの概要を示します。そのプロセスが，

マイナスのインパクトが高い要因に焦点を当てているか，事業活動や取引関係のインパクトを考慮しているか，ステークホルダーや専門家とどのような協議を行っているかといった情報も含みます。さらに，マイナスやプラスのインパクトの優先順位付けに使った定性的または定量的な判断基準等についての説明も必要です。

　一方，(c)は財務マテリアリティに関する情報です。財務的な影響を及ぼす，または及ぼす可能性のあるリスクと機会を識別，評価，優先順位付け，モニタリングするために使用されるプロセスの概要を示します。ここには，リスクおよび機会とインパクトの依存関係の検討，特定されたリスクおよび機会の発生可能性，大きさ，影響の性質，優先順位付けの方法などが含まれます。

　(d)では，マテリアリティ評価の際の意思決定プロセスおよび関連する内部統制手続について説明します。関係する部署の責務，最高ガバナンス機関の役割などがここに含まれます。

　次の(e)と(f)では，事業者のマテリアリティの評価プロセスが，どのように事業者全体のリスクマネジメントのプロセスに組み込まれているか，また，リスクプロファイルの評価にどのように使用されているかについての記述が求められます。

　続いて(g)では，データソースなどを含め使用したインプットパラメータについて提示します。最後の，(h)では前報告期間と比較して，プロセスが変更されたかどうか，またどのように変更されたか，最後にプロセスが修正されたのはいつか，マテリアリティの評価の将来の修正日について示します。

図表3-2-18 IRO-1に関連するGRIスタンダードの開示事項

| IRO-1 | 2-14 | サステナビリティ報告における最高ガバナンス機関の役割のアプローチ |
| | 3-1-a, b | マテリアルな項目の決定プロセス（優先順位付け，ステークホルダーの関与等） |

注：GRIスタンダードにはIRO-1の(c)に該当する開示事項はなし
出所：GRI，"ESRS-GRI Standards data point mapping"に基づき筆者作成

(ii) IRO-2：事業者のサステナビリティ・ステイトメントによってカバーされるESRSの開示要件（ESRS 2.54〜59）

本事項において事業者は，マテリアリティの評価の結果に基づき，サステナビリティ・ステイトメントでカバーされるESRSの開示要件のリストを示すことが求められます。さらに，重大でないとして省略された項目がある場合は，それは何なのか，省略された理由は何なのかについても説明が求められます。ここでの情報の開示の流れについて図表3-2-19で示すとともに，各ステップについてご説明します。

図表3-2-19 IRO-2の開示事項

開示要求事項のリストを記載（内容索引としての提示も可能）	他のEU法令に依拠するすべてのデータポイントの表の提示 重大でないと評価したものがあればそれを明記	「気候変動」が重大でないと判断され，開示を省略する場合は詳細説明	「気候変動」以外の項目を省略する場合は簡潔な説明	開示すべき重大な情報をどのように決定したか説明（ESRS 1.3.2参照）

出所：ESRS 2.56〜59に基づき筆者作成

第1は，開示要件のリストの記載です。事業者は，サステナビリティ・ステイトメントに，報告された開示が見られる正確な場所を記載することが要求されます。サステナビリティ・ステイトメント中の関連する開示があるページ番号やパラグラフを含めて記載します。これは，内容索引（対照表）として提示することも可能です。

続いて，事業者は，CSRD以外のEUの他の法規制に由来するデータポイントが，サステナビリティ・ステイトメント中のどこに記載されているかを示す必要があります。ESRS 2の付録B「他のEU法規」に「他のEU法令に依拠する横断的および項目別基準のデータポイントのリスト」の一覧表が提示されています。他のEU法令には，例えばSFDR（Sustainable Finance Disclosure Regulation：欧州のサステナブルファイナンス開示規則）があります。付録Bによると，ESRS 2のGOV-1「取締役会の男女の多様性」パラグラフ21(d)の開示事項は，SFDRの指標番号13附属書1の表1に相当します。こうした双方の

開示事項の相関を示します。なお，ある開示事項が付録Bで規定されているにもかかわらず，事業者がこれを省略する際は，当該事項が重大でないことを明示しなければなりません。

次は，開示を省略する場合の説明です。ここでは開示事項が「気候変動」なのかそれ以外かで対応が異なります。もし事業者が，気候変動は重大ではないと結論付け，気候変動の開示要件（ESRS E1）のすべてを省略する場合，事業者は，気候変動に関するマテリアリティの評価の結論の詳細な説明を開示しなければなりません。一方，「気候変動」以外の項目が重大でないと結論付け，当該開示項目を省略する場合は簡潔な説明で構いません。

ESRSを利用する開示を求められる事業者は，多くが大企業かEU域内で上場している中小企業であり，気候変動を重大と判断しないケースは少ないと考えられます。ここでは「気候変動」に関する情報開示が実質的に義務付けられていると解釈されます。

最後は，開示すべき重大な情報をどのように決定したかの説明です。ここではESRS 1.3.2の「マテリアルな事項と情報のマテリアリティ」[3]の指示をどう実施したかについて説明が求められます。ここでの指示とは，例えば重大であると特定されたサステナビリティ事項について，以下を行うことが求められています。

(a) 対応する項目別およびセクター別のESRSにおいて，特定のサステナビリティ事項に関連する開示要件（適用要件を含む）に従って情報を開示する。

(b) 重大なサステナビリティ事項がESRSでカバーされていない場合，または粒度が十分でない場合は，追加的な企業固有の開示をしなければならない。

---

3 ESRS 1.3.2（ESRS 1.25〜36）

| 図表 3-2-20 | IRO-2に関連するGRIスタンダードの開示事項 |

| IRO-2 | 3-2 | マテリアルな項目のリスト（一覧表示，変更点の報告） |

注：ESRSではGRI内容索引に相当するフォーマットは示されていないが，GRI内容索引をESRSの情報開示に利用することは可能
出所：GRI, "ESRS-GRI Standards data point mapping"に基づき筆者作成

② マテリアリティ評価プロセスの開示

ここではMDR-PとMDR-Aという2つの開示事項があります。それぞれ，重大なインパクト，リスク，機会に対処するための方針（P: Policy）と行動（A: Action）についての最低限の開示要件（MDR: Minimum Disclosure Requirement）が示されています。

なお，ここで「最低限の」という表現を使っている理由は，ESRS 2「全般的開示事項」はすべての事業者に適用される横断的な開示事項を扱っているからです。重大なインパクト，リスク，機会に対処するための方針と行動は，当然ながら気候変動，汚染，生態系といった項目ごとに異なります。そのため，ここでは，項目にかかわらず全事業者に報告が求められる「最低限の」開示事項が示されます。項目ごとの特有の開示事項は，ESRS E1, E2, E3といった項目別基準を参照することになります。

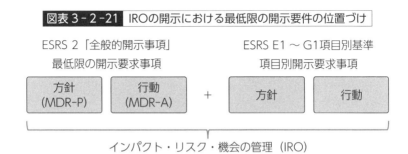

図表 3-2-21　IROの開示における最低限の開示要件の位置づけ

出所：ESRS 2.54～59に基づき筆者作成に基づき筆者作成

第3章 全般的開示事項 (ESRS 2)　91

（i）MDR-P：重大なサステナビリティ事項を管理するために採用された方
　　針 (ESRS 2.63〜65)

　本事項において事業者は，重大であると特定された各サステナビリティ事項
に関して，実施している方針（Policy）を開示しなければなりません。顕在化
した，あるいは潜在的なインパクトを防止，軽減，是正し，リスクに対処し，
機会を追求するために，事業が実施している方針について説明することが求め
られます。なお，前述のように，これはすべての事業者に適用される共通的な
開示要件であり，「気候変動」，「生態系」といった項目ごとの方針は，ESRSの
各々の項目別基準に従って開示する必要があります。

　MDR-Pでは主に以下の事項の開示が求められます。

- 方針の一般的な目的，同方針が関連する重要なインパクト，リスクまた
  は機会
- バリューチェーンやステークホルダー，地域等に関して，方針が適用さ
  れる範囲
- 方針の実施に責任を負う，事業者の組織での最上位レベル
- 事業者が方針の実施を通じて尊重する第三者基準またはイニシアチブ
- 方針を設定する際の主要なステークホルダーの利害への配慮状況
- ステークホルダーによる方針の利用可能性と方法

図表 3 - 2 - 22 MDR-Pに関連するGRIスタンダードの開示事項

MDR-P	2-23	方針声明
	2-24	方針声明の実践
	3-3-c	マテリアルな項目のマネジメント（方針の記載等）

出所：GRI, "ESRS-GRI Standards data point mapping" に基づき筆者作成

(ii) MDR-A：重大なサステナビリティ事項に関する行動とリソース（ESRS 2.66～69)

本事項において事業者は，重大であると特定された各サステナビリティ事項に関して，実施する行動（Action）とそのためのリソース（資金）について開示しなければなりません。顕在化した，あるいは潜在的なインパクトを防止，軽減，是正し，リスクに対処し，機会を追求するために，事業が実施している行動と，そのために割り当てられたリソースについて説明することを求められます。なお，この開示事項についても，前項の方針（Policy）と同様に，全事業者に共通する最低限のものです。重大であると特定された項目については，ESRSの項目別基準に基づいて，項目ごとの行動とリソースについて開示する必要があります。

MDR-Aにおいて，行動に関して主に以下の事項の開示が求められます。

- 報告年度に実施され，あるいは将来計画されている主要な行動のリスト，およびその期待されるアウトカム
- 主要な行動の範囲（バリューチェーン，地域，ステークホルダー・グループ等）
- 主要な行動を完了させるための時間軸
- 実際の重大なインパクトによって損害を被った人々を救済，または支援するために取られた主な行動
- 過年度に開示された行動または行動計画の進捗に関する定量的および定性的情報

続いてリソースに関しては，主に以下の事項の開示が求められます。

- 行動計画に割り当てられる現在および将来の財務的およびその他の資源（グリーンボンド，ソーシャルボンド，グリーンローンなどの金融商品の利用可能性を含む）
- 現在の資金額と，財務諸表に表示されている最も関連性のある金額との関係

- 将来の資金額

図表 3 - 2 -23 MDR-Aに関連するGRIスタンダードの開示事項

| MDR-A | 3-3-d, e | マテリアルな項目のマネジメント（措置およびその有効性の評価等） |

出所：GRI, "ESRS-GRI Standards data point mapping" に基づき筆者作成

(5) 指標とターゲット（MT）【ESRS 2.70〜81, AR24〜AR26】

「指標とターゲット（MT）」は，事業者がサステナビリティ事項に関連する指標（metrics）とターゲット（target）を開示する際の要件が示されています。前項の「インパクト・機会・リスクの管理（IRO）」と同様に，指標やターゲットは，当然ながら重大な項目ごとに設定されるべきものです。したがって，ここでは指標やターゲットに関する情報を開示する際に含めるべき，最低限の開示要件が定められています。これらは，関連する項目別ESRSに記載されている適用要件を含む開示要件とともに適用されなければなりません。

図表 3 - 2 -24 MTの開示における最低限の開示要件の位置付け

出所：ESRS 2.70〜81に基づき筆者作成

(i) MDR-M：重大なサステナビリティ事項に関する指標（ESRS 2.73〜77）

本事項における事業者への要求は，重大なインパクト，リスクおよび機会に関連して，パフォーマンスと有効性を評価するために使用する指標の開示です。指標には，ESRSに定義されているものに加え，他の基準等から取得したもの，事業者自身が開発した企業固有（entity-specific）の指標も含まれます。

各指標について，主に以下の事項の開示が求められます。

- 指標の背後にある方法論と重要な前提条件
- 指標の測定が，保証提供者以外の外部機関によって検証されているかどうか，その場合はどの機関によって検証されているか
- 有意義，明確で正確な名称を用いた指標の表示と定義
- 通貨を測定単位とする場合は，財務諸表の表示通貨を使用

図表 3－2－25 MDR-Mに関連するGRIスタンダードの開示事項

MDR-M	3-3-e	マテリアルな項目のマネジメント（措置の有効性の評価等）

出所：GRI，"ESRS-GRI Standards data point mapping"に基づき筆者作成

(ii) MDR-T：ターゲットを通じた方針と行動の有効性の追跡（ESRS 2.78〜81）

本事項における事業者への要求は，進捗状況を評価するために設定した，重大な事項に関する測定可能で，成果志向かつ期限付きのターゲットの開示です。各々のターゲットの開示に関し，以下の情報を含む必要があります。

- ターゲットと方針の目的（policy objectives）との関係性
- 絶対的なターゲットか相対的なターゲットかといった定義
- ターゲットの範囲（バリューチェーン，地理的境界等）
- ベースライン値および年度

- ターゲットが適用される期間，マイルストーンまたは中期ターゲット
- ターゲットを定義するために使用した方法論および重要な仮定
- 環境問題に関するターゲットが，科学的証拠に基づいているかどうか
- ステークホルダーがターゲット設定に関与したか，いかに関与したか
- ターゲットや指標，測定方法，前提条件，情報源等の変更内容
- ターゲットに対するパフォーマンス（モニタリングやレビューの方法，達成状況の分析等を含む）

　もしも，事業者が関連するサステナビリティに関する具体的な事項に関してターゲットを設定しておらず，この情報を開示できない場合は，その旨を明記し，ターゲットを設定していない理由を説明することが可能です（任意開示）。
　仮に，ターゲットを設定していない場合であっても，重大なインパクト，リスク，機会に関する方針と行動の有効性を追跡しているかどうかについては開示する必要があります。

図表3-2-26 MDR-Tに関連するGRIスタンダードの開示事項

| MDR-T | 3-3-e | マテリアルな項目のマネジメント（措置の有効性の評価等） |
| | 303-1 | 共有資源としての水との相互作用 |

出所：GRI, "ESRS-GRI Standards data point mapping" に基づき筆者作成

第3節　ESRS 2の開示要件と項目別基準

　ESRSには環境，社会，ガバナンスの3分野の項目別基準が含まれています。環境はE1〜E5，社会はS1〜S4，ガバナンスはG1から構成され，全部で10の基準があります。それぞれの項目別基準の開示要件も，基本的にESRS 2に示された「ガバナンス」，「戦略」，「インパクト・リスク・機会の管理」，「指標とターゲット」の4領域に従ってまとめられています。項目別基準はESRS 2とともに利用されなければならず，項目別基準の開示要件はESRS 2の開示要件

事項と併せてサステナビリティ・ステイトメントに記載される必要があります。

　項目別基準のESRS 2の4領域への対応はまったく同じではありません。4領域の開示のあり方が項目別基準によって少し異なっています。例えば「ガバナンス」については，ESRS 2の開示要件に何らかの補足要求が付け加えられている基準と，こうした補足要求がない基準があります。また，「インパクト・リスク・機会の管理」については，ESRS 2の開示要件に補足要求が付けられている基準と，項目固有の開示要件のみが示されている基準があります。一方，「指標とターゲット」については，すべての項目別基準において固有の開示要件が提示されています。

　こうした項目別基準ごとの4領域への対応はやや煩雑なので，図表3-3-1で整理しました。

図表3-3-1　項目別基準の4領域への対応

	ガバナンス（GOV）	戦略（SBM）	インパクト・リスク・機会の管理（IRO）	指標とターゲット（MT）
E1：気候変動	△	△/○	△/○	○
E2：汚染	×	×	△/○	○
E3：水と海洋資源	×	×	△/○	○
E4：生物多様性とエコシステム	×	△/○	△/○	○
E5：資源利用と循環経済	×	×	△/○	○
S1：自社の従業員	×	△	○	○
S2：バリューチェーン上の労働者	×	△	○	○
S3：影響を受けるコミュニティ	×	△	○	○
S4：消費者とエンドユーザー	×	△	○	○
G1：企業行動	△	△/○	○	○

注：○「固有要件あり」，△「補足要求あり」，×「補足要求なし」
出所：ESRSに基づいて筆者作成

第3章　全般的開示事項（ESRS 2）　**97**

　なお，ESRS 1の付録Fには「ESRSサステナビリティ・ステイトメントの構成例」が示されています（第2章第10節参照）。これを参考に整理すると，ESRS 2の「ガバナンス（GOV）」と「戦略（SBM）」の開示要件は，項目別基準で補足要求や固有の開示要件がない限り，構成例の「1．一般的情報」に記載されるように見えます。そして「インパクト・リスク・機会の管理（IRO）」と「指標とターゲット（MT）」の開示要件については，項目別基準の分野によって「2．環境面の情報」，「3．社会面の情報」，「4．ガバナンス面の情報」の各欄に記載されるように見えます。

図表3-3-2 4領域のサステナビリティ・ステイトメントでの記載イメージ

サステナビリティ・ステイトメント	
1. 一般的情報	**3. 社会面の情報**
ガバナンス（GOV） 戦略（SBM） ※　項目別基準に補足要求がない場合	インパクト・リスク・機会の管理（IRO） 指標とターゲット（MT）
2. 環境面の情報	**4. ガバナンス面の情報**
インパクト・リスク・機会の管理（IRO） 指標とターゲット（MT）	インパクト・リスク・機会の管理（IRO） 指標とターゲット（MT）

出所：ESRS 2に基づき筆者作成

　しかしながら，実際にこれらの開示要件がサステナビリティ・ステイトメントの中で，どのように整理され，提示されるかについては，2025年以降に公開される欧州企業のサステナビリティ・ステイトメントの事例を見て確認することが望ましいです。

第 4 章
項目別開示基準

本章ではESRSの項目別開示基準（Topical standards）の内容を紹介します。項目別開示基準は，環境，社会，ガバナンスの３分野から構成されています。環境の基準はＥの記号が付いており，E1からE5までの５つがあります。社会の基準はＳの記号であり，S1からS4までの４つです。ガバナンスの基準はＧの記号であり，G1の１つです。本章は，第１節のE1から第10節のG1まで，指標の区分に合わせて順番に説明される構成をとっています。

第1節 E1「気候変動」

(1) 目的（ESRS E1.1〜7）

　E1「気候変動」に関する基準を定める目的は，他の項目と同様にサステナビリティ報告の利用者が事業者の取組みへの理解が図られるために開示要件を規定することであるとし，図表4-1-1に示される事項について述べることが求められています。

図表4-1-1　気候変動に関する開示要件

(a)気候変動へのインパクト	事業が気候変動にどのようなインパクトを与えるか
(b)温暖化緩和のための行動	パリ協定（または気候変動に関する最新の国際協定）に沿い，産業革命以降の世界平均気温の上昇を1.5℃以内に抑制するための，事業の過去，現在，将来の温暖化緩和のための行動
(c)移行に向けた戦略とビジネスモデル	持続可能な経済への移行に沿った戦略とビジネスモデルを適応させ，世界平均気温上昇を1.5℃以内に抑えることに貢献するための計画と能力
(d)マイナスのインパクトへの対処	顕在化している，または潜在的なマイナスのインパクトを防止，緩和，是正し，リスク・機会に対処するためにとった，その他の行動と結果
(e)リスクと機会の管理	気候変動へのインパクトと依存から生じる，事業の重要なリスク・機会の性質，種類，程度，およびそれらの管理
(f)財務上の影響	気候変動へのインパクトと依存から生じるリスク・機会が，短期・中期・長期的に，事業に及ぼす財務上の影響

出所：ESRS E1.1に基づき筆者作成

　本基準の開示要件は，関連するEU法と規制，気候ベンチマーク基準規則，持続可能な金融情報開示規則（SFDR），EUタクソノミー[1]等の要求事項を考

1　タクソノミーとは「分類法」を意味します。EUタクソノミーは，EU域内において「環

第4章　項目別開示基準　　101

慮しています。また，本基準は気候変動に対する「緩和」と「適応」といった持続可能性に関する開示要件を対象とし，気候変動に関連する範囲で，エネルギー関連事項も対象となっています。

　「緩和」とは，パリ協定に基づき，世界の平均気温の上昇を産業革命以前の水準より1.5℃の上昇に抑えるという目標に対する事業者の取組みを指します。本基準は，7つのGHG（温室効果ガス）である二酸化炭素（CO_2），メタン（CH4），亜酸化窒素（N2O），ハイドロフルオロカーボン（HFC），パーフルオロカーボン（PFC），六フッ化硫黄（SF6），三フッ化窒素（NF3）に関する開示要件をカバーしていますが，これらに限定されるものではありません。また，事業がGHG排出にどのように対処しているかについての開示要件や移行リスクもカバーしています。

　一方の「適応」とは，実際の気候変動や予想される気候変動に対する事業の適応プロセスに関するものを指します。事業にとって物理的な気候変動リスクに関する開示要件と，リスクを低減するための適応策を規定しています。また，必要な適応策から生じる移行リスクも対象としています。

図表4-1-2　気候変動への緩和と適応

| 緩和 | 1.5℃の上昇に抑える取組み
<例>
・生産工程の見直し
・物流の仕組みの見直し | 適応 | 気候変動リスクの低減のための取組み
<例>
・事業所の移転
・影響を受けにくい原材料の開発（生産地の変更） |

出所：ESRS E1に基づき筆者作成

(2)　他のESRSとの関連（ESRS E1.8〜11）

　オゾン層破壊物質（ODS），窒素酸化物（NOX），硫黄酸化物（SOX）などの大気排出物は，気候変動に関連していますが，E2「汚染」の開示要件でカ

───────────────

境に配慮した持続可能な経済活動」を定義した分類となります。環境に配慮した経済活動への投資を促す狙いがあります。

バーされています。気候変動の影響を受けない経済への移行に伴って発生する可能性のある人々への影響は，S1「自社の従業員」，S2「バリューチェーンにおける労働者」，S3「影響を受けるコミュニティ」，S4「消費者とエンドユーザー」でカバーされています。

気候変動の「緩和」と「適応」は，特にE3「水と海洋資源」とE4「生物多様性と生態系」と密接に関連しています。水に関しては，水や海洋に関する災害から生じる急性・慢性の物理的なリスクに対応しています。気候変動によって引き起こされる可能性のある生物多様性の損失と生態系の劣化は，E4「生物多様性と生態系」で扱っています。さらに，開示にあたっては，ESRS 1「全般的要求事項」とESRS 2「全般的開示事項」の内容も踏まえる必要があります。

(3) 開示要件

E1の開示要件は，ESRS 2「全般的開示事項」の開示要件と併せて利用される必要があります。報告領域ごとのE1とESRS 2の開示要件の違いについて，図表4-1-3に整理します。

図表4-1-3 報告領域ごとのE1とESRS 2の開示要件

固有開示の有無／4つの報告領域	項目固有開示要件なし		項目固有開示要件あり
	補足要求なし	補足要求あり	
ガバナンス	GOV-1, 2, 4, 5	GOV-3	
戦略	SBM-1, SBM-2	SBM-3	E1-1
インパクト・リスク・機会の管理	IRO-2	IRO-1	E1-2, E1-3
	MDR-P		
	MDR-A		
指標とターゲット	MDR-M		E1-4〜E1-9
	MDR-T		

出所：ESRS E1に基づき筆者作成

4つの報告領域のうち，まず「ガバナンス」の開示要件の中で，GOV-3については，E1の中で補足的な要求事項が示されています。GOV-3の開示に際しては，ESRS 2での要求に加えて，E1での補足要求に従って説明しなければ

なりません。続いて「戦略」の開示要件であるSBM-1〜SBM-3の中で，SBM-3についても，E1の中で補足的な要求事項が示されています。SBM-3の開示に際しては，ESRS 2での要求に加えて，E1での補足要求に従って説明しなければなりません。さらに，E1-1という固有の開示要件が示されています。

続いて，「インパクト・リスクおよび機会の管理」の開示要件については，IRO-1についてE1で補足的な要求事項が示されています。これについてもE1の補足的要求事項に従って報告する必要があります。さらに，E1-2とE1-3という2つの固有の開示要件が示されています。「最低限の開示要件」であるMDR-PとMDR-Aに加えて，これらの固有の開示要件についても報告しなければなりません。

「指標とターゲット」については，E1-4からE1-9までの6つの固有の開示要件が示されています。ここでも「最低限の開示要件」であるMDR-MとMDR-Tに加えて，この6つの固有の開示要件について報告する必要があります。

図表4-1-4は，E1で示されるESRS 2の開示要件の補足と，E1の固有の開示要件を報告領域ごとに示したものです。また，太枠で囲われている開示要件は環境（E）分野の全項目別基準に共通するものです。まず，当該課題に対処する「方針」を示し，これを実現するための「行動およびリソース」を明確にします。続いて「ターゲット」を定め，「重大なリスクおよび機会による財務上の影響」をまとめます。この流れは環境（E）分野を通じて共通しています。

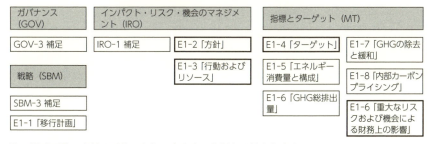

図表4-1-4　E1の開示要件の構成

注：開示要件の表記は要約であり，本文中の表記とは異なります。
出所：ESRS E1に基づき筆者作成

さらに，各開示要件の説明の終わりには，当該開示要件に関連するGRIスタンダードの開示事項を示した対照表を付け加えてあります。GRIインデックスをベースにESRS報告をされる場合は参照ください。なお，この対照表はGRIが作成した"ESRS-GRI Standards data point mapping"に基づいて作成していますが，両者の開示事項の範囲が完全に一致しているわけではないことを了解ください。

① ガバナンス（GOV）

(i) GOV-3補足（ESRS E1.13）

ESRS 2におけるGOV-3「インセンティブ制度におけるサステナビリティ関連実績の組込み」の開示要件の補足が示されます。この開示要件に対応するにあたり，事業者は，気候変動に関連した事項が取締役や監査役の報酬に組み込まれているかどうか，組み込まれている場合，その方法を開示しなければなりません。特に後述の開示要件E1-4「気候変動の緩和と適応に関する目標」で示す「GHG排出削減目標」に照らして業績が評価されているかどうか，また現在の期間の報酬のうち気候変動に関する事項の割合を，内容説明とともに記載する必要があります。

図表 4－1－5 E1 GOV-3補足に関連するGRIスタンダードの開示事項

GOV-3補足	2-19	報酬方針

出所：GRI，"ESRS-GRI Standards data point mapping"に基づき筆者作成

(ii) 開示要件E1-1：気候変動緩和のための移行計画（ESRS E1.14〜17）

事業戦略やビジネスモデルが，持続可能な経済への移行やパリ協定に沿った地球温暖化1.5℃までの抑止，2050年までのカーボンニュートラルを達成するための，事業の過去，現在，将来の緩和に向けての努力の理解を図るために，気候変動緩和のための移行計画を開示しなくてはなりません。

求められる情報には図表4－1－6の事項が含まれます。

第4章 項目別開示基準　105

> **図表4−1−6**　気候変動緩和のための移行計画に関する開示要件

(a)GHG排出削減ターゲット	GHG排出削減目標（開示要件E1-4）を参照し，事業の目標がパリ協定に沿った地球温暖化1.5℃までの抑止に適合しているかの説明
(b)気候変動緩和に向けた行動	GHG排出削減目標と気候変動緩和活動（開示要件E1-3）に基づき，脱炭素化の手段の説明，事業自身の製品やサービスのポートフォリオ変更，自社事業や上流・下流といったバリューチェーンにおける新技術の採用を含む，計画している主要な行動
(c)投資と資金調達	気候変動緩和行動（開示要件E1-3）に基づき，事業者が欧州委員会委任規則に従って開示する，タクソノミー規則に沿った投資の主要パフォーマンス指標と移行計画の実施のための投資や資金調達の説明と定量化
(d)GHG排出量の定性的な評価	事業会社の主要な資産や製品から排出される潜在的なGHG排出量の定性的な評価。これらの排出が事業の排出削減目標の達成を危うくし，移行リスクを促進する可能性があるかどうか，また，どのように危うくする可能性があるかについての説明。（該当する場合は）GHGやエネルギー集約的な資産や製品を管理するための事業計画についての説明
(e)タクソノミー規則に基づく事業の目的と計画	タクソノミー規則に基づく気候への適応または緩和に関する委任規制の対象となる活動を行う事業については，その経済活動（収益，投資，経費）を欧州委員会委任規則で定められた基準に合った当該事業の目的や計画の説明
(f)石炭，石油，ガス関連の設備投資	（該当する場合は）石炭，石油，ガス関連の経済活動に関連する，報告期間中に投資した重要な設備投資額の開示
(g)EUパリ協定整合ベンチマークとの関係	事業が「EUパリ協定整合ベンチマーク（EU Paris-aligned Benchmarks）」から除外されているかどうかの説明
(h)全体戦略と財務計画との整合性	移行計画が事業の全体戦略および財務計画にどのように組み込まれて，整合しているかの説明
(i)最高ガバナンス機関による承認	移行計画が最高ガバナンス機関によって承認されているかの説明
(j)進捗状況	移行計画の実施における進捗状況

出所：ESRS E1.16に基づき筆者作成

106

| 図表 4 - 1 - 7 | E1-1に関連するGRIスタンダードの開示事項 |

E1-1	該当する開示事項なし

出所：GRI, "ESRS-GRI Standards data point mapping" に基づき筆者作成

② 戦略（SBM）

(i) SBM-3補足（ESRS E1.18〜19）

ESRS 2におけるSBM-3「重大なインパクト，リスクおよび機会と事業者の戦略およびビジネスモデルとの相互関連」の開示要件の補足が示されます。この開示要件に対応するにあたり，事業者は，識別した重要な気候関連リスクごとに，当該リスクを「気候関連物理リスク」か「気候変動リスク」のいずれとみなすかを説明しなくてはなりません。気候変動に関連した戦略やビジネスモデルのレジリエンスを説明しなければなりません。以下の内容が含まれます。

(a) レジリエンス分析の範囲
(b) ESRS 2 IRO-1に関連する開示要求事項および関連する適用要件の段落で言及されている気候シナリオ分析の利用を含め，いつ，どのようにレジリエンス分析を行ったか
(c) シナリオ分析の結果を含む，レジリエンス分析の結果

| 図表 4 - 1 - 8 | E1 SBM-3補足に関連するGRIスタンダードの開示事項 |

SBM-3 補足	201-2	気候変動による財務上の影響，その他のリスクと機会

出所：GRI, "ESRS-GRI Standards data point mapping" に基づき筆者作成

③ インパクト・リスクおよび機会の管理（IRO）

(i) IRO-1補足（ESRS E1.20〜21）

ESRS 2におけるIRO-1「重大なインパクト，リスクおよび機会を特定し，

評価するプロセスの記述」の開示要件の補足が示されます。この開示要件に対応するにあたり，事業者は，重要なインパクト，リスク，依存関係，機会を特定するためのプロセスを記述しなければなりません。プロセスの説明には以下の事項の実施状況，実施方法も含んで記載する必要があります。

(a) 気候変動へのインパクト，特に事業のGHG排出量（開示要件E1-6での要求事項）

(b) 特に自社事業所，上流・下流のバリューチェーンにおける気候関連の物理的リスク
  - 高排出量の気候シナリオを考慮した場合の気候関連災害の特定
  - 資産と事業活動がどのように気候関連の危険にさらされインパクトを受けやすいかを評価し，事業にとっての重大な物理的リスクの特定

(c) バリューチェーンを考慮し，自社事業および上流・下流における気候変動関連のリスク・機会
  - 少なくとも地球温暖化を1.5℃に抑制し，オーバーシュートさせない，発生させない気候シナリオを考慮した場合の，気候関連の移行事象の特定
  - 資産や事業活動が，気候変動関連の移行事象にどのようにさらされ，事業に重大な移行リスク・機会をもたらすかの評価

開示に際しては，短期・中期・長期にわたる物理的および移行のリスク・機会の特定と評価には，様々な気候シナリオを含む分析をどのように利用したかを説明しなければなりません。

図表4-1-9　E1 IRO-1補足に関連するGRIスタンダードの開示事項

IRO-1補足	該当する開示事項なし

出所：GRI, "ESRS-GRI Standards data point mapping" に基づき筆者作成

(ii) 開示要件E1-2：気候変動の緩和と適応に関する方針（ESRS E1.22〜25)

　事業が重要な気候変動の緩和と適応のインパクトやリスク・機会の特定と評価，管理，是正に取り組む方針をどの程度持っているかの理解を図るために，重要なインパクト，リスク・機会を管理するために採用した方針を記述する必要があります。その際，ESRS 2「MDR-Pマテリアリティのマネジメント方針」に従い，気候変動の緩和と適応に関連する重要なインパクト，リスク・機会を管理するための事業の方針に関する情報を含まなくてはなりません。

　また，その方針が以下の分野に取り組んでいるかどうか，どのように取り組んでいるかを示します。

(a)　気候変動の緩和 (b)　気候変動への適応 (c)　エネルギー効率 (d)　再生可能エネルギーの導入 (e)　その他

図表4-1-10　E1-2に関連するGRIスタンダードの開示事項

E1-2	3-3-c	マテリアルな項目のマネジメント（方針とコミットメント）

出所：GRI，"ESRS-GRI Standards data point mapping"に基づき筆者作成

(iii) 開示要件E1-3：気候変動に関する行動とリソース（ESRS E1.26〜29)

　気候関連の目標や目的を達成するために取られた，あるいは計画されている主要な行動についての理解を図るために，気候変動の緩和と適応に関する行動と割り当てられたリソースを開示します。ESRS 2の「MDR-A」に記載された原則に従う必要があります。

　ESRS 2の「MDR-A」に加えて，事業者は以下について説明しなければなりません。

(a) 報告年度に実施された主要な行動と将来の計画を記載する際，自然
　　ベースの解決策を含む，脱炭素化による気候変動緩和策
(b) 気候変動緩和のための行動の結果を説明する際には，達成された
　　GHG排出削減量と予想されるGHG排出削減量を含めること
(c) 実施または計画されている措置を実施するために必要となる，多額の
　　設備投資および運営費

図表4-1-11　E1-3に関連するGRIスタンダードの開示事項

E1-3	3-3-c	マテリアルな項目のマネジメント（方針とコミットメント）
	201-2	気候変動による財務上の影響，その他のリスクと機会
	305-5	温室効果ガス（GHG）排出量の削減

出所：GRI，"ESRS-GRI Standards data point mapping"に基づき筆者作成

④　指標とターゲット（MT）

（i）開示要件E1-4：気候変動の緩和と適応に関するターゲット（ESRS E1.30～34）

　気候変動に緩和・適応し，気候変動に関連する重要なインパクト，リスクと機会に対処するために設定した目標の理解を図るために，設定した目標を開示・説明します。

　ESRS 2の「MDR-T」で要求される情報を含み，目標を通じて政策や行動の進捗を追跡します。また，GHG排出量削減目標，および／または重要な気候関連のインパクト，リスク・機会（例えば，再生可能エネルギーの導入，エネルギー効率，気候変動への適応，物理的／移行リスクの緩和など）を管理するためのその他の目標を設定しているかどうかを開示しなければなりません。

　事業者がGHG排出削減目標を設定した場合，ESRS 2の「MDR-T」に併せた開示には，図表4-1-12に示された要件が適用されなければなりません。

図表4-1-12 気候関連ターゲットの開示要件

(a)GHG排出削減ターゲットの開示単位	GHG排出削減ターゲットは，絶対値（CO_2換算/CO_2eqのトン数または基準年の排出量に対する割合）で，関連する場合は原単位で開示
(b)対象となるGHG排出スコープ	GHG排出削減目標は，スコープ1・2・3の個別に，または合算して開示しなければなりません。複合的なGHG排出削減目標の場合，どのGHG排出スコープ（1，2，3）がその目標対象であるか，それぞれのGHG排出スコープに関連する割合，どのGHGが対象であるかを明示しなくてはなりません。GHG排出削減目標は総目標とします。つまり，GHG排出削減目標を達成するための手段として，GHGの除去，炭素クレジット，または排出回避は含めないものとします。
(c)GHG排出削減目標の基準年	現在の基準年と基準値を開示し，2030年以降は5年ごとにGHG排出削減目標の基準年としなければなりません。また，情報が本基準の要求事項に合致していれば，現在の基準年以前の，目標達成に向けた過去の進捗状況も開示することができます（任意開示）。
(d)GHG排出削減目標の年度設定	GHG排出削減目標には，少なくとも2030年，可能であれば2050年の目標値を含みます。2030年以降は5年ごとに目標値を設定します。
(e)GHG排出削減目標の根拠・方法論	GHG排出削減目標は科学的根拠に基づくものであり，地球温暖化を1.5℃に抑えることに適合したものであるかどうかを表明します。セクター別の脱炭素化パスウェイを用いたかどうか，基礎となる気候・政策シナリオは何か，目標が外部から保証されているかどうかを含め，目標決定のためにどのような枠組みと方法論が用いられたかを表明しなければなりません。GHG排出削減目標を設定するための重要な仮定の一部として，将来の展望（販売量の変化，顧客の嗜好や需要の変化，規制要因，新技術など）をどのように考慮し，それらがGHG排出量と排出削減量の双方にどのような影響を与えるかを簡潔に説明します。
(f)脱炭素化手段とその定量的貢献	GHG排出削減目標達成のために期待される脱炭素化の手段と，その全体的な定量的貢献（エネルギーや材料の効率や消費の削減，燃料転換，再生可能エネルギーの利用，製品やプロセスの段階的廃止や代替など）を説明します。

出所：ESRS E1.34に基づき筆者作成

第４章　項目別開示基準　**111**

| 図表４-１-13 | E1-4に関連するGRIスタンダードの開示事項 |

E1-4	3-3-e	マテリアルな項目のマネジメント（措置の有効性の追跡）
	305-1	直接的な温室効果ガス（GHG）排出量（スコープ１）
	305-2	間接的な温室効果ガス（GHG）排出量（スコープ２）
	305-3	その他の間接的な温室効果ガス（GHG）排出量（スコープ３）
	305-5	温室効果ガス（GHG）排出量の削減

出所：GRI, "ESRS-GRI Standards data point mapping" に基づき筆者作成

(ii)　開示要件E1-5：エネルギー消費量と構成（ESRS E1.35〜43）

　絶対値での事業の総エネルギー消費量，エネルギー効率の改善，石炭・石油・ガス関連事業に関連するリスクの状況，エネルギーミックス全体における再生可能エネルギーの割合の理解を図るために，事業者はエネルギー消費と構成に関する情報を提供しなければなりません。

　開示には，自社運営に関連する総エネルギー消費量（MWh）を以下の項目別に区分して記載する必要があります。

(a)　化石資源からの総エネルギー消費

(b)　原子力による総エネルギー消費量

(c)　再生可能エネルギー源による総エネルギー消費量

　　• バイオマス（生物由来の産業廃棄物や一般廃棄物も含む），バイオ燃料，バイオガス，再生可能資源からの水素などの再生可能資源による燃料消費

　　• 再生可能な資源から購入または取得した電気，熱，蒸気，冷房の消費量

　　• 自家発電による非燃料再生可能エネルギーの消費

　また，気候変動へのインパクトが大きいセクターで事業を行っている場合，化石資源からの総エネルギー消費量をさらに以下の方法で集計しなくてはなりません。

(a)	石炭と石炭製品による燃料消費
(b)	原油と石油製品による燃料消費
(c)	天然ガスによる燃料消費
(d)	他の化石資源からの燃料消費
(e)	化石資源から購入または取得した電気，熱，蒸気，冷房の消費量

　さらに，該当する場合，非再生可能エネルギー生産量と再生可能エネルギー生産量をMWh単位で別々に集計し，開示しなければなりません。また，事業活動における気候変動へのインパクトが大きい部門を特定した上で，事業者は，当該部門での活動に関連するエネルギー強度（純収入当たりの総エネルギー消費量）に関する情報を提供しなければなりません。また，事業者は，当該部門の活動からの純収入額の，財務諸表の関連する項目や注記との調整等を開示しなければなりません。

　なお，気候変動へのインパクトが大きいセクターは，ESRSの中では示されていませんが，欧州委員会委任規則（EU）の中で特定されています。図表4-1-14をご参照ください。

図表4-1-14 気候変動へのインパクトが大きいセクター（参考資料）

インパクトが大きいセクター	それ以外のセクター
農林水産業(A),鉱業と採石(B)，製造業(C)，電気，ガス，蒸気，空調(D)，上水道，下水道，廃棄物管理(E)，建設(F)，卸売業および小売業，自動車修理業(G)，輸送および保管業(H)，不動産業(L)	宿泊施設と飲食業(I)，情報とコミュニケーション(J)，金融と保険業(K)，専門的，科学的，技術的活動(M)，管理およびサポート・サービス(N)，行政，防衛と社会保障(O)，教育(P)，保健と社会福祉(Q)，芸術，娯楽，レクリエーション(R)，その他のサービス(S)，家事労働(T)，域外組織の活動(U)

注：（　）内はセクション区分記号
出所：欧州委員会委任規則（EU）NO.2022/1288, No.1893/2006

第4章　項目別開示基準　　113

図表4-1-15　E1-5に関連するGRIスタンダードの開示事項

E1-5	302-1	組織内のエネルギー消費量
	302-3	エネルギー原単位

出所：GRI，"ESRS-GRI Standards data point mapping"に基づき筆者作成

(ⅲ)　**開示要件E1-6：スコープ１，２，３およびGHG総排出量（ESRS E1.44～55）**

　本要件において，事業者はスコープ１，２，３ごとに，またGHG総排出量をCO2換算としてメートルトンで開示しなければなりません。各スコープの開示の目的と具体的な開示内容は，図表4-1-16のとおりです。

図表4-1-16　スコープ１～３の総排出量の開示目的と含むべき内容

スコープ１	
目的	気候変動に直接及ぼす影響と，排出量取引制度のもとで規制されているGHG排出量の割合を把握するため
開示内容	GHG総排出量（CO2換算トン）と，排出量取引制度によるスコープ１のGHG排出量の割合
スコープ２	
目的	外部購入・取得を問わず，事業が消費するエネルギーによって引き起こされる気候変動への間接的な影響を把握するため
開示内容	総ロケーション基準とマーケット基準，双方のスコープ２のGHG排出量（CO2換算トン）
スコープ３	
目的	事業の上流・下流のバリューチェーンで発生するGHG排出量を把握するため。多くの事業にとって，スコープ３のGHG排出量は，GHGインベントリの主要な構成要素であり，事業の移行リスクにおける主要因となる。
開示内容	重要なスコープ３のカテゴリー（事業にとって優先順位の高いカテゴリー）からのGHG排出量（CO2換算トン）を含む

総排出量	
目的	事業者のGHG排出量が，事業者自身のオペレーションから発生したものなのか，あるいは上流，下流のバリューチェーンから発生したものなのかを全体的に把握するため
開示内容	スコープ１，２，３のGHG排出量の合計 スコープ２はロケーション基準とマーケット基準を区別して開示

出所：ESRS E1.45に基づき筆者作成

　なお，E1の付録A「適用要件」には，スコープ１，２，３およびGHG総排出量の算定の際の手引きが示されています（ESRS E1.AR39～55）。こちらも併せて参照ください。

図表４－１－17 E1-6に関連するGRIスタンダードの開示事項

E1-6	201-1	創出，分配した直接的経済価値
	305-1	直接的な温室効果ガス（GHG）排出量（スコープ１）
	305-2	間接的な温室効果ガス（GHG）排出量（スコープ２）
	305-3	その他の間接的な温室効果ガス（GHG）排出量（スコープ３）
	305-4	温室効果ガス（GHG）排出原単位

出所：GRI，"ESRS-GRI Standards data point mapping"に基づき筆者作成

⑷　開示要件E1-7：カーボンクレジットによるGHGの除去と緩和の取組み（ESRS E1.56～61）

本要件において，事業者は次の２つを開示しなければなりません。

(a) 自社事業で開発した，あるいは上流・下流のバリューチェーンで貢献したプロジェクトの結果としての，温室効果ガス除去・貯留量（CO_2換算トン）

(b) 自社のバリューチェーン外で，カーボンクレジットの購入を通じて融資した，または融資する予定の，気候変動緩和プロジェクトによるGHG排出削減量または排出除去量

第4章 項目別開示基準　115

この開示の目的は，第1に，大気からGHGを恒久的に除去，または積極的に除去するための活動への理解を図ること，第2に，事業者が自主的市場から購入，または購入意向のあるカーボンクレジット（GHG削減効果をクレジットとして売買する仕組み）の範囲と質を説明しGHGニュートラルの主張を裏付けることです。

GHGの排出量と貯留量に関する開示には，（該当する場合）自社事業およびその上流・下流のバリューチェーンに関連する量について除去活動別に分けて開示する必要があります。事業が適用する計算の前提，方法論，枠組みも開示しなくてはなりません。

事業活動のバリューチェーン外でのカーボンクレジットについては，公認の品質基準に照らして検証され報告期間中に取り消すことができたカーボンクレジットの総量（CO_2換算トン）を開示する必要があります。さらに，将来取消しが予定されているカーボンクレジットの総量も，同様に開示する必要があります。

また，GHG排出削減総量目標に加えて，GHGの排出量を植林による吸収等を進めることで全体として差引ゼロの状態にする「ネットゼロ」を目標として開示する場合，適用される範囲，方法論，枠組み，および残存GHG排出量が，自社の事業や上流・下流のバリューチェーンにおけるGHG排出削減によって，どのようにニュートラルにされるかを説明しなければなりません。

加えて，カーボンクレジットの使用を伴うGHGニュートラル[2]を公的に主張する場合には，次の3点について説明しなければなりません。

(a) 開示要求事項ESRS E1-4「GHG排出削減目標」に合致しているか

(b) カーボンクレジットへの依存が，GHG排出削減目標やネット・ゼロ目標の達成を妨げず，また減少させないかどうかやその方法

(c) 使用するカーボンクレジットが公に認められた品質基準に沿った信頼性と完全性を持ったものであること

2　温室効果ガスの排出量から，植林，森林管理などによる吸収量を差し引いて，合計を実質的にゼロにすること

116

| 図表4-1-18 | E1-7に関連するGRIスタンダードの開示事項 |

| E1-7 | 305-1 | 直接的な温室効果ガス（GHG）排出量（スコープ1） |
| | 305-5 | 温室効果ガス（GHG）排出量の削減 |

出所：GRI，"ESRS-GRI Standards data point mapping"に基づき筆者作成

(v) 開示要件E1-8：社内炭素価格（社内カーボンプライシング）の設定（ESRS E1.62〜63）

本要件において，事業者は社内でカーボンプライシング制度を導入しているか，実施には，どのように意思決定を支援し，気候変動関連の方針・目標の実施にインセンティブを与えているかを開示しなくてはなりません。要求される情報は以下の内容を含む必要があります。

(a) 設備投資や研究開発（R&D）投資の意思決定に適用されるシャドープライス，内部炭素料金，内部炭素基金

(b) カーボンプライシング制度の具体的な適用範囲（活動，地域，事業体など）

(c) スキームの種類に応じて適用される炭素価格と，適用される炭素価格の出典，価格を決定するために行われた重要な仮定
  • 科学的ガイダンスを用いてどの程度炭素価格が設定されているか，またその将来的な発展が科学的根拠に基づく炭素価格設定軌道とどのように関連しているかを含め，炭素価格の算定方法を開示することができる（任意開示）

(d) スコープ1，スコープ2，および該当する場合はスコープ3ごとに，当年度のおおよそのGHG総排出量（これらのスキームがカバーするCO_2換算トン数）と，それぞれのスコープにおける事業全体のGHG排出量に占める割合

第 4 章　項目別開示基準　**117**

| 図表 4 - 1 -19 | E1-8に関連するGRIスタンダードの開示事項 |

E1-8	該当する開示事項なし

出所：GRI, "ESRS-GRI Standards data point mapping" に基づき筆者作成

(vi)　**開示要件E1-9：重大な物理的・移行的リスク，潜在的な気候関連機会から予想される財務上の影響（ESRS E1.64〜70）**

　本要件において，事業者は，気候変動の財務上の影響に関しては以下の内容を開示しなければなりません。

(a)　重大な物理的リスクから予想される財務上の影響

(b)　重大な移行リスクから予想される財務上の影響

(c)　気候変動に関する重大な機会からの利益を得る可能性

ここでの情報開示の目的は以下です。

- 重大な物理的リスクおよび移行リスクにより予想される財務上の影響が，短期・中期・長期にわたって企業の財政状態や財務パフォーマンス，キャッシュフローにどのような重大な影響を及ぼすか（または及ぼすと合理的に予想されるか）についての理解を図ること
- 気候変動に関連する機会を追求する可能性が，事業者にとって財務的にどのような利益を生むかについて理解を図ること
- 欧州委員会委任規則2021/2178に従って開示される主要業績指標を補完すること

　気候変動に関する重大な物理的リスクおよび移行リスクから予想される財務上の影響に関しては，開示が求められる事項が具体的に示されています。それぞれ図表 4 - 1 -20，4 - 1 -21のとおりです。

118

| 図表4-1-20 | 物理的リスクから予想される財務上の影響に関する開示事項 |

(a)適応策検討前のリスク資産の割合	気候変動適応策を検討する前の，短期・中期・長期にわたる，物理的に重大なリスクのある資産の金額と割合
(b)適用策対処後のリスク資産の割合	気候変動適応策により対処された，重大な物理的リスクを有する資産の割合
(c)リスク資産の所在地	重大な物理的リスクを有する重要な資産の所在地
(d)リスク事業からの収益	短期・中期・長期にわたる，重大な物理的リスクを有する事業活動からの純収益の金額と割合

出所：ESRS E1.66に基づき筆者作成

| 図表4-1-21 | 移行リスクから予想される財務上の影響に関する開示事項 |

(a)適応策検討前のリスク資産の割合	気候変動緩和行動を検討する前の，短期・中期・長期にわたる，重要な移行リスクのある資産の金額および割合
(b)適応策対処後のリスク資産の割合	気候変動緩和行動によって対処された，重要な移行リスクのある資産の割合
(c)エネルギー効率別の不動産資産	エネルギー効率クラス別の[3]，事業の不動産資産の帳簿価額の内訳
(d)認識すべき負債	短期・中期・長期にわたり財務諸表で認識しなければならない可能性のある負債
(e)リスクある事業活動からの収入	石炭，石油，ガス関連事業を営む事業者の顧客からの純収入を含む，短期・中期・長期にわたる重要な移行リスクのある事業活動からの純収入の金額および割合

出所：ESRS E1.67に基づき筆者作成

　上表の項目に加えて，財務諸表の関連項目または注記との調整についても開示しなければなりません。

3　欧州委員会施行規則（EU）2022/2453 Template 2: Banking book「バンキングブック-気候変動移行リスクに含まれる要件：不動産担保融資-担保のエネルギー効率」参照

第4章 項目別開示基準　119

> - 重要な物理的リスクのある資産および純収入の重要な金額
> - 重要な移行リスクのある資産，負債，純収入の重要な金額

　さらに，気候変動に関する重大な機会からの利益を得る可能性については，開示の際の考慮事項が2点示されています。図表4-1-22のとおりです。

図表4-1-22　気候変動に関連する機会について開示する際の考慮事項

| (a)コスト削減額 | 気候変動緩和および適応行動から得られると予想されるコスト削減額 |
| (b)予想される純収入の変化 | 事業者が入手可能な，または入手する可能性のある，低炭素製品・サービスまたは適応策から得られる潜在的な市場規模，または純収入への予想される変化 |

出所：ESRS E1.69に基づき筆者作成

　なお，E1の付録A「適用要件」には，物理的リスクから予想される財務上の影響の算定の際の手引きや，財務報告情報との連携についての追加的説明等が示されています（ESRS E1.AR67～81）。こちらも併せてご参照ください。

図表4-1-23　E1-9に関連するGRIスタンダードの開示事項

| E1-9 | 201-2 | 気候変動による財務上の影響，その他のリスクと機会 |

出所：GRI, "ESRS-GRI Standards data point mapping" に基づき筆者作成

第2節　E2「汚染」

(1)　目的（ESRS E1.1〜6）

　E2「汚染」に関する基準を定める目的は，他のトピックと同様に，サステナビリティ報告の利用者が事業者の取組みへの理解ができるように開示要件を規定することです。図表4-2-1に示される事項についての説明が求められています。

図表4-2-1　汚染に関する開示要件

(a)汚染へのインパクト	実際の，または潜在的なプラスおよびマイナスのインパクトの観点から，事業が大気，水，土壌の汚染にどのような影響を及ぼすか
(b)防止・緩和のため，またはリスク・機会対応のための行動	実際の，または潜在的なマイナスのインパクトの防止・緩和のため，またはリスク・機会に対処するために取った行動とその結果
(c)移行に向けた戦略とビジネスモデル	持続可能な経済への移行と，公害を防止・管理・除去する必要性に沿った戦略とビジネスモデルを適応させるための計画と能力
(d)リスクと機会の管理	汚染に関連するインパクトと依存関係，ならびに汚染の予防・管理・除去，または削減（規制の適用から生じる場合を含む）に関連する事業の重大なリスクと機会の性質，種類，程度，および事業の管理状況
(e)財務上の影響	汚染に関するインパクトと依存関係から生じる重大なリスクと機会が，短期・中期・長期にわたって事業に及ぼす財務上の影響

出所：ESRS E2に基づき筆者作成

　本基準では，「大気の汚染」とは事業による大気への排出（屋内外），およびそのような排出の防止・制御・削減を示します。同様に「水質汚染」は事業による水域への排出，およびその防止・管理・削減，「土壌汚染」も事業による土壌への排出，およびその防止・管理・削減のことを示します。

また「懸念物質」に関して，この基準は，事業者による懸念物質の製造，使用，および／または流通，商業化を対象とします。懸念物質に関する開示要件は，そのような物質に関連する顕在化した，または潜在的なインパクトについて，利用者に理解を提供することを目的としており，そのような物質の使用および／または流通・商業化に対する制限の可能性も考慮に入れています。

(2) 他のESRSとの関連（ESRS E2.7〜9）

本基準で取り上げる公害関連の事項は気候変動，水・海洋資源，生物多様性，循環型経済といった他の基準とも密接に関連しています。公害に関連する可能性のある事項を他の基準では次のように取り上げています。

(a) ESRS E1「気候変動」では，大気汚染にも関連する7つの温室効果ガス，二酸化炭素（CO_2），メタン（CH_4），亜酸化窒素（N_2O），ハイドロフルオロカーボン（HFC），パーフルオロカーボン（PFC），六フッ化硫黄（SF_6），三フッ化窒素（NF_3）を取り上げています。

(b) ESRS E3「水と海洋資源」では，特に水リスク地域での水の消費，水のリサイクルと貯蔵への取組み，また事業者が使う海洋資源関連商品（砂利，深海鉱物，水産物など）の性質と量を含む，海洋資源に対する責任ある管理も含んでいます。また，マイクロプラスチックを含む様々な活動によって引き起こされる，水と海洋資源の汚染という負の影響も対象としています。

(c) ESRS E4「生物多様性と生態系」では，生態系と生物種を扱います。生態系と生物種の直接的な影響要因としての汚染による生物多様性の損失は，本基準の対象となります。

(d) ESRS E5「資源利用と循環型経済」では，特に再生不可能な資源の採掘からの脱却と，廃棄物による汚染を含む廃棄物の発生を防止する慣行の実施に取り組むことが求められています。

また，事業による汚染の影響は人々や地域社会に影響を与える可能性があります。汚染関連の影響を受ける地域社会への重大な負の影響は，ESRS S3「影

響を受けるコミュニティ」で取り扱っています

さらに，開示にあたっては，ESRS 1「全般的要求事項」とESRS 2「全般的開示事項」の内容も踏まえる必要があります。

(3) 開示要件

E2の開示要件は，ESRS 2「全般的開示事項」の開示要件と併せて利用される必要があります。報告領域ごとのE2とESRS 2の開示要件の違いについて，図表4-2-2に整理します。

図表4-2-2 報告領域ごとのE2とESRS 2の開示要件

固有開示の有無　　　　　4つの報告領域	項目固有開示要件なし		項目固有開示要件あり
	補足要求なし	補足要求あり	
ガバナンス	GOV-1〜 GOV5		
戦略	SBM-1〜SBM-3		
インパクト・リスク・機会の管理	IRO-2	IRO-1	E2-1, E2-2
	MDR-P		
	MDR-A		
指標とターゲット	MDR-M		E2-3〜E2-6
	MDR-T		

出所：ESRS E2に基づき筆者作成

4つの報告領域のうち，まず「インパクト・リスク・機会の管理」の開示要件については，IRO-1についてE2で補足的な要求事項が示されています。これについてはこの補足的要求事項に従って報告する必要があります。さらに，E2-1とE2-2という2つの固有の開示要件が示されています。「最低限の開示要件」であるMDR-PとMDR-Aに加えて，これらの固有の開示要件についても報告しなければなりません。

さらに「指標とターゲット」については，E2-3からE2-6までの4つの固有の開示要件が示されています。ここでも「最低限の開示要件」であるMDR-MとMDR-Tに加えて，これらの固有の開示要件について報告する必要がありま

す。

　図表4-2-3は，E2で示されるESRS 2の開示要件の補足と，E2の固有の開示要件を報告領域ごとに示したものです。また，太枠で囲われている開示要件は環境（E）分野の全項目別基準に共通するものです。まず，当該課題に対処する「方針」を示し，これを実現するための「行動およびリソース」を明確にします。続いて「ターゲット」を定め，「重大なリスクおよび機会による財務上の影響」をまとめます。この流れは環境（E）分野を通じて共通しています。

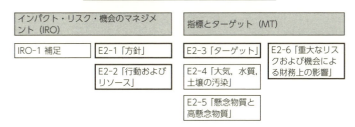

注：開示要件の表記は要約であり，本文中の表記とは異なります。
出所：ESRS E2に基づき筆者作成

　さらに，各開示要件の説明の終わりには，当該開示要件に関連するGRIスタンダードの開示事項を示した対照表を付け加えてあります。GRIインデックスをベースにESRS報告をされる場合は参照ください。なお，この対照表はGRIが作成した"ESRS-GRI Standards data point mapping"に基づいて作成していますが，両者の開示事項の範囲が完全に一致しているわけではないことを了解ください。

① インパクト・リスク・機会の管理（IRO）
　（i）IRO-1補足（ESRS E2.11）
　ESRS 2におけるIRO-1「重大なインパクト，リスクおよび機会を特定し，評価するプロセスの記述」の開示要件の補足が示されます。この開示要件に対応するにあたり，事業者は，重大なインパクト，リスク，機会を特定するプロセスを記述し，次の情報を提供しなければなりません。

(a) 事業者が，自らの事業および上流・下流のバリューチェーンにおける
実際および潜在的な汚染関連のインパクト，リスクおよび機会を特定
するために，事業所の所在地および事業活動をスクリーニングしたか
どうか，スクリーニングした場合は，スクリーニングに使用した方法
論，仮定およびツール

(b) 事業者が，特に影響を受けるコミュニティとの協議を実施したかどう
か，またどのように実施したか

図表4-2-4　E2 IRO-1補足に関連するGRIスタンダードの開示事項

IRO-1 補足	3-3-b	マテリアルな項目のマネジメント（組織の方針）

出所：GRI，"ESRS-GRI Standards data point mapping"に基づき筆者作成

(ii) 開示要件E2-1：汚染に関する方針（ESRS E2.12〜15）

本要件において，事業者は，汚染防止に関連する重大なインパクト，リスク，
機会を管理するために採用した方針を説明しなければなりません。この要件の
目的は，事業者が，重大な汚染に関連するインパクト，リスク，機会の特定，
評価，管理，および／または是正に取り組む方針をどの程度持っているかを理
解することです。

事業者は，自らの事業とその上流および下流のバリューチェーンに関して，
その方針が以下の分野に取り組んでいるかどうか，またどのように取り組んで
いるかを示さなければなりません。

(a) 大気，水質，土壌の汚染に関連するマイナスのインパクトの緩和

(b) 社会的に必要でない用途の製品や消費者製品における，懸念物質の代
替や使用の最小化，高懸念物質の段階的廃止

(c) 事故や緊急事態の回避，人や環境へのインパクトの制御

第4章　項目別開示基準　　125

| 図表4−2−5 | E2−1に関連するGRIスタンダードの開示事項 |

E2−1	該当する開示事項なし

出所：GRI，"ESRS-GRI Standards data point mapping"に基づき筆者作成

(iii)　開示要件E2−2：汚染に関する行動とリソース（ESRS E2.16〜19）

　本要件において，事業者は，汚染に関連する行動と，その実施に割り当てられたリソースについて開示しなければなりません。この要件の目的は，汚染関連の政策目的とターゲットを達成するために取られ，計画されている主要な行動を理解することです。

　最低限の開示事項であるMDR-Aに加えて，事業者は，次の汚染軽減への対処策の中で，どれに対して行動を起こし，リソースを割り当てるかを示すことができます（任意開示）。

(a)　汚染の回避：マイナスのインパクトを与える材料または化合物の段階的廃止を含む

(b)　汚染の削減：材料または化合物の段階的廃止，最善利用技術（BAT: Best Available Techniques）要件などの遵守，またはEU分類規則および委任法令に基づく汚染防止および管理のための「著しい悪影響を及ぼさない（Do No Significant Harm）」クライテリアの遵守

(c)　生態系の修復：汚染が発生した生態系の修復，再生と転換

| 図表4−2−6 | E2−2に関連するGRIスタンダードの開示事項 |

E2−2	3-3-d	マテリアルな項目のマネジメント（マイナスのインパクトを防止あるいは軽減するための措置）

出所：GRI，"ESRS-GRI Standards data point mapping"に基づき筆者作成

② 指標とターゲット（MT）

（ⅰ）開示要件E2-3：汚染に関するターゲット（ESRS E2.20〜25）

本要件において，事業者は，設定した汚染関連ターゲットを開示しなければなりません。本要件の目的は，事業者がその汚染関連方針を支援し，重大な汚染関連インパクト，リスク，および機会に対処するために設定したターゲットを理解することです。

ターゲットの記述には，ESRS 2 MDR-Tでの開示要件を含まなければなりません。これに加えて，事業者は，以下の4点に関してターゲットがその予防とコントロールに関連しているかどうかを示す必要があります。

(a) 大気汚染物質およびそれぞれの特定負荷量

(b) 水への排出およびそれぞれの特定負荷量

(c) 土壌汚染およびそれぞれの特定負荷量

(d) 懸念物質および高懸念物質

加えて，事業者は，ターゲット設定時に生態系の閾値[4]（例えば，生物圏の完全性，成層圏オゾン層の破壊，大気エアロゾルの負荷，土壌の劣化，海洋の酸性化），および，事業体への固有の割当てを考慮したかどうかを示すことができます（任意開示）。その場合は以下についても説明することが可能です（任意開示）。

(a) 生態系の閾値およびこれを特定するために使用された方法論

(b) その閾値が事業者に固有のものか否か，固有のものである場合はその決定方法

(c) 生態系の閾値を尊重する責任の事業者における配分

さらに，事業者は，設定し提示したターゲットが強制的なもの（法律で義務

---

4 閾値（threshold：いきち）とは，何かの境界となる境目を値（数字）で表現するための方法を意味します。例えば，この値を超えると生態系に取り返しのつかない大きなインパクトが及んでしまうケースで使われます。

付けられているもの）であるか，あるいは任意であるかを，文脈情報の一部と
して示す必要があります。

図表4-2-7　E2-3に関連するGRIスタンダードの開示事項

E2-3	3-3-e	マテリアルな項目のマネジメント（講じた措置の有効性の追跡，ターゲットおよび指標等）
	303-2	排水に関連するインパクトのマネジメント

出所：GRI, "ESRS-GRI Standards data point mapping" に基づき筆者作成

(ii) 開示要件E2-4：大気，水質，土壌の汚染（ESRS E2.26～31）

　本要件において，事業者は，自らの業務を通じて排出する汚染物質，および
発生または使用するマイクロプラスチック[5]を開示しなければなりません。こ
の要件の目的は，事業者が自らの業務において大気，水，土壌に排出するもの，
およびマイクロプラスチックの生成と使用について理解することです。

　具体的には次の数量を開示しなければなりません。これらは，事業者が財務
管理を行う施設と，運営管理を行う施設からの排出量を含む「連結での総量」
となります。

(a)　ESRS E1「気候変動」に従い開示される温室効果ガスの排出を除いて，
　　大気，水質，土壌に排出される各汚染物質
(b)　事業によって発生または使用されるマイクロプラスチック

　もしも，事業者が排出量を定量化するために，直接測定に比べて劣る方法を
選択した場合，事業者は，その劣る方法を選択した理由を説明しなければなり
ません。事業者が推定値を使用する場合，その推定値の基礎となる基準，セク
ター別の調査，または情報源，さらに起こりうる不確実性の程度と，測定の不
確実性を反映した推定値の範囲を開示しなければなりません。

5　一般に，5mm以下の微細なプラスチックごみを指します。例えば，洗顔料・歯磨き
　粉といったスクラブ剤などに利用される小さなプラスチックで，主に家庭の排水溝などか
　ら下水処理を通り，海へと流出されます。

なお，E3の付録A「適用要件」には，定量化のアプローチの採用について追加的な説明があります（ESRS E3.AR26）。汚染物質に関する情報を提供する場合，事業者は以下の優先順位で定量化のアプローチを考慮する必要があります。

(a) 認定された連続モニタリングシステム（AMS自動測定システムなど）を使用した排出，廃液，その他の汚染の直接測定
(b) 定期的な測定
(c) 現地の固有のデータに基づく計算
(d) 公表されている汚染係数に基づく計算
(e) 推定

図表4-2-8 E2-4に関連するGRIスタンダードの開示事項

E2-4	2-27	法規制遵守
	3-3	マテリアルな項目のマネジメント
	305-7	窒素酸化物（NOx），硫黄酸化物（SOx），およびその他の重大な大気排出物

出所：GRI，"ESRS-GRI Standards data point mapping"に基づき筆者作成

(iii) **開示要件E2-5：懸念物質と高懸念物質（ESRS E2.32～35）**

本要件において，事業者は，懸念物質および高懸念物質の単体，混合物，成形品としての生産，使用，流通，商業化，輸出入に関する情報を開示しなければなりません。本要件の目的は，懸念物質および高懸念物質それ自体を通じて，事業者が健康および環境に与えるインパクトを理解することです。また，それらの物質にさらされることや規制の変更に起因するリスクなど，事業における重大なリスクおよび機会を理解することも目的としています。

具体的には，製造時に発生または使用される，あるいは調達される懸念物質の総量，および排出物としてあるいは製品として，製品またはサービスの一部として，施設外に排出される懸念物質の総量を懸念物質の主な危険有害性分類

に分けて記載します。また，事業者は，高懸念物質に関する情報を個別に提示しなくてはなりません。

図表 4 - 2 - 9　E2-5に関連するGRIスタンダードの開示事項

E2-5	該当する開示事項なし

出所：GRI，"ESRS-GRI Standards data point mapping" に基づき筆者作成

(iv)　**開示要件E2-6：重大な汚染に関するリスクから予想される財務上の影響（ESRS E2.36〜41）**

本要件において，事業者は，汚染関連の重大なリスクと機会から予想される財務上の影響を開示しなければなりません。本要件で要求される情報は，ESRS 2 SBM-2で求められる報告期間の事業，財政状態，財務パフォーマンスおよびキャッシュフローに対する現在の財務上の影響に関する追加の情報となります。

本要件の開示の目的は以下の２点を理解することです。

(a)　汚染に関連するインパクトおよび依存性から生じる重大なリスクによる財務への影響の見込み，およびこれらのリスクが事業者の財務状況，財務実績，キャッシュフローに及ぼす，短期・中期・長期にわたる重大な影響（または合理的に予想される影響）

(b)　汚染の防止およびコントロールに関連する重大な機会による財務への影響の見込み

具体的な情報開示には図表 4 - 2 -10に示される内容が含まれます。

130

図表 4 - 2 -10	汚染リスクから予想される財務上の影響に関する開示事項
(a)財務上の影響についての定量的・定性的情報	汚染関連の行動を考慮する前に，金銭的な観点から予想される財務上の影響の定量化された情報，あるいは，定量化が困難な場合の定性的情報（機会から生じる財務上の影響については，情報の質的特性を満たさない開示となる場合には定量化は要求されない）
(b)影響が現実化する時間的枠組み	考慮された影響，関連するインパクト，およびそれらが現実のものとなる可能性が高い時間的枠組み
(c)定量化の仮定	予想される財務上の影響を定量化するために使用された重要な仮定，およびそれらの仮定の不確実性の原因とレベル

出所：ESRS E2.39に基づき筆者作成

さらに，財務への影響を検討する上で，次の情報の開示も求められます。

- 懸念物質を含む製品およびサービス，または高懸念物質を含む製品およびサービスによる純収益の割合
- 報告期間中に発生した主要な事故および堆積物に関連する営業費用および資本支出
- 環境保護および修復費用（汚染地域の修復，埋立地の再造成など）の引当金

加えて，事業者は，汚染が環境にマイナスの影響を与えた，および／または事業者の財務キャッシュフロー，財務状況，財務実績にマイナスの影響を与えることが予想される重大な事故や堆積物に関連する背景情報を開示しなければなりません。

図表 4 - 2 -11	E2-6に関連するGRIスタンダードの開示事項
E2-6	該当する開示事項なし

出所：GRI，"ESRS-GRI Standards data point mapping"に基づき筆者作成

第3節　E3「水と海洋資源」

(1)　目的（ESRS E3.1〜6）

　E3「水・海洋資源」に関する基準を定める目的は，他の項目と同様に，サステナビリティ報告の利用者が，事業者の水資源および海洋資源に関する取組みへの理解ができるように開示要件を規定することです。

　水資源に関しては，地表水と地下水を対象とします。事業活動，製品，サービスにおける水の消費量や，取水，排水に関する関連情報の開示要求が含まれます。一方，海洋資源については採取と利用，関連する経済活動が対象となります。その上で，図表4-3-1に示される内容について述べることが求められています。

図表4-3-1　水と海洋資源に関する開示要件

(a)水と海洋資源へのインパクト	事業が水資源や海洋資源にどのようなインパクトを与えるか，顕在化している，あるいは潜在的な影響として重要なプラスとマイナスの観点から記述
(b)水と海洋資源保護のための行動	顕在化している，あるいは潜在的で重大なネガティブなインパクトを防止または緩和し，水と海洋資源を保護するために水消費量の削減にも言及し，リスクと機会に対処するための行動とその結果
(c)事業を通じた水と海洋資源への貢献	事業が，新鮮な空気，きれいな水，健全な土壌，生物多様性，水資源に関わる経済活動や漁業の持続可能性に対するEUの諸政策にどのように貢献できるかの記述
(d)水と海洋資源保護のための戦略とビジネスモデル	利用可能な水資源の長期的な保護，水生生態系の保護，淡水および海洋生息地の回復に基づく持続可能な水利用の推進のために，事業戦略とビジネスモデルを適応させるための計画と自社のリソース
(e)リスクと機会の管理	事業から生じる重大なリスクと機会，種類，程度について述べ，水資源および海洋資源への影響と依存性，その管理方法

(f)財務上の影響	水資源および海洋資源に対する事業の影響および依存から生じる重要なリスクと機会が，短期・中期・長期にわたって事業に及ぼす財務上の影響

出所：ESRS E3.1に基づき筆者

(2) 他のESRSとの関連 (ESRS E3.8~11)

　本項目は気候変動，汚染，生物多様性，循環型経済といった他の環境関連の項目とも密接に関連しています。そこで，関連する可能性のある事項が，他の項目では次のように取り上げられています。

(a) ESRS E1「気候変動」では，特に水温上昇，降水パターンとタイプ（雨，霰，雪／氷）の変化，水文学（地球の水を扱う科学）の観点での変動，海洋酸性化，塩水侵入，海面上昇，干ばつ，高水ストレス，多量の降水，洪水，氷河湖の決壊など，気候変動によって引き起こされ，悪化につながる，水と海洋に関連する危険から生じる急性・慢性的な物理的なリスクを取り上げています。

(b) ESRS E2「汚染」では，海洋も含む水域への排出と，マイクロプラスチックの使用と発生を扱っています。

(c) ESRS E4「生物多様性と生態系」では，特に淡水の水生生態と海洋・海域の保全と持続可能な利用，その影響について取り上げます。

(d) ESRS E5「資源利用と循環型経済」では，特にプラスチックを含む廃棄物管理，枯渇性資源の廃水からの抽出，プラスチック使用の削減，廃水のリサイクルを取り上げます。

　加えて，事業者による水資源および海洋資源へのインパクトは，人々や地域社会に影響を及ぼします。事業者に起因する水資源および海洋資源関連のインパクトによる影響を受ける地域社会への重大な負の影響については，ESRS S3「影響を受けるコミュニティ」で取り上げています。

第4章　項目別開示基準　**133**

(3)　開示要件

　E3の開示要件は，ESRS 2「全般的開示事項」の開示要件と併せて利用される必要があります。報告領域ごとのE3とESRS 2の開示要件の違いについて，図表4-3-2に整理します。

図表4-3-2　報告領域ごとのE3とESRS 2の開示要件

固有開示の有無　4つの報告領域	項目固有開示要件なし		項目固有開示要件あり
	補足要求なし	補足要求あり	
ガバナンス	GOV-1〜5		
戦略	SBM-1〜3		
インパクト・リスク・機会の管理	IRO-2	IRO-1	E3-1, E3-2
	MDR-P		
	MDR-A		
指標とターゲット	MDR-M		E3-3〜5
	MDR-T		

出所：ESRS E3に基づき筆者作成

　4つの報告領域のうち，まず「インパクト・リスク・機会の管理」の開示要件については，IRO-1についてE3で補足的な要求事項が示されています。これについてはE3の補足的要件に従って報告する必要があります。さらに，E3-1とE3-2という2つの固有の開示要件が示されています。「最低限の開示要件」であるMDR-PとMDR-Aに加えて，これらの固有の開示要件についても報告しなければなりません。

　「指標とターゲット」については，E3-3からE3-5までの3つの固有の開示要件が示されています。ここでも「最低限の開示要件」であるMDR-MとMDR-Tに加えて，これらの固有の開示要件について報告する必要があります。

　図表4-3-3は，E3で示されるESRS 2の開示要件の補足と，E3の固有の開示要件を報告領域ごとに示したものです。また，太枠で囲われている開示要件は環境（E）分野の全項目別基準に共通するものです。まず，当該課題に対処する「方針」を示し，これを実現するための「行動およびリソース」を明確に

します。続いて「ターゲット」を定め、「重大なリスクおよび機会による財務
上の影響」をまとめます。この流れは環境（E）分野を通じて共通しています。

図表 4 - 3 - 3　E3の開示要件の構成

インパクト・リスク・機会のマネジメント（IRO）		指標とターゲット（MT）	
IRO-1 補足	E3-1「方針」	E3-3「ターゲット」	E3-5「重大なリスクおよび機会による財務上の影響」
	E3-2「行動およびリソース」	E3-4「水消費」	

注：開示要件の表記は要約であり、本文中の表記とは異なります。
出所：ESRS E3に基づき筆者作成

　さらに、各開示要件の説明の終わりには、当該開示要件に関連するGRIスタ
ンダードの開示事項を示した対照表を付け加えてあります。GRIインデックス
をベースにESRS報告をされる場合は参照ください。なお、この対照表はGRI
が作成した"ESRS-GRI Standards data point mapping"に基づいて作成して
いますが、両者の開示事項の範囲が完全に一致しているわけではないことを了
解ください。

①　インパクト・リスク・機会の管理（IRO）

（i）　IRO-1補足（ESRS E3.8）

　ESRS 2におけるIRO-1「重大なインパクト、リスクおよび機会を特定し、
評価するプロセスの記述」の開示要件の補足が示されます。この開示要件に対
応するにあたり、事業者は、重大なインパクト、リスクおよび機会を特定する
プロセスを説明し、以下の情報を提供する必要があります。

（a）　自らの事業および上流・下流のバリューチェーンにおける水および海
洋資源に関する顕在化した、さらに潜在的なインパクト、リスク、機
会を特定するために、資産および活動をスクリーニングしたかどうか。
スクリーニングした場合はその方法論、前提条件およびツール

第4章　項目別開示基準　135

(b)　影響を受けるコミュニティとの協議をどのように行ったか

図表4-3-4　E3 IRO-1補足に関連するGRIスタンダードの開示事項

IRO-1	303-1	共有資源としての水との相互作用

出所：GRI，"ESRS-GRI Standards data point mapping"に基づき筆者作成

(ii)　開示要件E3-1：水と海洋資源に関する方針（ESRS E3.9〜14）

　本要件において，事業者は，水および海洋資源に関する重大なインパクト，リスク，機会を管理するために採用した方針を記述しなければなりません。

　この要件の目的は，事業体が，その重要な水および海洋資源に関連するインパクト，リスク，および機会の特定，評価，管理，および／または改善に取り組む方針をどの程度有しているかを理解することです。

　事業者は，以下の事項について，それが重大である場合に，自社の方針がどのように対処しているかを明示しなければなりません。

(a)　水管理について
- 自社事業における水と海洋資源の利用と調達
- 持続可能な水の調達に向けた水の処理
- 事業活動を通じた水質汚濁の防止と軽減

(b)　水関連の問題への対応と海洋資源の保全を視野に入れた製品およびサービスの設計

(c)　自社の事業およびバリューチェーンの上流・下流において，水リスクのある地域における水の使用量を削減する取組み

　もしも，事業者の事業地の少なくとも1つが水ストレスの高い地域に所在しており，かつ，上記方針の対象となっていない場合，事業者は，その旨を明記し，そのような方針を採用していない理由を提示しなければなりません。事業者は，そのような方針を採用するまでに予定される期間を開示することが可能

です（任意開示）。

　さらに，事業者は，持続可能な海洋および海に関する方針または実践を採用しているかどうかを明記しなければなりません。

　E3の付録A「適用要件」では，上記の方針の内容について追加的な説明が示されています（ESRS E3.AR16〜17）。水と海洋資源に関する方針を説明する際に，事業者は方針が下記を目指していることを説明することが可能です（任意開示）。

(a)　さらなる悪化を防ぎ，水域と水生生態系の状態を保護し，向上させる

(b)　利用可能な水資源の長期的な保護に基づく，持続可能な水利用を促進する

(c)　水生環境の保護と改善を図る

(d)　海洋水の良好な環境状態を促進する

(e)　取水と排水の削減を推進する

　加えて，次のような内容の開示も可能です（任意開示）。

(a)　人間の健康，水の供給，自然生態系，生物多様性の保護，また海洋水域の良好な環境状態と海洋関連活動が依存する資源基盤の保護のため，表面水の良好な生態学的・化学的水質，あるいは地下水の良好な化学的水質と水量とすることへの貢献

(b)　重要な影響とリスクを最小限に抑え，優先サービスの価値と機能性を維持し，自らの事業における資源効率を高めることを目的とした緩和策の実施

(c)　コミュニティへの影響の低減

第4章　項目別開示基準　　137

| 図表4-3-5 | E3-1に関連するGRIスタンダードの開示事項 |

E3-1	該当する開示事項なし

出所：GRI，"ESRS-GRI Standards data point mapping" に基づき筆者作成

(iii)　開示要件E3-2：水および海洋資源に関連する行動およびリソース (ESRS E3.15〜19)

本要件において，事業者は，水および海洋資源関連の行動と，その実施に割り当てられた資源を開示しなければなりません。この要件の目的は，水および海洋資源関連の方針のターゲットを達成するために取られ，計画されている主要な行動を理解することです。

行動およびリソースの記述は，ESRS 2 MDR-Aで示された原則に従う必要があります。この原則に加え，事業者は，行動およびリソースが水および海洋資源に関する対処のどれに該当するかを特定することが可能です（任意開示）。

(a)　水および海洋資源の利用を避ける

(b)　節水策などにより水および海洋資源の利用を削減する

(c)　水を再生利用する

(d)　水生生態系および水域の修復および再生を図る

さらに，事業者は，水ストレスの高い地域を含む水リスクのある地域に関連する行動とリソースを特定する必要があります。

E3の付録A「適用要件」では，上記の行動およびリソースについて，以下の追加的な説明が示されています（ESRS E3.AR20〜21）。

- 水と海洋資源は共有資源であり，他のステークホルダーを巻き込んだ集団行動や行動計画を必要とする場合があることを考慮し，事業者は，他の関係者（競合他社，サプライヤー，小売業者，顧客，他のビジネスパートナー，地域コミュニティと当局，政府機関等）に関する情報や，その具体的な貢献，および集団行動に関する情報を提供することが可能です（任意開示）。
- 資本支出に関する情報を提供する場合，事業者は，例えば雨水排水路の改修，パイプライン，節水型の新製品を製造するための機械などに関連する支出を考慮することが可能です（任意開示）。

図表 4 - 3 - 6　E3-2に関連するGRIスタンダードの開示事項

| E3-2 | 3-3-d | マテリアルな項目のマネジメント（インパクトをマネジメントする措置の記載） |
| | 303-1 | 共有資源としての水との相互作用 |

出所：GRI，"ESRS-GRI Standards data point mapping"に基づき筆者作成

② 指標とターゲット（MT）

(i) 開示要件E3-3：水と海洋資源に関するターゲット（ESRS E3.20～25）

本要件において，事業者は，水および海洋資源に関して設定したターゲットを開示しなければなりません。この要件の目的は，水および海洋資源に関する方針のもと，水および海洋資源関連の重大なインパクト，リスク，機会に対処するために，事業者が採用したターゲットを理解することです。

ターゲットの記述には，ESRS 2の「MDR-T」で定義された情報要件を含まなくてはなりません。ターゲットには以下の事項との関連性を示す必要があります。

(a)	水質の改善を含む，水リスクのある地域に関連する重大なインパクト，リスクと機会の管理
(b)	事業者が使用する海洋資源関連商品（砂利，深海鉱物，水産物など）の性質と量を含む，海洋資源への影響，リスクと機会に対する責任ある管理
(c)	水ストレスの高い地域を含む，水リスクの高い地域との関連性の説明を含む，水消費量の削減

さらに，事業者は，ターゲットの設定時に生態系の閾値および事業者ごとの割当てを考慮したかどうかを示すことが可能です（任意開示）。その場合は以下の開示が含まれます。

(a)	生態系の閾値，およびその閾値を特定するために使用された方法論
(b)	同閾値が事業体固有のものかどうか，固有のものである場合はどのように決定されたか
(c)	同閾値を尊重する責任が事業者内でどのように配分されているか

さらに，事業者は設定，提示したターゲットが法律で義務付けられているといった強制的なものか，自主的なものなのかは背景情報の一部として明記する必要があります。

なお，E3の付録A「適用要件」には生態系の閾値について，以下の追加的な説明があります（ESRS E3.AR22）。

- 事業者がターゲット設定の際に生態系の閾値を参照する場合は，Science-Based Targets Initiative for Nature（SBTN）が暫定的なガイダンス（2020年9月発行の「企業向け初期ガイダンス」）で提供しているガイダンスを参照することができます。また，生態系の閾値を特定し，必要に応じて組織ごとの割当てを特定することで，科学に基づくターゲットの設定を可能にする科学的に認められた方法論に基づくその他のガイダンスを参照することもできます。生態系の閾値は，地域，国，および／または世界レベルで設定することが可能です。

図表4-3-7　E3-3に関連するGRIスタンダードの開示事項

E3-3	3-3	マテリアルな項目のマネジメント
	303-1	共有資源としての水との相互作用

出所：GRI, "ESRS-GRI Standards data point mapping" に基づき筆者作成

(ⅱ)　開示要件E3-4：水消費（ESRS E3.26〜29）

　本要件において，事業者は，重大なインパクト，リスクおよび機会に関連する水消費の実績に関する情報を開示しなければなりません。本要件の目的は，事業者の水消費量および事業者がターゲットに対して達成した進捗状況を理解することです。

　自社事業に関する水消費については，以下を含む情報の開示が求められます。

- (a)　総水消費量（m^3）
- (b)　水ストレスの高い地域を含む，水リスクのある地域での総水消費量（m^3）
- (c)　リサイクルおよび再利用された水の総量（m^3）
- (d)　総貯水量および貯水量の変化（単位：m^3）

第4章　項目別開示基準　**141**

(e)　上記事項に関して必要な背景情報。すなわち，流域の水質と水量，使用された基準，方法論，仮定など，データがどのように編集されたか（情報が計算，推定，モデル化されたものであるか，または直接測定から得られたものであるかを含む），およびセクター固有の係数の使用など，計測にあたってのアプローチ

　加えて，事業者は，自社の事業活動における総水消費量（100万ユーロの純収益当たりのm^3）に関する情報を提供しなければなりません。

図表4-3-8　E3-4に関連するGRIスタンダードの開示事項

E3-4	303-3	取水
	303-4	排水
	303-5	水消費

出所：GRI，"ESRS-GRI Standards data point mapping" に基づき筆者作成

(iii)　開示要件E3-5：水および海洋資源に関連する重大なリスクおよび機会による財務上の影響（ESRS E3.30～33）

　本要件において，水および海洋資源関連の重大なリスクと機会から予想される財務上の影響を開示しなければなりません。ここで要求される情報は，ESRS 2の「SBM-3」で要求される情報に追加されます。

　本要件の目的は次の2つを理解することです。

(a)　水・海洋資源に関連する影響と依存関係から生じる重要なリスクにより予想される財務上の影響，およびこれらのリスクが，短期，中期，長期にわたって，事業の財政状態，財務業績，キャッシュフローにどのような重要な影響を及ぼすか（または及ぼすと合理的に予想されるか）

(b)　水と海洋資源に関連する重要な機会により予想される財務的効果

　具体的な情報開示には図表4-3-9に示す内容が含まれます。

| 図表4-3-9 | 水と海洋資源に関連する財務上の影響に関する開示要件 |

(a)財務上の影響についての定量的・定性的情報	水および海洋資源関連の行動を考慮する前に，金銭的な観点から予想される財務上の影響の定量化された情報（機会から生じる財務上の影響については，情報の質的特性を満たさない開示となる場合には定量化は要求されない）
(b)影響が現実化する時間的枠組み	考慮された影響，それらが関連するインパクトおよび依存関係，およびそれらが現実のものとなる可能性が高い時間的枠組み
(c)定量化の仮定	予想される財務上の影響を定量化するために使用された重要な仮定，およびそれらの仮定の不確実性の原因とレベル

出所：ESRS E3.33に基づき筆者作成

| 図表4-3-10 | E3-5に関連するGRIスタンダードの開示事項 |

E3-5	該当する開示事項なし

出所：GRI, "ESRS-GRI Standards data point mapping" に基づき筆者作成

第4章　項目別開示基準　　143

第4節　E4「生物多様性と生態系」

(1)　目的（ESRS E4.1〜3）

　E4「生物多様性と生態系」に関する基準を定める目的は，他の項目と同様に，サステナビリティ報告の利用者が事業者の取組みへの理解を図るために開示要件を規定することであるとし，図表4－4－1に示される事項について説明することが求められています。

図表4－4－1　生物多様性と生態系に関する開示要件

(a)生物多様性と生態系へのインパクト	事業者が生物多様性および生態系に与えるインパクト 生物多様性および生態系の損失と劣化の要因への寄与の程度
(b)マイナスのインパクト防止，緩和に向けた行動	マイナスのインパクトを防止または緩和し，生物多様性および生態系を保護および回復し，リスクおよび機会に対処するために取った行動，およびその行動の結果
(c)戦略とビジネスモデルの適応	国際的な生物多様性戦略等に対し，事業戦略やビジネスモデルを適応させるための計画と能力
(d)マイナスのインパクトへの対処	顕在化している，または潜在的なマイナスのインパクトを防止，緩和，是正し，リスク・機会に対処するために取った，その他の行動と結果
(e)リスクと機会の管理	生物多様性と生態系に関連する事業の重大なリスク・機会の性質，種類，程度，およびこれらについての事業者のマネジメント
(f)財務上の影響	生物多様性と生態系に及ぼすインパクトと依存関係から生じる重大なリスクと機会が短期・中期・長期にわたって事業に及ぼす財務上の影響

出所：ESRS E4.1に基づき筆者作成

　なお，本基準では，陸上，淡水，海洋の生息地，生態系，関連する動植物種の個体数，種内・種間，生態系の多様性，先住民やその他の影響を受ける地域コミュニティとの相互関係など，事業者と関連する開示要件を定めています。

さらに，「生物多様性」と「生物学的多様性」という用語は，陸上，淡水，海洋，その他の水生の生態系，それらが属するエコシステムも含む，多種多様な源から生まれる生物における多様性を示します。

(2) 他のESRSとの関連 (ESRS E4.4〜7)

「生物多様性および生態系」は，他の環境問題と密接に関連しています。生物多様性および生態系の変化の主な直接的な要因は，気候変動，汚染，土地利用の変化，淡水利用の変化，海洋利用の変化，生物の直接的な搾取，および侵略的外来種です。これらの要因は，気候変動（ESRS E1）および汚染（ESRS E2）を除き，この基準の中でカバーされます。

他の環境分野のESRSの中で関連する基準は以下のとおりです。

(a) ESRS E1「気候変動」では，特に温室効果ガスの排出とエネルギー資源（消費）を取り上げています

(b) ESRS E2「汚染」では，大気，水質，土壌汚染を扱っています。

(c) ESRS E3「水資源および海洋資源」では，水の消費と海洋資源の保全を取り上げています。

(d) ESRS E5「資源利用と循環型経済」では，特に再生不可能な資源採掘からの脱却と，廃棄物による汚染を含む廃棄物の発生を防止する慣行の実施を取り上げています。

さらに，事業者が生物多様性と生態系に及ぼすインパクトは，人々やコミュニティに影響を与えます。影響を受けるコミュニティへの重大な負の影響は，ESRS S3「影響を受けるコミュニティ」でも言及しています。

(3) 開示要件

E4の開示要件は，ESRS 2「全般的開示事項」の開示要件と併せて利用される必要があります。報告領域ごとのE4とESRS 2の開示要件の違いについて，図表4-4-2に整理します。

第 4 章　項目別開示基準　　**145**

図表 4 - 4 - 2	報告領域ごとのE4とESRS 2の開示要件

固有開示の有無 4 つの報告領域	項目固有開示要件なし		項目固有開示 要件あり
	補足要求なし	補足要求あり	
ガバナンス	GOV-1〜5		
戦略	SBM-1〜2	SBM-3	E4-1
インパクト・リスク・機会 の管理	IRO-2	IRO-1	E4-2〜3
	MDR-P		
	MDR-A		
指標とターゲット	MDR-M		E4-4〜6
	MDR-T		

出所：ESRS E4に基づき筆者作成

　4つの報告領域のうち，まず「戦略」の開示要件については，SBM-3の開示要件について，E4で補足的な要求事項が示されています。これについてはE4の補足的要件に従って報告する必要があります。さらに，E4-1という固有の開示要件も示されています。

　続いて「インパクト・リスク・機会の管理」の開示要件についても，IRO-1についてE4で補足的な要求事項が示されています。これについてはE4の補足的要件に従って報告する必要があります。さらに，E4-2とE4-3という 2 つの固有の開示要件が示されています。「最低限の開示要件」であるMDR-PとMDR-Aに加えて，これらの固有の開示要件についても報告しなければなりません。

　「指標とターゲット」については，E4-4からE4-6までの 3 つの固有の開示要件が示されています。ここでも「最低限の開示要件」であるMDR-MとMDR-Tに加えて，これらの固有の開示要件について報告する必要があります。

　図表 4 - 4 - 3 は，E4で示されるESRS 2の開示要件の補足と，E4の固有の開示要件を報告領域ごとに示したものです。また，太枠で囲われている開示要件は環境（E）分野の全項目別基準に共通するものです。まず，当該課題に対処する「方針」を示し，これを実現するための「行動およびリソース」を明確にします。続いて「ターゲット」を定め，「重大なリスクおよび機会による財務上の影響」をまとめます。この流れは環境（E）分野を通じて共通しています。

146

図表4-4-3　E4の開示要件の構成

戦略（SBM）	インパクト・リスク・機会のマネジメント（IRO）		指標とターゲット（MT）	
SBM-3補足	IRO-1補足	E4-2「方針」	E4-4「ターゲット」	E4-6「重大なリスクおよび機会による財務上の影響」
E4-1「移行計画」		E4-3「行動およびリソース」	E4-5「インパクト指標」	

注：開示要件の表記は要約であり，本文中の表記とは異なります。
出所：ESRS E4に基づき筆者作成

さらに，各開示要件の説明の終わりには，当該開示要件に関連するGRIスタンダードの開示事項を示した対照表を付け加えてあります。GRIインデックスをベースにESRS報告をされる場合は参照ください。なお，この対照表はGRIが作成した"ESRS-GRI Standards data point mapping"に基づいて作成していますが，両者の開示事項の範囲が完全に一致しているわけではないことを了解ください。

① 戦略（SBM）

(i) SBM-3補足（ESRS E4.16）

ESRS 2におけるSBM-3「重大なインパクト，リスクおよび機会と事業者の戦略およびビジネスモデルとの相互関連」の開示要件の補足が示されます。この開示要件に対応するにあたり，事業者は，自らの業務管理下にあるサイトを含む，自らの業務における重要なサイトのリストを開示しなければなりません。具体的には以下についての開示が求められます。

- 生物多様性に敏感な地域に悪影響を及ぼす活動の特定
- インパクトおよび依存性，および生態系の状況に従ったサイトの分類
- インパクトが及ぶ生物多様性に敏感な地域の場所および管轄当局

加えて，土壌の劣化，砂漠化，土壌封鎖に関して，重大なマイナスのインパクトを特定したかどうか，絶滅危惧種に影響を与える事業を行っているかどうかについても説明が必要です。

第4章 項目別開示基準 **147**

| 図表4-4-4 | E4 SMB-3補足に関連するGRIスタンダードの開示事項 |

| SBM-3 | 304-1 | 保護地域および保護地域ではないが生物多様性価値の高い地域，もしくはそれらの隣接地域に所有，賃借，管理している事業サイト |

出所：GRI，"ESRS-GRI Standards data point mapping"に基づき筆者作成

(ii) 開示要件E4-1：戦略およびビジネスモデルにおける生物多様性および生態系の移行計画と考察（ESRS E4.11～15）

本要件において，事業者は，生物多様性と生態系への影響，依存関係，リスクと機会が，どのように発生し，戦略やビジネスモデルの適応のきっかけとなったかを開示しなければなりません。この要件の目的は，生物多様性と生態系に関する事業者の戦略とビジネスモデルについて，さらに，地域，国，グローバルな公共政策のターゲットに対する，両者の適合性について理解を図ることです。

事業者は，生態系と生物多様性に関する戦略とビジネスモデルの耐性（レジリエンス）について説明しなければなりません。具体的には図表4-4-5の事項の開示が求められます。

| 図表4-4-5 | 戦略とビジネスモデルに関する開示要件 |

(a)	生物多様性と生態系に関連する物理的なリスク，移行期におけるリスク，あるいは連鎖的に起きるリスクに対して，現在のビジネスモデルと戦略の耐性の評価
(b)	自身の事業，また上流から下流のバリューチェーンに関しての耐性の分析範囲と，分析上考慮したリスク
(c)	主要な前提条件
(d)	時間軸
(e)	耐性分析の結果
(f)	先住民や地域の有識者を含むステークホルダーの関与

出所：ESRS E4.13に基づき筆者作成

さらに，事業者は，その自らの事業モデルと戦略を，「昆明・モントリオー

ル生物多様性グローバル枠組み」のビジョンおよび関連する目標とターゲット，「2030年のEU生物多様性戦略」，さらに，生物圏の保全と陸域システムの変化に関連するプラネタリーバウンダリー[6]を尊重しながら改善し，最終的に整合させるための移行計画を開示することが可能です（任意開示）。

また，E4付録A「適用要件」には，移行計画の開示について，以下を含む追加的な説明があります（ESRS E4.AR1～3）。これらについても開示が可能です（任意開示）。

- 目標とターゲットを最終的に達成するための自社の戦略とビジネスモデルの調整
- 重大なインパクト，リスク・機会の特定・評価プロセス
- 生物多様性と生態系への影響要因への対処と緩和への貢献
- 生物多様性オフセット[7]を用いる場合には移行計画全体との関連でどの程度使用されるのか，緩和ステップが考慮されたか
- 計画の実施と更新のプロセス
- 進捗管理，現在の課題と限界や課題への対処
- EU生物多様性戦略の目標である花粉媒介生物の減少の逆転
- 農薬使用量の削減
- 有機農法による農地の管理
- EU域内での植樹
- 汚染土壌の浄化
- 河川の回復
- 肥料からの栄養素の損失の削減，肥料使用量の削減
- 敏感な種や海底を含む生息地へのネガティブインパクトの大幅な削減

---

6 地球の環境に変化が加わっても元の状態に戻り，地球環境が安定した状態を保てる限界の範囲，すなわち「地球の限界」を指します。
7 開発などの人間活動が，生態系や生物多様性に与えた影響を，その場所とは異なる場所で影響を相殺する補償行為を行い，生物多様性を実質的に減少させない環境活動を指します。

第4章　項目別開示基準　　149

・食料，栄養，水，農業等に関わるSDGs目標（SDGs2, 6, 14, 15）（ESRS E4.AR.3）

| 図表4-4-6 | E4-1に関連するGRIスタンダードの開示事項 |

| E4-1 | 3-3-d | マテリアルな項目のマネジメント（インパクトのマネジメントのための措置） |

出所：GRI，"ESRS-GRI Standards data point mapping"に基づき筆者作成

②　インパクト・リスク・機会の管理（IRO）

（ⅰ）　IRO-1補足（ESRS E4.17〜19）

ESRS 2におけるIRO-1「重大なインパクト，リスクおよび機会を特定し，評価するプロセスの記述」の開示要件の補足が示されます。この開示要件に対応するにあたり，事業者は，重大なインパクト，リスク，依存関係，機会を特定するためのプロセスを説明しなければなりません。プロセスの説明には図表4-4-7に示される情報を記載する必要があります。

| 図表4-4-7 | インパクト・リスク・機会の管理に関する開示事項(1) |

(a)インパクトの特定と評価	自社事業所，上流・下流のバリューチェーンにおいて，生物多様性と生態系に及ぼす，顕在化，あるいは潜在的なインパクトの特定と評価
(b)依存関係	生物多様性，生態系，およびそのサービスに対する，自社事業所所在地，また上流・下流のバリューチェーンにおける依存関係を特定・評価（適用する評価基準を含む）
(c)移行リスクと物理リスク	生物多様性と生態系に関する移行リスク，物理的なリスクと機会を特定・評価
(d)連鎖的リスク	連鎖的に起こりうるリスクの考慮
(e)コミュニティとの協議	地域社会と共有する生物資源と生態系の持続可能性評価について，特に影響を受ける地域コミュニティとの協議

出所：ESRS E4.17に基づき筆者作成

特に，上表の(e)に関しては，以下の説明が追加されています。

- 原材料の生産や調達が生物多様性および生態系にネガティブインパクトを及ぼす可能性がある場合，影響を受ける地域にネガティブインパクトを及ぼす，または及ぼす可能性のある特定の事業所と原材料の生産・調達を特定
- インパクトを受ける可能性があるコミュニティがある場合，事業者はコミュニティの重要性評価への関与について開示
- 事業者は，自らの事業が影響を与える地域社会に関連する生態系サービスへのインパクトについて，負の影響の回避方法を提示
- インパクトが回避できない場合，インパクトを最小化しサービスの価値と機能を維持することを目的とした緩和策を実施する計画の提示が可能（任意開示）

また，短期・中期・長期といった時間軸における重大なリスクと機会の特定と評価において，生物多様性と生態系のシナリオ分析を使用したかどうか，またどのように使用したかを開示することも可能です（任意開示）。もしも，シナリオ分析を行う場合は以下の事項の開示が可能です（任意開示）。

- 当該シナリオが選ばれた理由は何か
- 変化する状況や新たなトレンドに応じて，当該シナリオをどのように更新するか
- 当該シナリオが，生物多様性条約などの権威ある政府間機関が発表した要請や，生物多様性と生態系サービスに関する政府間科学政策プラットフォーム（IPBES）が表明した科学的コンセンサスに基づいているかどうか

加えて，事業者は図表4-4-8に示される2点の情報開示も求められます。

第 4 章　項目別開示基準　　**151**

図表 4 - 4 - 8	インパクト・リスク・機会の管理に関する開示事項⑵	
(a)生物多様性の影響を受けやすい地域活動の有無	生物多様性の影響を受けやすい地域またはその近くに事業所があるかどうか，また，それらの事業所に関連する活動が，自然生息地の劣化や種の生息地の悪化，保護地域に指定された種の妨害につながり，それらの地域に悪影響を及ぼしているかどうか
(b)生物多様性緩和策の必要性	野鳥や野生動植物の保護，自然生息地といった生物多様性の保全と生物天然資源の持続可能性のための管理のために，緩和対策が必要であるとされているかどうか

出所：ESRS E4.19に基づき筆者作成

なお，ESRS E4付録A「適用要件」には，生物多様性と生態系に関するマテリアリティを評価する際の留意事項について提示されています。図表4-4-9のとおりです。

図表 4 - 4 - 9	マテリアリティ評価の留意事項
(a)	生物多様性の損失への直接的インパクト・ドライバーへの寄与 ・気候変動，土地利用の変化（例:土地の人工化），淡水利用の変化，海洋利用の変化，直接的な開発，侵略的外来種，汚染，その他
(b)	生物種の状態へのインパクト（生物種の個体数，生物種の地球規模での絶滅リスク）
(c)	土地の劣化，砂漠化，土壌の固化などを通じた生態系の範囲と状態へのインパクト
(d)	生態系サービスへのインパクトと依存関係

出所：ESRS E4.AR4に基づき筆者作成

図表 4 - 4 -10	E4 IRO-1補足に関連するGRIスタンダードの開示事項	
IRO-1	304-1	保護地域および保護地域ではないが生物多様性価値の高い地域，もしくはそれらの隣接地域に所有，賃借，管理している事業サイト

出所：GRI，"ESRS-GRI Standards data point mapping"に基づき筆者作成

(ii) 開示要件E4-2：生物多様性と生態系に関する方針（ESRS E4.20〜24）

本要件において，事業者は生物多様性と生態系に関する重大なインパクト，リスク，依存関係，機会を管理するために採用した方針を記述しなければなりません。この要件の目的は，事業者が，生物多様性と生態系に関連する重大なインパクト，依存関係，リスク，機会の特定，評価，管理，および／または是正に取り組む方針をどの程度持っているかを理解することです。

事業者は，ESRS 2 MDR-Pに沿った情報に加えて，生物多様性および生態系に関する方針について，図表4-4-11に示された事項の説明が必要です。

図表4-4-11 生物多様性と生態系に関する方針についての開示事項

(a)	（ESRS E4.AR.4で示されている）下記の事項との関連 • 気候変動，土地利用の変化（例：土地の人工化），淡水利用の変化，海洋利用の変化，直接的な開発，侵略的外来種，汚染，その他
(b)	生物多様性および生態系に関連する重大なインパクトとの関連
(c)	重大な依存関係および重大な物理的・移行リスクと機会との関連
(d)	バリューチェーンに沿って，重大なインパクトを与える製品，部品，原材料のトレーサビリティへの支援
(e)	生物多様性の条件を維持，強化するように管理されている生態系からの生産，調達，消費への取組み
(f)	生物多様性および生態系関連のインパクトの社会的影響への取組み

出所：ESRS E4.23に基づき筆者作成

上記に加えて，方針に以下の内容が含まれているかを具体的に開示する必要があります。

> • 生物多様性の影響を受けやすい地域またはその近隣に所有，賃借，または管理している事業所を対象とした方針
> • 持続可能な土地や農業の実践や方針
> • 持続可能な海洋や海岸に関する慣行や方針
> • 森林破壊に対処するための方針

第4章　項目別開示基準　**153**

　さらに，E4付録A「適用要件」には，特に原材料の生産，調達，消費に関わる方針について追加的な説明があります（ESRS E4.AR12～17）。次のような情報を提供することが可能です（任意開示）。

- 生物多様性の重要な地域への著しい損害に寄与していないことを証明できないサプライヤーからの調達の制限
- 当局が監督する公認基準または第三者認証の取得
- 生物多様性の条件を維持または強化するように管理されている生態系に由来する原材料の取扱い

　さらに，生物多様性と生態系に関連する確立された世界的な条約など，他の世界的な目標や協定との関連性や整合性，名古屋議定書と生物多様性条約（CBD）にも言及が可能です（任意開示）。

　また，業者は生物多様性と生態系に関する方針を採ることで，以下が可能になることを説明することもできます（任意開示）。

- 自社事業および関連する上流・下流のバリューチェーンにおける，生物多様性と生態系へのマイナスのインパクトの回避
- 上記の生物多様性や生態系に与えるマイナスのインパクトのうち，回避できないものの最小化
- 完全に回避および／または最小化できないインパクトにさらされた後の，劣化した生態系の修復および回復，または開墾された生態系の回復
- 生物多様性の損失要因への寄与の軽減

　さらに，第三者の行動基準に言及する場合には，科学的アプローチに基づいた客観的な評価を行うこと，関連するすべてのステークホルダー・グループからの意見を得ながら継続的に協議を行い不当な権限や拒否権を持たないこと，具体的なマイルストーンを定めること，利害対立を回避し厳格な評価手順を通じて検証可能とすること等も盛り込み，開示することができます（任意開示）。

154

図表4-4-12 E4-2に関連するGRIスタンダードの開示事項

E4-2	該当する開示事項なし

出所：GRI, "ESRS-GRI Standards data point mapping"に基づき筆者作成

(iii) 開示要件E4-3：生物多様性と生態系に関する行動とリソース（ESRS E4.25～28)

本要件において，事業者は，生物多様性と生態系に関連する行動と，その実施に割り当てられた資源を開示しなければなりません。この要件の目的は，生物多様性と生態系に関連する政策目的・ターゲットの達成に大きく寄与する，実施・計画されている主要な行動を理解することです。

事業者は，ESRS 2 MDR-Aに沿った情報に加えて，生物多様性および生態系に関する行動とリソースについて，図表4-4-13に示された事項の説明が必要です。

図表4-4-13 生物多様性と生態系に関する行動とリソースについての開示事項

(a)	行動を起こすにあたり，回避，最小化，修復／復元，補償またはオフセットといった緩和の優先順位をどのように適用したか（任意開示）
(b)	行動計画において生物多様性オフセットを使用したか。行動が生物多様性オフセットを含む場合，事業者は以下の情報を記載 • オフセットの目的と使用された主要業績評価指標 • 生物多様性オフセットの資金調達効果（直接・間接費用） • オフセットの概要（面積，種類，適用された品質基準，生物多様性オフセットが準拠する基準を含む）
(c)	生物多様性および生態系関連の行動に，地域および先住民の知識と自然環境に基づくソリューションをどの程度，またどのように組み込んでいるか

出所：ESRS E4.28に基づき筆者作成

なお，E4の付録A「適用要件」には，行動とリソースに関する追加的な説明があります（ESRS E4.AR18～21)。

まず，行動を実施するに際して，多額の設備投資や運用費用を要する場合に

は，財務諸表の該当項目や注記に記載することが可能です（任意開示）。

また，その事業が，有害な行動が起こる前にそれを防ぐ「回避」行動計画を考慮しているかどうかを開示することも可能です（任意開示）。「回避」には図表4-4-14の3タイプがあります。

図表4-4-14 マイナスのインパクトの回避行動のタイプ

(a)場所の選択による回避	生物多様性の価値が重要な地域から離れた場所にプロジェクト全体を配置する
(b)プロジェクト設計による回避	生物多様性の価値が重要な地域を保全するようにインフラを構成する
(c)スケジュールによる回避	種の行動パターン（繁殖，移動など）や生態系の機能（河川の動態など）を考慮してプロジェクト活動を時間配分する

出所：ESRS E4.AR19に基づき筆者作成

また，主要な行動については，下記の事項を開示することも可能です（任意開示）。

- 関与する主要なステークホルダーのリストと，それらのステークホルダーがどのように関与しているか，行動によりプラスまたはマイナスのインパクトを受ける主要なステークホルダーを挙げ，それらのステークホルダーがどのようにインパクトを受けるか
- （該当する場合）適切な協議の必要性および影響を受けるコミュニティの決定を尊重する必要性
- 主要行動が重大なマイナスのインパクトを誘発する可能性についての簡潔な評価
- その行動が単発のイニシアティブであるか，あるいはシステマティックな慣行であるか
- その行動計画が事業者によってのみ，その事業者の資源を用いて実施されるものか，あるいは事業者が大きく貢献するより広範なイニシアティブの一部であるか（もし行動計画がより広範なイニシアティブの一部で

ある場合，そのプロジェクト，そのスポンサー，およびその他の参加者
の詳細情報）

- 生物多様性および生態系の変化の要因を変化させることによって，シス
テム全体の変化にどのように貢献するのか（例えば，技術的，経済的，
制度的，社会的要因や基本的な価値観や行動の変化を通じて，という説
明）

図表4-4-15 E4-3に関連するGRIスタンダードの開示事項

E4-3	3-3-d	マテリアルな項目のマネジメント（インパクトのマネジメントのための措置）
	304-3	生息地の保護・復元

出所：GRI，"ESRS-GRI Standards data point mapping"に基づき筆者作成

③ 指標とターゲット（MT）

（ⅰ）開示要件E4-4：生物多様性と生態系に関するターゲット（ESRS E4.29
～32）

本要件において，事業者は，生物多様性と生態系に関連するターゲットを開
示しなければなりません。この要件の目的は，事業者が生物多様性および生態
系に関する方針を支援し，関連する重大なインパクト，依存性，リスク，およ
び機会に対処するために採用したターゲットを理解することです。

記述にあたっては，ESRS 2 MDR-Tで定義されている必要事項に従う必要
があります。具体的には図表4-4-16に示される事項の開示が求められます。

第 4 章　項目別開示基準　157

| 図表 4 - 4 -16 | 生物多様性と生態系についてのターゲットに関する開示事項 |

(a)生態学的閾値	ターゲット設定時に，事業へのインパクトの生態学的閾値と配分が適用されたか。その場合は下記を説明 • 特定された生態学的閾値およびその特定に使用された方法論 • 閾値が事業体固有のものか否か，固有のものである場合はその決定方法 • 特定された生態学的閾値を尊重する責任が事業においてどのように配分されているか
(b)国際的枠組みとの整合	ターゲットが「昆明・モントリオール生物多様性枠組み」や，2030年に向けたEUの生物多様性戦略，その他の生物多様性や生態系に関連する政策や法律と整合しているか
(c)特定されたインパクトやリスク等との関連	事業活動およびその上流と下流のバリューチェーンに関連して，事業者が特定した生物多様性および生態系へのインパクト，依存関係，リスクおよび機会と，ターゲットとの関連性
(d)地理的範囲	ターゲットの地理的範囲
(e)オフセットの利用	ターゲット設定の際に，生物多様性オフセットを利用したか
(f)緩和の階層構造	ターゲットは緩和の階層構造のどの層に関するものか（回避，最小化，修復および再生，補償またはオフセット）

出所：ESRS E4.32に基づき筆者作成

　なお，E4付録A「適用要件」には，インパクトに関連するターゲットの表について図表 4 - 4 -17のひな形が示されています（任意利用）。

| 図表 4 - 4 -17 | インパクトに関連するターゲットの表（ひな形） |

緩和階層に従ったターゲットのタイプ	基準値と基準年	ターゲット値と地理的範囲			関連する政策または法律
		2025年	2030年	2050年まで	
回避					
緩和					
リハビリと修復					
補償とオフセット					

出所：ESRS E4 AR24に基づき筆者作成

158

図表 4 - 4 -18	E4-4に関連するGRIスタンダードの開示事項

E4-4	該当する開示事項なし

出所：GRI，"ESRS-GRI Standards data point mapping"に基づき筆者作成

(ii) 開示要件E4-5：生物多様性と生態系の変化に関するインパクト指標（ESRS E4.33～41）

　本要件において，事業者は，生物多様性と生態系への重大なインパクトに関する指標を開示しなければなりません。この要件の目的は，生物多様性と生態系の変化に関するマテリアリティの評価で重大であると特定されたインパクトに対する事業の実績を理解できるようになることです。

　生物多様性の影響を受けやすい地域内またはその近くにあって，マイナスのインパクトを及ぼしている場所を特定した場合には，これらの保護地域または生物多様性の主要地域内，またはその近くに所有，賃借，または管理している場所の数と面積（ヘクタール）を開示しなくてはなりません。

　また，土地利用の変化，または生態系の範囲や状態へのインパクトに関して重要な影響を及ぼすと特定した場合には，ライフサイクルアセスメントに基づく土地利用を開示することも可能です（任意開示）。

　事業者が，土地利用変化，淡水利用変化，および／または海洋利用変化のインパクト要因に直接的に寄与していると結論付けた場合，関連する指標を報告しなければなりません。ここでの測定指標に関しては，図表 4 - 4 -19に示され

図表 4 - 4 -19	土地利用・淡水利用のインパクトについての指標

(a)土地被覆	森林伐採や採掘などの経年変化（1年または5年など）
(b)生態系の管理	農業経営の強化，よりよい管理手法の適用，林業伐採などの経年変化（1年または5年など）
(c)景観の空間的構成	生息地の分断化，生態系の連結性などの変化
(d)生態系の構造的な連結性	物理的特徴や生息地の配置に基づく生息地の透水性の変化など
(e)機能的連結性	遺伝子や個体が陸地，淡水域，海域をどの程度移動するかなど

出所：ESRS E4.38に基づき筆者作成

た指標を利用することが可能です（任意利用）。

　また，事業者が偶発的または自発的に外来種の侵入に直接寄与していると結論付けた場合，外来種の侵入と拡散の経路，および侵略的外来種がもたらすリスクを管理するために使用する指標を開示することが可能です（任意開示）。

　加えて，事業者が，種の状態に関連する重大なインパクトを特定した場合，関連すると考える測定基準を報告することができます（任意開示）。その際には，ESRS E1，ESRS E2，ESRS E3，ESRS E5の関連する開示規定を参照し，以下の開示を行うことが可能です（任意開示）。

- 絶滅リスクと同様に，個体群サイズ，特定の生態系内での範囲を検討し，1つの種の個体群の状態や，人為的な変化や自然発生的な変化に対する相対的な回復力の把握
- 特定の地域内の種の個体数の変化を測定する指標
- 絶滅危惧種に関する測定基準（種の脅威の状況は活動や圧力がその状況にどのような影響を与えるか。事業が地域個体群の絶滅リスクに与える影響の代理指標として絶滅危惧種の生息域の変化）

　さらに，生態系に関する重要なインパクトを特定した場合には，以下の開示が可能です（任意開示）。

- 生態系の範囲に関しては，生息域の被覆などの評価対象地域の質を必ずしも考慮することなく，特定の生態系の面積を測定する指標（例えば，森林被覆では生態系の状態を考慮することなく，特定の生態系タイプの範囲を測定する指標）
- 生態系の状態に関しては，あらかじめ決められた基準状態に対する生態系の質を測定する指標や，生態系内の単一種の個体数ではなく，生態系内の複数種を測定する指標
- 生息地の連結性（生息地が互いにどの程度つながっているか）など，状態の構造的要素を反映する指標

E4の付録A「適用要件」には，インパクト指標を作成する際に考慮すべき点として図表4-4-20の事項を示しています（ESRS E4.AR27）。事業者はこれらについて説明することが可能です（任意開示）。

図表4-4-20 インパクト指標の作成の際の考慮事項

(a)	使用した方法論と測定基準，およびこれらの方法論と測定基準を選択した理由の説明，ならびにそれらの前提条件，限界および不確実性，ならびに時間の経過とともに行われた方法論の変更とその理由
(b)	測定基準や方法論の範囲（事業，事業所，ブランド，商品，活動等）
(c)	生物多様性の構成要素（種固有，生態系固有）
(d)	方法論がカバーする地域と，関連する地域が省略された理由の説明
(e)	生態学的閾値（生物圏の完全性と土地システムの変化など）
(f)	モニタリングの頻度，モニタリングの主要指標，ベースラインの状態／値，ベースライン年／期間，基準期間
(g)	測定基準が，一次データ（現地調査），二次データ（活動の地理的位置データとの重ね合わせ），モデル化されたデータ，専門家の判断に依存しているかどうか
(h)	行動が測定基準によって測定・監視され，それらがターゲットの達成にどのように関連しているか
(i)	測定基準は必須（法律で義務付けられている）か任意か
(j)	測定基準は，生物多様性条約（CBD）やIPBESのような，権威のある国家レベル，または政府間ガイドライン，政策，法律，またはイニシアティブの期待や推奨事項から情報を得て対応しているか

出所：ESRS E4.AR27に基づき筆者作成

さらに，E4の付録A「適用要件」には，事業者の長期間にわたるパフォーマンスの有意義なレビューが可能となり，社内および同業他社との比較が容易になるための要点として下記が示されています（E4.AR28）。

- 事業者は，適切な時間軸，地理的範囲を考慮した上で，検証可能で技術的・科学的に信頼性の高い指標を開示すべき
- 選択した指標がそれらの基準にどのように対応しているかを開示することが可能

- 指標が適切であることを保証するためには，指標と測定の目的との間に明確な関係があるべき
- 不確実性は可能な限り減らすべき
- 使用するデータまたはメカニズムは，確立された組織によって裏付けられ，時とともに更新されるべき
- データにギャップがある場合には，信頼性の高いモデルデータや専門家の判断を用いることが可能
- 手法は，長期間にわたるインパクトや緩和活動の比較を可能にするために，十分に詳細であるべき
- 情報収集プロセスと定義は，系統的に適用されるべき

図表 4-4-21　E4-5に関連するGRIスタンダードの開示事項

E4-5	304-1	保護地域および保護地域ではないが生物多様性価値の高い地域，もしくはそれらの隣接地域に所有，賃借，管理している事業サイト
	304-2	活動，製品，サービスが生物多様性に与える著しいインパクト
	304-4	事業の影響を受ける地域に生息するIUCNレッドリストならびに国内保全種リスト対象の生物種

出所：GRI，"ESRS-GRI Standards data point mapping"に基づき筆者作成

(iii) 開示要件E4-6：生物多様性と生態系に関する重大なリスクおよび機会による財務上の影響（ESRS E4.42〜45）

　本要件において，生物多様性と生態系に関連する重大なリスクと機会から予想される財務上の影響を開示しなければなりません。ここで要求される情報は，ESRS 2の「SBM-3」で要求される情報に追加されます。

　本要件の目的は次の2つを理解することです。

(a) 生物多様性および生態系に関連するインパクトと依存関係から生じる重要なリスクにより予想される財務上の影響，およびこれらのリスクが，短期，中期，長期にわたって，事業の財政状態，財務業績，キャッシュフローにどのような重要な影響を及ぼすか（または及ぼすと合理的に予想されるか）

(b) 生物多様性および生態系に関連する重要な機会により予想される財務的効果

具体的な情報開示には図表4-4-22に示す内容が含まれます。

図表4-4-22 生物多様性および生態系に関連する財務上の影響に関する開示要件

(a)財務上の影響についての定量的・定性的情報	生物多様性および生態系関連の行動を考慮する前に，金銭的な観点から予想される財務上の影響の定量化された情報（機会から生じる財務上の影響については，情報の質的特性を満たさない開示となる場合には定量化は要求されない）
(b)影響が現実化する時間的枠組み	考慮された影響，それらが関連するインパクトおよび依存関係，およびそれらが現実のものとなる可能性が高い時間的枠組み
(c)定量化の仮定	予想される財務上の影響を定量化するために使用された重要な仮定，およびそれらの仮定の不確実性の原因とレベル

出所：ESRS E4.45に基づき筆者作成

図表4-4-23 E4-6に関連するGRIスタンダードの開示事項

E4-6	該当する開示事項なし

出所：GRI, "ESRS-GRI Standards data point mapping" に基づき筆者作成

第 4 章　項目別開示基準　**163**

第 5 節　E5「資源利用と循環経済」

(1)　目的（ESRS E5.1～5）

　E5「資源利用と循環型経済」に関する基準を定める目的は，他のトピックと同様に，サステナビリティ報告の利用者が事業者の取組みへの理解を図るために開示要件を規定することであるとし，図表4-5-1の内容について述べることが求められています。

図表4-5-1　資源利用と循環経済に関する開示要件

(a)資源利用へのインパクト	資源効率，資源枯渇の回避，再生可能資源の持続可能な調達と利用（本基準では「資源利用および循環型経済」）といった事項を含む「資源利用」に対して，顕在化しているか，あるいは潜在的に重要なプラス・マイナスのインパクトを与えるか
(b)マイナスのインパクト防止，緩和に向けた行動	資源の使用から生じる顕在化しているか，あるいは潜在的なマイナスのインパクトを防止または緩和するために取った行動と結果
(c)戦略とビジネスモデルを適応させる計画と能力	廃棄物を最小限に抑え，製品，材料，その他の資源の価値を最も高いレベルに維持し，生産と消費における効率的な利用を強力に推し進めるといった「循環経済」の原則に沿って戦略とビジネスモデルを適応させる計画と能力
(d)リスクと機会の管理	資源利用と循環経済から生じる事業の影響と依存に関連する事業の重要なリスク・機会の性質，種類，程度，そして，それらに関する事業のマネジメントの状況
(e)財務上の影響	資源使用と循環型経済に関する事業のインパクトと，依存による重要なリスク・機会が短・中・長期にわたって事業に及ぼす財務上の影響

出所：ESRS E5.1に基づき筆者作成

　本基準は，資源利用と循環経済に関連する，特に以下の事項に関する開示要件を定めています。

- 再生可能資源と非再生可能資源を考慮しつつ，原材料の循環も含んだ事業に流入してくる資源
- 製品や素材に関する情報も含む，事業から流出する資源
- 廃棄物

　なお，本基準での説明によると，循環経済とは経済における製品や材料，その他の資源の価値を可能な限り長期間維持し，生産と消費における効率的な利用を促進することを意味します。欧州委員会が提唱する「廃棄物ヒエラルキー」（図表4-5-2参照）の適用も含め，ライフサイクルのすべての段階において環境へのインパクトを低減し，廃棄物と有害物質の放出を最小限に抑える経済システムを示します。耐久性を高め，最適な使用または再利用，改修，再製造，リサイクルをさせること，また栄養物質を分解し再度養分として土壌に供給し植物の成長を促す継続的なシステムを構築することにより，技術的・生物学的な資源や，製品・材料の価値を最大化し維持することが目指されます。

図表4-5-2　廃棄物ヒエラルキー

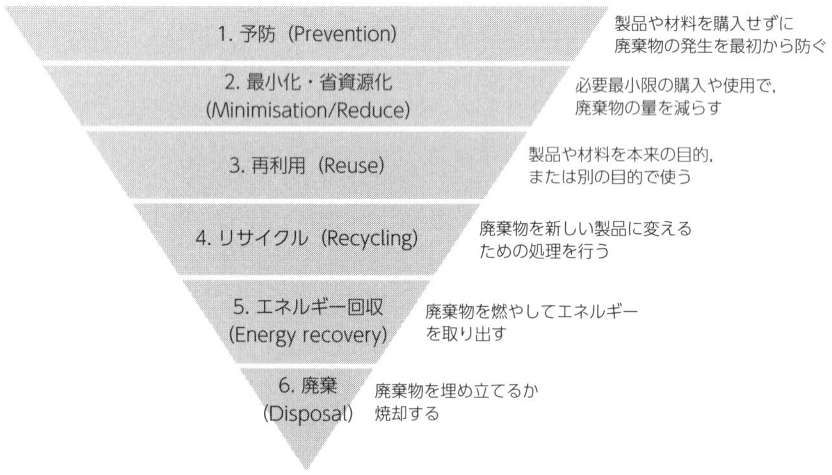

1. 予防（Prevention）
製品や材料を購入せずに廃棄物の発生を最初から防ぐ

2. 最小化・省資源化（Minimisation/Reduce）
必要最小限の購入や使用で，廃棄物の量を減らす

3. 再利用（Reuse）
製品や材料を本来の目的，または別の目的で使う

4. リサイクル（Recycling）
廃棄物を新しい製品に変えるための処理を行う

5. エネルギー回収（Energy recovery）
廃棄物を燃やしてエネルギーを取り出す

6. 廃棄（Disposal）
廃棄物を埋め立てるか焼却する

出所：各種資料より筆者作成

第4章 項目別開示基準　165

　今までのような，限りある資源から製品を作り，使った後には廃棄する「テイク・メイク・ウェイスト（take-make-waste）」型の経済から，循環型経済システムへの移行を評価するために，本基準の開示要件E5-4「資源の流入」と開示要件E5-5「資源の流出」では事業が使用・生成する原材料，製品の物理的フローの特定を行います。

(2)　他のESRSとの関連（ESRS E4.6～9）

　本基準で取り上げる資源の利用は，気候変動，汚染，水資源，海洋資源，生物多様性といった他の環境（E）分野へのインパクトの主な要因となっています。そして，循環経済とは資源の抽出，加工，生産，消費，廃棄物の管理等の各側面において資源の持続可能な利用を目指す仕組みです。

　また，循環経済の仕組みは，特に材料やエネルギーの消費と大気への排出（温室効果ガスの排出やその他の汚染）の削減，水の取水と排出の制限，生物多様性への影響を制限する自然の再生など，多くの環境（E）分野での利益をもたらします。そこで，資源利用と循環経済にとって重要なその他の環境事項の包括的な概観を提供するため，ESRSの他の環境基準においても取り上げられています。

　他の環境（E）分野のESRSの中で関連する基準は以下のとおりです。

- ESRS E1「気候変動」：温室効果ガスの排出とエネルギー資源（エネルギー消費）
- ESRS E2「汚染」：水，大気，土壌への排出物や懸念物質
- ESRS E3「水資源と海洋資源」：水資源（水の消費）と海洋資源
- ESRS E4「生物多様性と生態系」：生態系，生物種，原材料

　加えて，資源の効率的かつ循環的な利用は競争力と経済的福利に利益をもたらしますが，廃棄物に関する影響は人々や地域コミュニティに影響を与える可能性があります。重大なマイナスのインパクトについてはS3「影響を受ける地域社会」でカバーされています。

　開示にあたっては，ESRS 1「全般的要求事項」とESRS 2「全般的開示事項」

166

の内容も踏まえる必要があります。

(3) 開示要件

E5の開示要件は，ESRS 2「全般的開示事項」の開示要件と併せて利用される必要があります。報告領域ごとのE5とESRS 2の開示要件の違いについて，図表4-5-3に整理します。

図表4-5-3　報告領域ごとのE5とESRS 2の開示要件

固有開示の有無　　　　　　　4つの報告領域	項目固有開示要件なし		項目固有開示要件あり
	補足要求なし	補足要求あり	
ガバナンス	GOV-1〜5		
戦略	SBM-1〜3		
インパクト・リスク・機会の管理	IRO-2	IRO-1	E5-1〜2
	MDR-P		
	MDR-A		
指標とターゲット	MDR-M		E5-3〜6
	MDR-T		

出所：ESRS E5に基づき筆者作成

4つの報告領域のうち，「インパクト・リスク・機会の管理」の開示要件については，IRO-1についてE5で補足的な要求事項が示されています。これについてはE5の補足的要件に従って報告する必要があります。さらに，E5-1とE5-2という2つの固有の開示要件が示されています。「最低限の開示要件」であるMDR-PとMDR-Aに加えて，これらの固有の開示要件についても報告しなければなりません。

「指標とターゲット」については，E5-3からE5-6までの4つの固有の開示要件が示されています。ここでも「最低限の開示要件」であるMDR-MとMDR-Tに加えて，これらの固有の開示要件について報告する必要があります。

図表4-5-4は，E5で示されるESRS 2の開示要件の補足と，E5の固有の開示要件を報告領域ごとに示したものです。また，太枠で囲われている開示要件は環境（E）分野の全項目別基準に共通するものです。まず，当該課題に対処

する「方針」を示し，これを実現するための「行動およびリソース」を明確にします。続いて「ターゲット」を定め，「重大なリスクおよび機会による財務上の影響」をまとめます。この流れは環境（E）分野を通じて共通しています。

注：開示要件の表記は要約であり，本文中の表記とは異なります。
出所：ESRS E5に基づき筆者作成

さらに，各開示要件の説明の終わりには，当該開示要件に関連するGRIスタンダードの開示事項を示した対照表を付け加えてあります。GRIインデックスをベースにESRS報告をされる場合は参照ください。なお，この対照表はGRIが作成した"ESRS-GRI Standards data point mapping"に基づいて作成していますが，両者の開示事項の範囲が完全に一致しているわけではないことを了解ください。

① インパクト・リスク・機会の管理（IRO）
（i）IRO-1補足（ESRS E4.11）

ESRS 2におけるIRO-1「重大なインパクト，リスクおよび機会を特定し，評価するプロセスの記述」の開示要件の補足が示されます。この開示要件に対応するにあたり，事業者は，資源利用と循環経済に関連する重大なインパクト，リスク，機会を特定するプロセスを説明し，特に資源流入，資源流出，廃棄物に関して，以下の情報を提供しなければなりません。

(a) 事業者が，自らの事業およびバリューチェーンの上流・下流において，顕在化した，または潜在的なインパクト，リスク，機会を特定するために，自らの資産および活動をスクリーニングしたかどうか，また，スクリーニングを行った場合は，その方法論，前提条件，使用したツール

(b) 事業者が，特に影響を受ける地域社会との協議を行ったかどうか，また，どのように行ったか

なお，E5の付録A「適用要件」では，マテリアリティの評価を実施する際のLEAPアプローチについて追加的な説明があります（ESRS E5.AR1〜7）。これは，自らの事業活動およびその上流・下流バリューチェーンにおける資源利用と循環経済のマテリアリティを評価するアプローチです。図表4-5-5の4つのフェーズがあります。

図表4-5-5　LEAPを用いたマテリアリティ評価

フェーズ1：自社事業と上・下流のバリューチェーンの中で自然との接点がどこにあるかを特定
フェーズ2：汚染に関連する依存関係と影響を評価
フェーズ3：重要なリスクと機会を評価
フェーズ4：重要性評価の結果の作成と報告

出所：ESRS E5.AR1に基づき筆者作成

ESRS E5に関しては，フェーズ1と2は主にESRS E1（エネルギー消費を含む），ESRS E2（汚染），ESRS E3（海洋資源，水消費），ESRS E4（生物多様性，生態系，原材料）に基づいて実施されたマテリアリティ評価に依存して

います。実際，循環経済は最終的に，製品，材料，その他の資源の利用による環境へのインパクトを低減し，廃棄物や有害物質の放出を最小限に抑え，自然へのインパクトを低減することを目的としています。

この「適用要件」は，主にLEAPアプローチのフェーズ3（評価）に焦点を当てています。このフェーズでは，フェーズ1と2の結果に基づいて，その重大なリスクと機会を評価します。そのため，図表4-5-6に示された作業を行うことが可能です（任意開示）。

図表4-5-6 LEAPアプローチに基づく重大なリスクと機会の評価

(a)移行リスクの特定	・再生不可能な資源の採掘と使用の禁止，廃棄物に関する規制 ・既存の製品や素材の使用に取って代わる新技術の市場導入 ・需給や資金調達の変化 ・社会や，顧客・地域社会の認識の変化（レピュテーション）
(b)物理的リスクの特定	・バージンおよび非バージンの再生可能資源 ・非再生可能資源のストックの枯渇と使用
(c)機会の特定	・資源効率の向上，例えばより少ない資源で，より効率的なサービスやプロセスへの移行，長寿命化のためのエコデザイン，修理，再利用，リサイクル，副産物の活用，下取りシステム，材料の採取と活動との分離，循環型材料利用，デマテリアライゼーション（デジタル化，利用率の向上，軽量化など）を可能にするシステムの構築，製品や材料が回収・分別され，再利用，修理，再生，再製造されることを確実にするための取組み ・資金調達／グリーンファンド，債券やローンの活用 ・レジリエンス，例えば，資源や事業活動の多様化（例えば，新素材をリサイクルする新しい事業部門を立ち上げる），グリーンインフラへの投資，依存度を減らす，リサイクルや循環の仕組みの採用，将来の資源のストックとフローを保護する事業など ・レピュテーションの向上

出所：ESRS E5.AR5に基づき筆者作成

フェーズ4において，マテリアリティの評価の結果に関する情報を提供する場合，事業者は以下を考慮しなければなりません。

(a) 事業体の製品およびサービス，ならびに事業体が排出する廃棄物との関連において，資源利用および循環型経済の重要な影響，リスクおよび機会に関連する事業のリスト

(b) 事業が使用する材料資源のリストと優先順位

(c) 従来のビジネスにとどまることの重大なインパクトとリスク

(d) 循環経済に関する物質的な機会

(e) 循環経済への移行がもたらす重大なインパクトとリスク

(f) 資源の利用，リスク，負のインパクトが集中するバリューチェーン

図表4-5-7 E5 IRO-1補足に関連するGRIスタンダードの開示事項

| IRO-1 | 3-3-b | マテリアルな項目のマネジメント（マイナスのインパクトに関係する活動と取引関係） |
| | 306-1 | 廃棄物の発生と廃棄物関連の著しいインパクト |

出所：GRI，"ESRS-GRI Standards data point mapping"に基づき筆者作成

(ii) 開示要件E5-1：資源利用と循環経済に関する方針（ESRS E5.12～16）

本要件において，事業者は，資源利用と循環経済に関連する重要なインパクト，依存関係，リスクおよび機会の管理方針について記述しなければなりません。この要件の目的は，事業者が，資源利用と循環経済に関する重大なインパクト，リスク，機会の特定，評価，管理，および／または是正に取り組む方針をどの程度持っているかを理解することです。

事業者は，方針の記述にあたりESRS 2 MDR-Pに沿った情報を含めつつ，以下の2点について対処を示す必要があります。

(a) 二次資源（リサイクル資源）の使用の相対的な増加等，バージン資源の利用からの転換

(b) 再生可能資源の持続可能な調達と利用

なお，E5の付録A「適用要件」では，方針の開示に関する追加的な説明があります（ESRS E5.AR8〜10）。まず，方針はより広範な環境方針，あるいはサステナビリティ方針に統合されることが可能です（任意開示）。また，方針に関する情報を提供する際，その方針が以下の事項に対処しているか，またどのように対処しているかを考慮しなければなりません。

- 廃棄物処理の優先順位：(a)予防，(b)再利用の準備，(c)リサイクル，(d)その他の回収（エネルギー回収など），(e)廃棄
- 廃棄物処理（リサイクル）よりも廃棄物の回避または最小化（再利用，修理，再生，再製造）を優先する。エコデザインの概念，資源としての廃棄物または消費者廃棄物（消費者製品のライフサイクルの終了時）を考慮

図表4-5-8　E5-1に関連するGRIスタンダードの開示事項

E5-1	該当する開示事項なし

出所：GRI，"ESRS-GRI Standards data point mapping"に基づき筆者作成

(ⅲ)　開示要件E5-2：資源利用と循環経済に関する行動とリソース（ESRS E5.17〜20)

本要件において，事業者は，資源利用と循環経済への行動と，その実施に割り当てられたリソースについて情報開示しなければなりません。この要件の目的は，資源利用および循環経済関連の方針の目標およびターゲットを達成するために実施された，および計画されている主要な行動を理解することです。

記述に際しては，ESRS 2 MDR-Aに定義された内容に従う必要があります。さらに，事業者は，行動とリソースが図表4-5-9に示された事項をカバーするかどうか，またどのようにカバーするかを示すことが可能です（任意開示）。

172

図表4-5-9 資源利用および循環経済に関する行動の範囲

(a)資源効率	技術的および生物学的材料，水の利用における資源効率性の向上，特に原材料情報システムに記載されている重要原材料およびレアアース
(b)二次原料の使用	二次原料（リサイクル品）使用率の向上
(c)耐久性の向上	サーキュラーデザインの応用による製品の耐久性向上と使用の最適化（修理，再生，再製造，再利用，リサイクル）
(d)循環型ビジネス慣行	(i)価値維持行動（メンテナンス，修理，改装，再生，部品採取，アップグレード，リバース・ロジスティクス[8]，クローズド・ループ・システム[9]，中古品小売），(ii)価値最大化行動（製品サービス・システム，協調型および共有型経済のビジネスモデル），(iii)寿命末期行動（リサイクル，アップサイクル[10]，拡大生産者責任），(iv)システム効率行動（産業共生）など
(e)廃棄物発生防止	事業の上流・下流のバリューチェーンにおける廃棄物発生の防止のために取られた措置
(f)廃棄物管理最適化	廃棄物ヒエラルキーに沿った廃棄物管理の最適化

出所：ESRS E5.20より筆者作成

　また，E5付録A「適用要件」には，資源利用と循環経済に関する行動とリソースの開示について追加的な説明があります（ESRS E5.AR.11～13）。

　事業者が，循環経済戦略が企業間の協力を必要とする場合，製品と材料の循環性を高める協力やイニシアティブについて，上流・下流のバリューチェーン，地域ネットワークに関与するために取った行動を明記することができます（任意開示）。その際は次の点が含まれます。

8　顧客側から生産者側へと流れる物流のこと
9　「廃棄」されていた製品や原材料などを新たな「資源」と捉えて，循環させること
10　捨てられるはずの製品に新たな価値を与えて再生すること

第 4 章　項目別開示基準　　173

- スマートな廃棄物収集システムなど，循環型経済にどのように貢献する
  か
- 集団行動に関与するステークホルダー（競合他社，供給元，小売業者，
  顧客，その他のビジネスパートナー，地域コミュニティおよび当局や政
  府機関）
- 事業の具体的な貢献とプロジェクトにおける様々なステークホルダーの
  役割を含む，協働またはイニシアティブの組織の説明

図表 4 - 5 -10　E5-2に関連するGRIスタンダードの開示事項

| E5-2 | 3-3 | マテリアルな項目のマネジメント |
| | 306-2 | 廃棄物関連の著しいインパクトの管理 |

出所：GRI，"ESRS-GRI Standards data point mapping" に基づき筆者作成

②　指標とターゲット（MT）

（i）　開示要件E5-3：資源利用と循環経済に関するターゲット（ESRS E5.21 ～27）

　本要件において，事業者は，設定した資源利用と循環経済関連のターゲット
について情報開示しなければなりません。この要件の目的は，資源利用と循環
経済方針を支え，重大なインパクト，リスク，機会に対処するために，事業者
が設定したターゲットを理解することです。

　記述に際しては，ESRS 2 MDR-Tに定義された内容に従う必要があります。
さらに，事業者は，自らのターゲットが資源流入および資源流出（廃棄物，製
品，材料を含む）とどのように関連しているか示す必要があります。具体的に
は図表 4 - 5 -11に示される事項についてです。

図表 4 - 5 - 11　E5におけるターゲットに関する開示事項

(a)	循環型の製品デザイン（耐久性，解体性，修理性，リサイクル性などのデザインを含む）の増加
(b)	循環型の材料利用率の向上
(c)	主原料の最小限での抑制
(d)	再生可能な資源の持続可能な調達と，カスケード原則に沿った使用
(e)	適切な取扱いに向けた準備を含む廃棄物の管理
(f)	資源利用や循環型経済に関するその他の事項

出所：ESRS E5.20に基づき筆者作成

なお，上表(d)のカスケード原則とは，資源やエネルギーを利用すると都度品質が下がるが，その下がった品質レベルに応じて何度も利用することを指します。ESRSの中で定義されている概念ではありませんが，ご参考までに概念を図表4-5-12に図示します。

図表 4 - 5 -12　カスケード原則

出所：各種資料より筆者作成

また，ターゲットは廃棄物ヒエラルキーのどの階層に関連するかも明示しなくてはなりません。加えて，以下の内容を開示することも可能です（任意開示）。

(a) 特定された生態学的閾値，およびその閾値を特定するために使用された方法論
(b) 閾値が事業者固有のものか否か，固有のものである場合はその決定方法

(c) 特定された生態学的閾値を尊重する責任が事業者内でどのように分担
　　されているか

　さらに，ターゲットが，法律で義務付けられている強制的なものか，自主的
なものか，背景情報の一部として説明する必要があります。

　E5付録A「適用要件」には，ターゲットに関する開示事項について追加的
な説明があります（ESRS E5AR.14〜20）。特に事業者がターゲット設定に生
態系の閾値を参照する場合は，SBTN（Science-Based Targets Initiative for
Nature）が提供するガイダンスや，科学的に認められた方法論を持つ他のガ
イダンスを参照することが可能です（任意開示）。また，生態系の閾値は，地
域，国，および／または世界レベルで設定することが可能です。

図表 4 − 5 − 13　E5-3に関連するGRIスタンダードの開示事項

E5-3	3-3	マテリアルな項目のマネジメント

出所：GRI，"ESRS-GRI Standards data point mapping"に基づき筆者作成

(ii)　開示要件E5-4：資源の流入（ESRS E5.28〜32）

　本要件において，事業者は，重大なインパクト，リスクおよび機会に関連す
る資源流入に関する情報を開示しなければなりません。この要件の目的は，事
業者の自らの事業活動および上流のバリューチェーンにおける資源の利用状況
を把握することです。

　開示される情報には，事業者自身の事業活動およびその上流のバリュー
チェーンにおいて使用される製品（包装材を含む）および材料（重要な原材料
およびレアアースを特定），水，不動産，プラントおよび設備に関する資源流
入が含まれる必要があります。

　事業者が資源流入を重大な持続可能性の問題であると評価した場合，報告期
間中に事業者の製品およびサービスの提供に使用された材料について，トンま
たはキログラム単位で，以下の情報を開示しなければなりません。

(a) 報告期間中に使用された製品および技術的・生物学的材料の総重量

(b) 事業者の製品およびサービス（包装を含む）の製造に使用される，持続可能な方法で調達された生物学的原料（および非エネルギー目的で使用されるバイオ燃料）の割合（分母は報告期間中に使用された材料の総重量）

(c) 製品やサービス（包装を含む）の製造に使われる，二次的な再利用またはリサイクル部品，二次的な中間製品および二次的な材料の絶対量と割合（分母は報告期間中に使用された材料の総重量）

　事業者は，データの算出に使用した方法論に関する情報を提供しなければなりません。データが直接測定によるものか推定によるものかも明記し，利用した主な仮定方法について開示する必要があります。

　E5の付録A「適用要件」では，資源流入の概念について追加的な説明があります（ESRS E5.AR21～25）。ここでの説明によると，資源流入には，IT機器，繊維製品，家具，建物，重機械，中量機械，軽機械，重輸送，中量輸送，軽輸送，倉庫設備，原材料，関連する加工材料，半製品または部品が含まれます。

　なお，資源流入の対象の中に，副産物／廃棄物（例えば，以前は製品に使用されていなかった材料の切れ端）を原料とする材料を含めることは可能です（任意開示）。これにより透明性を確保することになります。

　報告された使用データは，材料をその本来の状態を反映したものでなければならず，「乾燥重量」として報告するなど，さらなるデータ操作を伴う形で提示してはなりません。加えて，再利用，リサイクルのカテゴリーに重複がある場合，事業者は，二重計上をどのように回避したか，またどのような選択を行ったかを明示しなければなりません。

第4章　項目別開示基準　**177**

図表4-5-14 E5-4に関連するGRIスタンダードの開示事項

E5-4	301-1	使用原材料の重量または体積
	301-2	使用したリサイクル材料
	306-1	廃棄物の発生と廃棄物関連の著しいインパクト

出所：GRI, "ESRS-GRI Standards data point mapping" に基づき筆者作成

(iii)　**開示要件E5-5：資源の流出**（ESRS E5.33～40）

　本要件において，事業者は，重大なインパクト，リスクおよび機会に関連する廃棄物を含む資源流出に関する情報を開示しなければなりません。この要件の目的は，次の2点を理解するための情報を提供することです。

(a)　事業者が循環経済にどのように貢献しているか
- 循環経済の原則に沿った製品および材料の設計
- 製品，材料，および廃棄物処理が実際に最初の使用後に再循環される範囲の拡大または最大化

(b)　事業者の廃棄物削減および廃棄物管理戦略
- 消費以前の廃棄物が管理されている範囲

<u>製品と材料について</u>

　事業者は，生産工程から生じる主要製品および材料で，耐久性，再使用可能性，修理可能性，分解，再製造，改修，リサイクル，再循環などの循環原則に沿って設計されたものについて説明しなければなりません。

　資源流出が重大な影響を与える事業者は，以下を開示する必要があります。

(a)　業界平均と比較した上での各製品群の耐久性

(b)　（可能な場合は）確立された格付システムを使用した製品の修理可能性

(c)　製品およびその包装におけるリサイクル可能な素材の含有率

廃棄物について

　事業者は，自らの事業活動から生じた廃棄物の総量について，トンまたはキログラム単位で情報を開示しなければなりません。図表4-5-15に示される情報が開示対象となります。

図表4-5-15　廃棄物に関する開示事項

(a)	廃棄物の総発生量
(b)	廃棄から転換された有害廃棄物と非有害廃棄物の内訳と総重量 回収作業の種類別の内訳と総重量 　•再利用に向けて準備しているもの 　•リサイクルするもの 　•その他の作業
(c)	廃棄物処理の種類別に処分された重量と，すべてを合計した総量，有害廃棄物と非有害廃棄物の内訳 廃棄物処理の種類は以下の3つ 　•焼却 　•埋立 　•その他廃棄処理
(d)	非リサイクル廃棄物の総量と割合

出所：ESRS E5.37より筆者作成

　廃棄物の組成を開示する際には，事業者は以下を特定しなければなりません。

(a)　その部門または活動に関連する廃棄物（例えば，鉱業部門の事業者であれば鉱滓，家電部門の事業者であれば電子廃棄物，農業またはサービス業部門の事業者であれば食品廃棄物など）の流れ

(b)　廃棄物に含まれる材料（例えば，バイオマス，金属，非金属鉱物，プラスチック，繊維，重要原材料，レアアースなど）

　さらに，事業者は，自社で生成した有害廃棄物および放射性廃棄物の総量を開示しなければなりません。

　加えて，事業者は，データの算出に使用した方法論に関する背景情報を提供

する必要があります。特に，資源循環の原則に沿って設計された製品の決定および分類に使用した基準および仮定の提示が求められます。また，データが直接測定または推定のどちらを情報源としているかを明示し，使用した主な仮定を開示しなければなりません。

E5付録A「適用要件」には，資源の流出に関する開示について追加的な説明があります（ESRS E5.AR26～33）。以下の説明が示されています。

- 製品・材料とは事業者の生産工程から生まれ，企業が市場に出すすべての材料と製品（包装を含む）を指す
- 料率算出の分母は，報告期間中に使用された資材の総重量である
- 拡大生産者責任制度や引取制度などを通じて，製品の使用済み廃棄物管理への関与も開示可能である（任意開示）
- 廃棄物は有害廃棄物か非有害廃棄物であり，放射性廃棄物のような特定の廃棄物は別の種類として示すことが可能である（任意開示）

図表4-5-16 E5-5に関連するGRIスタンダードの開示事項

E5-5	306-2	廃棄物関連の著しいインパクトの管理
	306-3	発生した廃棄物
	306-4	処分されなかった廃棄物
	306-5	処分された廃棄物

出所：GRI，"ESRS-GRI Standards data point mapping"に基づき筆者作成

(iv) 開示要件E5-6：資源利用と循環型経済に関連する重大なリスク・機会から予想される財務上の影響（ESRS E5.41～43）

本要件において，事業者は，資源の利用と循環経済に関連するインパクトから生じる重大なリスクと機会から予想される財務上の影響を開示しなければなりません。

本要件は，ESRS 2 SBM-3で要求される情報に追加されるものです。

この要件の目的は，次の2点を理解する情報を提供することです。

(a) 重大な資源利用に起因する重大なリスクによる財務上の影響，および
循環経済に関連するインパクトと依存性，およびこれらのリスクが事
業者の財務状況，財務パフォーマンス，および短期，中期，長期にわ
たるキャッシュフローに重大な影響を及ぼしているか，または及ぼす
ことが合理的に予想されるか
(b) 資源利用に関連する重大な機会による財務上の影響

ここでの開示事項には，図表4-5-17に示される事項を含みます。

図表4-5-17　資源利用と循環経済の財務上の影響に関する開示事項

(a)予想される財務上の影響の定量化	資源利用と循環型経済に関する行動を検討する際に予想される財務上の影響の金銭的定量化。定量化が困難な場合は定性的情報。重大な機会から生じる財務上の影響について情報の質的特性を満たさない場合は，定量化は不要。
(b)時間軸	考慮された影響，それらに関連するインパクトと依存関係，およびそれらが現実のものとなる可能性が高い時間的枠組み
(c)定量化の前提条件	予想される財務上の影響を定量化するために使用された重要な前提条件，およびそれらの前提条件の不確実性の原因と程度

出所：ESRS E5.43に基づき筆者作成

図表4-5-18　E5-6に関連するGRIスタンダードの開示事項

E5-6	該当する開示事項なし

出所：GRI，"ESRS-GRI Standards data point mapping"に基づき筆者作成

第 4 章　項目別開示基準　**181**

第 6 節　S1「自社の従業員」

(1)　目的（ESRS S1.1～7）

　S1「自社の従業員」に関する基準を定める目的は，他の項目と同様に，サステナビリティ報告の利用者が，事業者の自社の従業員に対する重大なインパクト，および関連する重大なリスクと機会を理解できるようにするための開示要件を規定することです。自社の従業員への重大なインパクト，リスクと機会に関して，図表 4-6-1 に含まれる事項を開示することが求められます。

図表 4-6-1	自社の従業員へのインパクト，リスク，機会に関する開示事項
(a)自社の従業員へのインパクト	事業者が自社の労働力に与える影響，すなわち，顕在化したまたは潜在的なプラスまたはマイナスのインパクト
(b)マイナスインパクトへの対応	顕在化した，または潜在的なマイナスのインパクトを防止，軽減，是正し，リスクと機会に対処するために取った行動とその結果は何か
(c)依存度	自社の従業員への依存度と，その管理方法は何か
(d)財務上の影響	事業が自社の従業員に与える影響と依存から生じる重大なリスクと機会が，短期，中期，長期にわたって事業に及ぼす財務上の影響はどの程度か

出所：ESRS S1.1 に基づき筆者作成

　本基準は，自社の従業員に関する課題が，事業者にどのようなリスクや機会を生み出しうるかについての説明を求めています。例えば，性別による機会均等の課題において，女性の雇用や昇進における差別は事業者の有能な労働力へのアクセスを減少させ，その評判を傷付けるばかりではなく，多様性を排除した結果，事業の進化や発展，危機回避等の阻害にもつながるとされています。逆に，労働力や管理職の上層部における女性の割合を増やす政策は，有能な労働力のプールを増やし，事業の評判を向上させるなど，プラスの効果をもたら

す可能性があります。

図表 4-6-2　自社の従業員への影響に関するリスクと機会の例

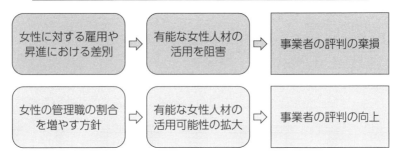

出所：ESRS S1.3に基づき筆者作成

さらに、事業者が自社の従業員に及ぼすインパクトについては、図表4-6-3のように整理されています。

図表 4-6-3　自社の従業員に及ぼすインパクト

(a)労働条件	(b)平等な待遇と機会	(c)その他労働関連権利
• 雇用の確保 • 労働時間 • 適切な賃金 • 社会的対話 • 結社の自由 • 団体交渉 • ワーク・ライフ・バランス • 健康と労働安全	• 男女平等と同一労働同一賃金 • 研修と能力開発 • 障害者の雇用とインクルージョン • 職場における暴力やハラスメントに対する対策 • 多様性	• 児童労働 • 強制労働 • 適切な住宅 • プライバシー

出所：ESRS S1.2に基づき筆者作成

なお、S1「自社の従業員」は、事業者と雇用関係にある従業員（employees）にだけでなく、事業者と労働力を供給する契約を結んでいる自営業者（self-employed persons）、請負業者（contractors）などの非従業員（non-employee）も対象となります。しかし、事業活動の上流または下流のバリューチェーン労

働者は対象としていません。これらの労働者のカテゴリーは，S2「バリュー
チェーンにおける労働者」で対象とされています。

　本基準に従って情報開示されることにより，情報の利用者は事業者の労働力
の構造を理解することができ，他の開示を通じて提供される情報を深く理解す
ることが可能となります。さらに，事業者が世界人権宣言，国連ビジネスと人
権に関する指導原則，OECD多国籍企業行動指針を含む，国際的な人権宣言や
条約にどの程度合致しているか，または遵守しているかを理解することが可能
となります。

(2)　他のESRSとの関連（ESRS S1.8～10）

　S1と最も関連する基準はS2「バリューチェーンにおける労働者」となります。
S1はS2の開示事項と併せて読まれる必要があります。S2に基づく報告と明確
に関連付けられなければなりません。さらに，S3「影響を受けるコミュニティ」，
S4「消費者およびエンドユーザー」とも関連があり，それぞれと併せて読ま
れることが求められます。

(3)　開示要件

　S1の開示要件は，ESRS 2全般的開示事項の開示要件と併せて利用される必
要があります。報告領域ごとのS1とESRS 2の開示要件の違いについて，図表
4-6-4に整理します。

　4つの報告領域のうち，「ガバナンス」の開示要件であるGOV-1～GOV5と，
「戦略」の開示要件であるSBM-1については，S1で特定の開示要件が示されて
いません。これらについては，ESRS 2の要求に従って説明する必要があります。

　一方，「戦略」のSBM-2とSBM-3については，S1の中で補足的な要求事項が
示されています。この2つについては，ESRS 2での要求に加えて，S1での補
足要求に従って説明しなければなりません。

　「インパクト，リスクおよび機会の管理」と「指標とターゲット」について
は，S1で固有の開示要件が示されています。それぞれの「最低限の開示要件」，
すなわちMDR-P，MDR-A，MDR-MとMDR-Tの四者に加えて，S1で示され
た固有の開示要件について報告する必要があります。

| 図表4-6-4 | 報告領域ごとのS1とESRS 2の開示要件 |

固有開示の有無 4つの報告領域	項目固有開示要件なし		項目固有開示 要件あり
	補足要求なし	補足要求あり	
ガバナンス	GOV-1〜5		
戦略	SBM-1	SBM-2〜3	
インパクト・リスク・機会 の管理	IRO-1〜2		S1-1〜4
	MDR-P		
	MDR-A		
指標とターゲット	MDR-M		S1-5〜17
	MDR-T		

出所：ESRS S1に基づき筆者作成

　図表4-6-5は，S1で示されるESRS 2の開示要件の補足と，S1の固有の開示要件を報告領域ごとに示したものです。また，太枠で囲われている開示要件は社会（S）分野の全項目別基準に共通するものです。まず，当該課題に対処する「方針」を示し，当該課題の「（対象と）関わるプロセス」を説明します。そして「インパクト是正プロセスと懸念表明チャンネル」について明らかにし，「インパクトへの行動と有効性」についても説明します。続いて「インパクト，リスク，機会のターゲット」を提示します。この流れは社会（S）分野を通じて共通しています。

　さらに，各開示要件の説明の終わりには，当該開示要件に関連するGRIスタンダードの開示事項を示した対照表を付け加えてあります。GRIインデックスをベースにESRS報告をされる場合は参照ください。なお，この対照表はGRIが作成した"ESRS-GRI Standards data point mapping"に基づいて作成していますが，両者の開示事項の範囲が完全に一致しているわけではないことを了解ください。

第4章　項目別開示基準　**185**

図表4-6-5　S1の開示要件の構成

戦略（SBM）	インパクト・リスク・機会のマネジメント（IRO）		指標とターゲット（MT）	
SBM-2 補足	S1-1「方針」	S1-3「インパクト是正プロセスと懸念表明チャンネル」	S1-5「インパクト，リスク，機会のターゲット」	S1-11「社会保護」
SBM-3 補足	S1-2「（対象と）関わるプロセス」	S1-4「インパクトへの行動と有効性」	S1-6「自社の従業員の特徴」	S1-12「障害者」
			S1-7「非従業員の特徴」	S1-13「研修」
			S1-8「団体交渉」	S1-14「労働安全衛生」
			S1-9「多様性」	S1-15「ワークライフバランス」
			S1-10「適切な賃金」	S1-16「報酬」
				S1-17「人権インパクト」

注：開示要件の表記は要約であり，本文中の表記とは異なります。
出所：ESRS S1に基づき筆者作成

① 戦略（SBM）

(i) SBM-2補足（ESRS S1.12）

　ESRS 2におけるSBM-2「ステークホルダーの利害と見解」の開示要件の補足が示されます。この開示要件に対応する際，事業者は従業員の人権の尊重を含め，従業員の利害，意見，権利がどのように戦略やビジネスモデルに反映されているかを開示しなければなりません。その理由は，自社の従業員は，影響を受けるステークホルダーの重要なグループであるからとされています。

図表4-6-6　S1 SBM-2補足に関連するGRIスタンダードの開示事項

SBM-2補足	該当する開示事項なし

出所：GRI，"ESRS-GRI Standards data point mapping"に基づき筆者作成

(ii) SBM-3補足（ESRS S1.13～16）

　ESRS 2におけるSBM-3「戦略およびビジネスモデルとの相互作用による，重大なインパクト，リスク，機会」の開示要件の補足が示されます。この開示要件に対応する際，事業者は重大なインパクトに，事業者自身の事業のみなら

ず，製品やサービス，取引関係を含むバリューチェーンに関連するインパクト
を含まなければなりません。具体的には以下の情報を提供する必要があります。

(a) 事業によって重大なインパクトを受ける従業員および非従業員の簡単
な説明と，その従業員が従業員，自営業者，または主に雇用活動に従
事する第三者事業によって提供される従業員であるかどうか

(b) 重大なマイナスのインパクトの場合，それが，(i)事業が活動するコン
テクストにおいて広範または体系的であるか（例えば，EU域外の特
定の国または地域における児童労働や強制労働），または(ii)個別の事
故に関連しているか（例えば，産業事故または油流出）

(c) 重大なプラスのインパクトの場合，プラスのインパクトをもたらす活
動の簡単な説明，プラスのインパクトを受ける，または受ける可能性
のある自社の従業員および非従業員のタイプ

(d) 自社の従業員へのインパクトと依存から生じる，事業にとっての重大
なリスクと機会

(e) 環境に対するマイナスのインパクトを削減し，気候変動に左右されな
い事業を実現するための移行計画から発生する可能性のある，自社の
従業員への重大なプラスとマイナスのインパクト

(f) 強制労働や強制労働の重大なリスクがある業務

(g) 児童労働が発生するリスクが高い事業

また，事業者は，自社の従業員へのインパクトと依存から生じる重大なリス
クと機会のうち，自社の全従業員ではなく，特定のグループ（例えば，特定の
年齢層，または特定の工場や国で働く人々）に関連するものがあれば，それを
開示しなければなりません。具体的には，給与カット，または従業員に提供さ
れる研修などが考えられます。

第4章　項目別開示基準　**187**

| 図表4-6-7 | S1 SBM-3補足に関連するGRIスタンダードの開示事項 |

SBM-3 補足	3-3-a	マテリアルな項目のマネジメント（インパクトの記載）
	408-1	児童労働事例に関して著しいリスクがある事業所およびサプライヤー
	409-1	強制労働事例に関して著しいリスクがある事業所およびサプライヤー

出所：GRI, "ESRS-GRI Standards data point mapping" に基づき筆者作成

②　インパクト，リスクおよび機会の管理（IRO）

（i）　開示要件S1-1：自社の従業員に関する方針（ESRS S1.17〜24）

　本要件では，自社の従業員への重大なインパクトをマネジメントするために設定した方針，および関連する重大なリスクと機会について説明が求められます。この要件の目的は，事業者が，特に自社の従業員に対する重大なインパクトの特定，評価，マネジメント，および／または是正に取り組む方針，ならびに自社の従業員に関連する重大なインパクト，リスク，機会を網羅する方針をどの程度持っているかを理解できるようになることです。

　事業者は，自社の従業員に関する方針が，「ビジネスと人権に関する国連指導原則」を含む，関連する国際的に認められた文書と整合しているかどうか，またどのように整合しているかを開示しなければなりません。

　特に，自社の従業員に関する方針が，人身売買，強制労働，児童労働に明確に対処しているか，労働災害防止方針または管理システムを有しているかどうかについても明記が求められます。

　さらに，具体的な開示項目として下記が示されています。

（a）ハラスメントを含む差別の撤廃，機会均等や，多様性と包摂（インクルージョン）を推進する具体的な方針

（b）差別の根拠として，人種および民族的出身，肌の色，性，性的指向，性自認，障害，年齢，宗教，政治的意見，国籍，社会的出身，または欧州連合規則や国内法で規定されているその他の差別が，本方針で具体的に取り上げられているかどうか

(c) 事業者が，自社の従業員において，特に弱い立場にあるグループの人々の包摂または積極的行動に関連する具体的な方針・コミットメントを持っているかどうか，持っている場合は，そのコミットメントの内容

(d) これらの方針が，差別の防止，軽減，および発見後の対応を確実にするための具体的な手順を通じて実施されているかどうか，またどのように実施されているか

図表4-6-8 S1-1に関連するGRIスタンダードの開示事項

S1-1	2-23	方針声明
	2-25	マイナスのインパクトの是正プロセス
	2-29	ステークホルダー・エンゲージメントへのアプローチ
	3-3-c, d	マテリアルな項目のマネジメント（方針および行動等）
	403-3	労働衛生サービス
	404-2	従業員スキル向上プログラムおよび移行支援プログラム
	408-1	児童労働事例に関して著しいリスクがある事業所およびサプライヤー
	409-1	強制労働事例に関して著しいリスクがある事業所およびサプライヤー

出所：GRI, "ESRS-GRI Standards data point mapping" に基づき筆者作成

(ii) 開示要件S1-2：インパクトに関して自社の従業員および労働者代表と関わりを持つためのプロセス（ESRS S1.25〜29）

本要件において，事業者は自社の従業員に対する顕在的および潜在的なインパクトについて，自社の従業員および労働者代表と関わるための一般的なプロセスを開示することを求められます。この要件の目的は，事業者が自社の従業員や労働者代表と，彼らに影響を与える，または与える可能性のある重要な，顕在的および潜在的な，プラスおよび／またはマイナスのインパクトについて，どのように関わっているか，また，事業者の意思決定プロセスにおいて，自社の従業員の視点が考慮されているかどうか，また，どのように考慮されている

かを理解できるようになることです。

具体的な開示項目としては以下が含まれます。

(a) エンゲージメント[11]が事業者自身の従業員または労働者の代表と直接行われるかどうか

(b) エンゲージメントが行われる段階，エンゲージメントのタイプ，エンゲージメントの頻度

(c) エンゲージメントを確実に実施し，その結果を事業者のアプローチに反映させるための業務上の責任を有する事業者内の最上位の役割

(d) （該当する場合）グローバル枠組み・協約または，事業者が労働者代表と締結している，自社の労働者の人権尊重に関するその他の協約

(e) （該当する場合）事業者が自社の従業員とのエンゲージメントの有効性をどのように評価するか

なお，事業者は自社の従業員のうち，特にインパクトを受けやすい，または疎外される可能性のある人々（例えば，女性，移民，障害者）の視点を洞察するために講じる手段を開示しなければなりません。

また，もしも事業者が，こうしたプロセスを保有しておらず必要な情報を開示できない場合は，その旨を開示しなければなりません。また，そのようなプロセスを導入することを目指す期間を開示することも可能です（任意開示）。

---

11 「エンゲージネント」とは，企業が様々な利害関係者の期待や関心事項について互いの理解を深め，よりよい企業活動へと進化させていくためのプロセスです。自社のサステナビリティをより強固なものとしていくために重要な取組みです。

図表4－6－9		S1-2に関連するGRIスタンダードの開示事項
S1-2	2-12	インパクトのマネジメントの監督における最高ガバナンス機関の役割
	2-29	ステークホルダー・エンゲージメントへのアプローチ
	3-3-f	マテリアルな項目のマネジメント（措置の有効性の評価の際のステークホルダーとのエンゲージメント）

出所：GRI，"ESRS-GRI Standards data point mapping"に基づき筆者作成

(ⅲ) 開示要件S1-3：マイナスのインパクトを是正するためのプロセス，および従業員が懸念を表明するためのチャンネル（ESRS S1.30〜34）

本要件において，事業者は，自社の従業員が懸念を表明し，それに対処してもらうために利用できる手段，さらに，事業者と関係のある自社の従業員の人々に対するマイナスのインパクトの緩和，または緩和への協力のために設けているプロセスについて説明することが求められます。

本要件の目的は，事業者自身の従業員が懸念やニーズを直接事業者に知らせることができる正式な手段，および／または事業者が職場におけるそのような手段（例えば苦情処理メカニズム）の利用可能性を支援する手段，および提起された問題やこれらの手段の有効性に関する関係者へのフォローアップがどのように実施されるかを理解できるようになることです。

具体的な開示項目としては以下が含まれます。

(a) 自社の従業員に重大なマイナスのインパクトを引き起こした，またはその一因となった場合，救済措置を提供する，またはその措置に寄与するための一般的なアプローチとプロセス（提供された救済が効果的であると事業者が評価するかどうか，またどのように評価するかを含む）

(b) 自社の従業員が事業者に直接懸念や必要性を提起し，それらに対処してもらうために設けている特定の手段

(c) 従業員に関する苦情処理メカニズムがあるかどうか

(d) 事業者が，自社の従業員の職場においてそのようなチャンネル（手段やメカニズム等）を利用できるよう支援するプロセス

(e) 提起され，対処された問題をどのように追跡し，監視しているか。また，想定される利用者であるステークホルダーの関与を含め，どのようにチャンネルの有効性を確保しているか

さらに，事業者は，労働者代表を含め，報復行為からそれらを利用する個人を保護するための方針があるかどうかを開示しなければなりません。

もしも，事業者がこうした手段を保有していない場合，あるいは従業員がそうした手段を利用できない場合，その旨を開示しなければなりません。また，そのような手段を導入することを目指す期間を示すことも可能です（任意開示）。

図表 4-6-10 S1-3に関連するGRIスタンダードの開示事項

S1-3	2-25	マイナスのインパクトの是正プロセス
	2-26	助言を求める制度および懸念を提起する制度
	3-3	マテリアルな項目のマネジメント
	403-2	危険性（ハザード）の特定，リスク評価，事故調査

出所：GRI，"ESRS-GRI Standards data point mapping" に基づき筆者作成

(ⅳ) 開示要件S1-4：自社の従業員に対する重大なインパクトへの行動，および自社の従業員に関連する重大なリスクの緩和と重大な機会の追求への取組み，およびそれらの行動の有効性（ESRS S1.35〜43）

本要件では，事業者は，重大なマイナスのインパクトとプラスのインパクトに対処するために，また，自らの労働力に関連する重大なリスクを管理し，重大な機会を追求するために，どのように行動しているか，また，それらの行動の有効性を開示することが求められます。この要件の目的は，第1に事業者が目指す行動やイニシアティブを理解できるようにすること，第2に事業者が自社の従業員に関する重大なリスクに対処し，重大な機会を追求している方法を理解できるようになることです。

具体的な開示項目としては以下が含まれます。

(a) 自社の従業員に対する重大なマイナスのインパクトを防止または軽減
   するために取られた，計画された，または進行中の行動
(b) 顕在化した重大なインパクトに関して，救済を提供または可能にする
   ための行動を取ったかどうか，またどのように取ったか
(c) 自社の従業員にプラスのインパクトをもたらすことを主な目的として
   実施している追加的な行動やイニシアティブ
(d) 自社の従業員に成果をもたらすために，これらの行動やイニシアティ
   ブの有効性をどのように追跡し，評価するか

図表4-6-11 S1-4に関連するGRIスタンダードの開示事項

S1-4	2-24	方針声明の実践
	3-3-d, e, f	マテリアルな項目のマネジメント（措置の追跡，有効性の評価の際のステークホルダーとのエンゲージメント等）
	203-2	著しい間接的な経済的インパクト
	403-9	労働関連の傷害
	403-10	労働関連の疾病・体調不良

出所：GRI，"ESRS-GRI Standards data point mapping"に基づき筆者作成

③ 指標とターゲット（MT）

(i) 開示要件S1-5：重大なマイナスのインパクトの管理，プラスのインパ
   クトの推進，重大なリスクと機会の管理に関連するターゲット（ESRS
   S1.44～47）

本要件では，重大なプラスとマイナスのインパクトに関して，期限付きかつ
成果を示せるターゲットを開示しなければなりません。次の3点のターゲット
の設定が求められます。

> (a) 自社の従業員へのマイナスのインパクトを軽減する
> (b) 自社の従業員にプラスのインパクトをもたらす
> (c) 自社の従業員に関する重大なリスクと機会を管理する

　この要件の目的は，事業者が，自らの従業員に対する重大なマイナスのインパクトへの対応，および／またはプラスのインパクトの促進，および／または自らの従業員に関連する重大なリスクと機会の管理において，成果志向のターゲットを用いてどの程度進捗を推進し，測定しているかを理解できるようになることです。
　さらに，事業者は，ターゲットを設定するためのプロセスを開示しなければなりません。そのプロセスには，事業者が自社の従業員または労働者の代表と直接関わったかどうか，またどのように関わったかが含まれます。

図表4-6-12　ターゲットの設定・追跡・改善点の特定

出所：ESRS S4.47に基づき筆者作成

　ターゲットについて開示する場合，事業者は次の点に留意することが求められます。

> (a) 自社の従業員のうち，一定数の人々の生活において達成されるべき意図された成果を，可能な限り具体的に示すこと
> (b) 時間の経過に伴う比較可能性を可能にするため，定義と方法論という点で，長期にわたって安定していること
> (c) ターゲットの根拠となる参照基準やコミットメントは，報告の中で明確に定義されること（例えば，行動規範，調達方針，国際的枠組み，業界規範など）

194

図表４-６-13		S1-5に関連するGRIスタンダードの開示事項
S1-5	3-3-f	マテリアルな項目のマネジメント（措置の有効性の評価の際のステークホルダーとのエンゲージメント）

出所：GRI, "ESRS-GRI Standards data point mapping"に基づき筆者作成

(ii) 開示要件S1-6：自社の従業員の特徴（ESRS S1.48～52）

本要件では，事業者は自社の従業員の特徴について開示が求められます。本開示要件の目的は，雇用慣行から生じる影響の範囲と性質など，事業者の雇用への取組みについての洞察を提供し，他の開示で報告される情報の理解を助ける文脈情報を提供し，本基準の他の開示要件で開示される定量的指標の計算の基礎となることです。

具体的な開示項目としては以下が含まれます。

(a) 総従業員数および，総従業員数の少なくとも10%を占める50人以上の従業員を雇用している国々について，男女別および国別の内訳

(b) 従業員数または総フルタイム相当人数（FTE：full time equivalent）
　　i ．正社員，男女別内訳
　　ii．臨時従業員（契約社員，請負等）の男女別内訳
　　iii．最低または固定労働時間が保証されていない従業員（non-guaranteed hours employees）の男女別内訳

(c) 報告期間中に会社を退職した従業員の総数および報告期間における従業員の離職率

(d) データ集計に使用された方法論と前提条件（数値の報告の有無を含む）の説明
　　i ．人数またはフルタイム相当人数
　　ii．報告期間終了時，報告期間を通した平均値，またはその他の方法による数値

(e) （該当する場合）データを理解するために必要な文脈的情報の提供（例えば，報告期間中の従業員数の変動を理解するため）

（f）　上記(a)に基づいて報告された情報と，財務諸表における最も代表的な数値との相互参照

図表 4 - 6 - 14　S1-6に関連するGRIスタンダードの開示事項

S1-6	2-7	従業員
	401-1	従業員の新規雇用と離職
	405-1	ガバナンス機関および従業員のダイバーシティ

出所：GRI，"ESRS-GRI Standards data point mapping"に基づき筆者作成

(iii)　**開示要件S1-7：非従業員の特徴（ESRS S1.53～57）**

本要件では，事業者は自社の事業活動に従事する非従業員（non-employee）の特徴について開示が求められます。ここで非従業員とは，労働力を供給するために事業者と直接契約を結んでいる人々（self-employed people），または人材派遣業のような団体から派遣される人々を指します。ここで人材派遣業とは，欧州共同体標準産業分類（NACE）にてN78に区分される業者[12]であるとされています。

この要件の目的は，雇用慣行から生じる影響の範囲と性質など，事業者の雇用に対する考え方を明らかにすることです。事業が労働力の一部として従業員以外にどの程度依存しているかを理解することになります。

具体的な開示項目としては以下が含まれます。

（a）　事業者の事業活動に従事する非従業員（前項の定義）の総数
（b）　非従業員数を集計するために使用された方法論と仮定の説明

12　NACE N78項で示される人材派遣業者は"employment placement agencies（78.1）"，"temporary employment agency（78.2）"，"other human resources provision（78.3）"の3つに区分されています。

(c) （該当する場合）データを理解するために必要な文脈的情報の提供
（例えば，報告期間中および現在の報告期間と前回の報告期間との間
における，事業者内の非従業員数の著しい変動など）

こうしたデータが入手できない場合，事業者はその数を推定し，推定した旨を記載しなければなりません。推定根拠を記述する必要もあります。

図表4-6-15 S1-7に関連するGRIスタンダードの開示事項

S1-7	2-8	従業員以外の労働者

出所：GRI, "ESRS-GRI Standards data point mapping" に基づき筆者作成

(ⅳ)　**開示要件S1-8：団体交渉の適用範囲と社会的対話（ESRS S1.58〜63）**
本要件では，事業者の団体交渉に関する情報の開示が求められます。事業者は，従業員の労働条件と雇用条件が団体交渉によって決定され，または影響を受ける程度，および従業員が欧州経済領域（EEA）の事業所レベルおよび欧州レベルでの社会的対話にどの程度参加しているかに関する情報を開示しなければなりません。

具体的な開示項目としては以下が含まれます。

(a) 全従業員に占める労働協約の対象となる従業員の割合
(b) EEAにおいて，1つまたは複数の労働協約を結んでいるかどうか，結んでいる場合は，従業員総数の少なくとも10％に相当する50人以上の従業員として定義される，重要な雇用がある各国について，当該協約の対象となる従業員の全体的な割合
(c) EEA域外では，地域別の，労働協約の対象となる自社の従業員の割合

なお，団体交渉が適用されない従業員については，事業者は，他の従業員を対象とする団体交渉に基づいて，または他の事業者の団体交渉に基づいて，労

第4章 項目別開示基準　197

働条件や雇用条件を決定しているかどうかを開示することができます。

図表4-6-16　S1-8に関連するGRIスタンダードの開示事項

S1-8	2-30	労働協約

出所：GRI，"ESRS-GRI Standards data point mapping"に基づき筆者作成

(v)　開示要件S1-9：多様性の指標（ESRS S1.64～66）

　本要件において，事業者は，経営トップの男女比と従業員の年齢分布を開示することを求められます。この開示要件の目的は，経営上層部の男女の多様性と従業員の年齢分布を理解できるようになることです。

　具体的な開示項目としては以下が含まれます。

> (a)　経営トップレベルにおける男女の人数および割合の分布
> (b)　従業員の年齢層別分布：30歳未満，30～50歳，50歳以上

図表4-6-17　S1-9に関連するGRIスタンダードの開示事項

S1-9	405-1	ガバナンス機関および従業員のダイバーシティ

出所：GRI，"ESRS-GRI Standards data point mapping"に基づき筆者作成

(vi)　開示要件S1-10：適切な賃金（ESRS S1.67～71）

　本要件では，事業者は，従業員に適切な賃金が支払われているかどうか，また従業員全員に適切な賃金が支払われていない場合は，当該従業員が働く国およびその割合を開示しなければなりません。

　適用されるベンチマークに沿って，すべての従業員に適切な賃金が支払われているのであれば，その旨を記載すればこの開示要件を満たすのに十分であり，それ以上の情報は必要ありません。反対に，すべての従業員に適切な賃金が支払われていない場合，事業者は，従業員が適用される適切な賃金のベンチマー

クを下回る国，およびこれらの国ごとに適用される適切な賃金のベンチマークを下回る従業員の割合を開示しなければなりません。さらに，事業活動に携わる非従業員に関しても，この開示要件で指定された情報を開示することができます。

図表4-6-18 S1-10に関連するGRIスタンダードの開示事項

S1-10	202-1	地域最低賃金に対する標準新人給与の比率（男女別）

出所：GRI，"ESRS-GRI Standards data point mapping"に基づき筆者作成

(vii) 開示要件S1-11：社会保護（ESRS S1.72〜76）

本要件において，事業者は，従業員が人生での重大な出来事による収入損失が理由で社会保護の対象になりえているかどうか，対象になっていない場合はその国について開示することが求められます。

収入損失につながる重大な出来事とは以下のものが考えられます。

(a) 病気

(b) 失職

(c) 労働災害と後天性障害

(d) 育児休業

(e) 退職

もしも，全従業員が，公的制度または事業者が提供する福利厚生を通じて，重大な出来事による収入損失に対して，社会保護の対象となっているのであれば，この開示要件を満たすのに十分であり，これ以上の情報は必要ありません。そうでない場合，社会保護の対象とならない国と，各国ごとに社会保護を受けていない従業員の種類を開示しなければなりません。

事業者は，事業に関わる非従業員に関しても，この開示要件で指定された情報を開示することができます。

図表 4 - 6 -19	S1-11に関連するGRIスタンダードの開示事項

S1-11	401-2	正社員には支給され，非正規社員には支給されない手当

出所：GRI, "ESRS-GRI Standards data point mapping" に基づき筆者作成

(viii)　開示要件S1-12：障害のある人々（ESRS S1.77〜80）

本要件では，事業者は，自社の従業員に占める障害のある人々の割合を開示しなければなりません。この開示要件の目的は，事業者の自社の従業員に障害者がどの程度含まれているかを理解できるようになることです。

事業者は，データ収集に関する法的制限を条件として，従業員に占める障害者の割合を開示しなければなりません。事業者は，障害を持つ従業員の割合を男女別に開示することも可能です。

図表 4 - 6 -20	S1-12に関連するGRIスタンダードの開示事項

S1-12	405-1	ガバナンス機関および従業員のダイバーシティ

出所：GRI, "ESRS-GRI Standards data point mapping" に基づき筆者作成

(ix)　開示要件S1-13：研修・能力開発の指標（ESRS S1.81〜85）

本要件において，事業者は，従業員にどの程度の研修と能力開発を提供しているかを開示しなければなりません。本要件の目的は，研修と能力開発について理解できるようになることです。

具体的な開示項目としては以下が含まれます。

(a)　定期的なパフォーマンスおよびキャリア開発レビューに参加した従業員の割合

(b)　男女別の従業員1人当たりの平均研修時間数

こうした割合や数値を，従業員のカテゴリー別に内訳を開示することもできます（任意開示）。また，事業活動に関わる非従業員に関しても同じ情報を開

200

示することもできます（任意開示）。

| 図表 4 - 6 -21 | S1-13に関連するGRIスタンダードの開示事項 |

S1-13	404-1	従業員1人当たりの年間平均研修時間
	404-3	業績とキャリア開発に関して定期的なレビューを受けている従業員の割合

出所：GRI, "ESRS-GRI Standards data point mapping" に基づき筆者作成

⒳ 開示要件S1-14：労働安全衛生の測定基準（ESRS S1.86〜90）

本要件において，事業者は，自社の労働者が労働安全衛生のマネジメントシステムの対象となる範囲，および自社の労働者の労働関連の傷害，疾病，死亡に関連する事故件数に関する情報を開示しなければなりません。さらに，事業者は，事業者の事業所で働く自社外の労働者の労働関連の傷害および労働関連の疾病に起因する死亡者数も開示しなければなりません。この要件の目的は，労働災害を防止するために確立された安全衛生マネジメントシステムの適用範囲，質，実績を理解できるようになることです。

具体的な開示項目としては以下が含まれます。

⒜ 法的要求事項および／または公認の基準またはガイドラインに基づく，事業者の安全衛生マネジメントシステムの対象となる従業員の割合

⒝ 労働関連の傷害および業務上の疾病による死亡者数

⒞ 記録可能な労働災害の件数と発生率

⒟ 事業者の自社の従業員に関して，データ収集に関する法的制限を条件として，記録可能な労働関連の疾病の症例数

⒠ 事業者の自社の従業員に関して，労働災害による損失日数，労働災害による死亡者数，労働災害による健康障害および健康障害による死亡者数

このうち，⒝の情報は，バリューチェーン上の労働者など，事業所の現場で働くその他の労働者についても，事業所の現場で働く場合は報告しなければな

りません。また，事業者は，従業員以外についてもこうした情報を開示することができます（任意開示）。

さらに，事業者は，法的要件および／または公認の基準またはガイドラインに基づき，内部監査および／または外部機関による監査または認証を受けた安全衛生マネジメントシステムによって対象とされている自社の労働者の割合を，追加情報として含めることができます（任意開示）。

図表4-6-22 S1-14に関連するGRIスタンダードの開示事項

S1-14	403-8	労働安全衛生マネジメントシステムの対象となる労働者
	403-9	労働関連の傷害
	403-10	労働関連の疾病・体調不良

出所：GRI，"ESRS-GRI Standards data point mapping" に基づき筆者作成

(xi) **開示要件S1-15：ワーク・ライフ・バランス指標（ESRS S1.91～94）**

本要件において，事業者は，従業員がどの程度まで家族休暇（育児・看護休暇等）を取得し，利用しているかを開示しなければなりません。この開示要件の目的は，ワーク・ライフ・バランスの一側面である家族休暇を，男女平等な方法で取得する従業員の権利と実際の慣行を理解できるようになることです。

具体的な開示項目としては以下が含まれます。

(a) 家族休暇を取得できる従業員の割合
(b) 家族休暇を取得した権利のある従業員の割合，および男女別の内訳

事業の全従業員が，社会政策および／または労働協約を通じて家族関連休暇を取得できる場合は，これを開示すれば十分となります。

図表4-6-23 S1-15に関連するGRIスタンダードの開示事項

S1-15	401-3	育児休暇

出所：GRI，"ESRS-GRI Standards data point mapping" に基づき筆者作成

⒳ⅱ 開示要件S1-16：報酬指標（給与格差および報酬総額）（ESRS S1.95
～99)

本要件において，事業者は，女性従業員と男性従業員との間の賃金格差の割
合，および，最高報酬者の報酬と従業員の報酬中央値との比率を開示しなけれ
ばなりません。この開示要件の目的は２つあります。第１は，事業者の自社の
従業員における男女間の賃金格差の程度を理解できるようにすること，第２は，
事業者内部における報酬の不平等のレベルや，広範な賃金格差が存在するかど
うかについての資料を提供することです。

具体的な開示項目としては以下が含まれます。

(a) 男女間の賃金格差，女性従業員と男性従業員の平均賃金水準の差
(b) 最高報酬者の年間総報酬額の，（最高報酬者を除く）全従業員の年間
　　総報酬額の中央値に対する比率
(c) （該当する場合は）データを理解するために必要な文脈上の情報

事業者は，男女間の賃金格差の内訳を，従業員のカテゴリー別および／また
は国別／セグメント別に開示することができます（任意開示）。また，事業者
は，各国の購買力の差を調整した数値を報告することができますが（任意開
示），その場合は，計算に使用した方法を報告しなければなりません。

図表4-6-24　S1-16に関連するGRIスタンダードの開示事項

S1-16	2-21	年間報酬総額の比率
	405-2	基本給と報酬総額の男女比

出所：GRI, "ESRS-GRI Standards data point mapping" に基づき筆者作成

⒳ⅲ 開示要件S1-17：事故，苦情および人権への深刻なインパクト（ESRS
S1.100～104)

本要件において，事業者は，報告期間中，業務に関連する事件および／また
は苦情，自社の従業員における深刻な人権への影響の件数，および関連する重

大な罰金，制裁措置，賠償金を開示しなければなりません。この要件の目的は，業務に関連する事件や人権に関わる深刻な事例が，自社の従業員にどの程度影響を及ぼしているかを理解できるようになることです。

この中には，性別，人種もしくは民族的出身，国籍，宗教もしくは信条，障害，年齢，性的指向，または社内外のステークホルダーが関与する，その他の関連する形態の差別を理由とする差別事例も含まれます。さらに，差別の具体的な形態としてのハラスメント事件も含まれます。

具体的な開示項目としては以下が含まれます。

(a) 報告期間中に報告されたハラスメントを含む差別事例の総数

(b) 従業員が懸念を表明するためのチャンネル（苦情処理メカニズムを含む）を通じて，および（該当する場合は）OECD多国籍企業指針の国内連絡窓口[13]に提出された苦情の件数（上記(a)ですでに報告されているものを除く）

(c) 上記に開示された事件および苦情の結果としての罰金，違約金および損害賠償の総額，ならびに開示された当該金額と財務諸表に記載された最も関連性のある金額との調整

(d) （該当する場合は）データを理解するために必要な文脈上の情報

さらに，事業者は，強制労働，人身売買，児童労働などの深刻な人権侵害事件に関して，以下の情報を開示しなければなりません。

(a) 報告期間中，事業者の労働力に関連する深刻な人権侵害の件数

(b) 上記の事件に対する罰金，違約金，損害賠償の総額，および財務諸表に最も関連性のある金額で開示されている金額との調整

13　OECD多国籍企業指針の推進等を目的として，各国政府によって設立された責任ある企業行動のための連絡窓口（National Contact Points for RBC）を指します。日本の連絡窓口は外務省，厚生労働省，経済産業省の3省により2000年に設置されました。

図表 4 - 6 -25 S1-17に関連するGRIスタンダードの開示事項

S1-17	2-25	マイナスのインパクトの是正プロセス
	2-27	法規制遵守
	3-3-a, b	マテリアルな項目のマネジメント（インパクトと組織の関与の記載等)
	406-1	差別事例と実施した救済措置

出所：GRI, "ESRS-GRI Standards data point mapping"に基づき筆者作成

第7節　S2「バリューチェーンにおける労働者」

(1)　目的（ESRS S2.1〜7）

　S2「バリューチェーンにおける労働者」に関する基準を定める目的は，事業者が自らの事業やバリューチェーン（製品やサービス，取引関係を含む）上で働く人々への重大なインパクト，および重大なリスクと機会を理解できるようになるための開示要件を規定することです。バリューチェーン上の労働者への重大なインパクトに関して，図表4−7−1に示される考察が求められます。

図表4−7−1　バリューチェーン上の労働者への重大なインパクト

(a)バリューチェーン労働者への影響	事業がバリューチェーン上の労働者にどのような影響を与えるか
(b)マイナスインパクトへの対応	顕在化した，または潜在的なマイナスのインパクトを防止，軽減，是正し，リスクと機会に対処するためにとった行動とその結果は何か
(c)リスクと機会の管理	バリューチェーン上の労働者への影響と依存に関連するものを含む，事業の重大なリスクと機会の性質，種類，程度，および事業がそれらをどのように管理しているか
(d)財務上の影響	バリューチェーンにおける事業が労働者に与える影響と依存から生じるものを含む，重大なリスクと機会が，短期，中期，長期にわたって事業に及ぼす財務上の影響はどの程度か

出所：ESRS S2.1に基づき筆者作成

　本基準は，バリューチェーン上の労働者に関する課題が，事業者にどのようなリスクや機会を生み出しうるかについての説明を求めています。例えば，バリューチェーンで働く労働者へのマイナスのインパクトは，顧客がその製品の購入を拒否したり，国家機関にその商品を押収されたりすることで，事業の運営を混乱させ，評判を落とす可能性があります。逆に，労働者の権利を尊重し，積極的な支援プログラム，例えば，金融リテラシー向上の取組みなどを実施す

ることで，より安定した供給や将来の消費者層の拡大など，ビジネス機会をもたらす可能性があります。

図表4-7-2 バリューチェーン上の労働者に対するインパクトの作用

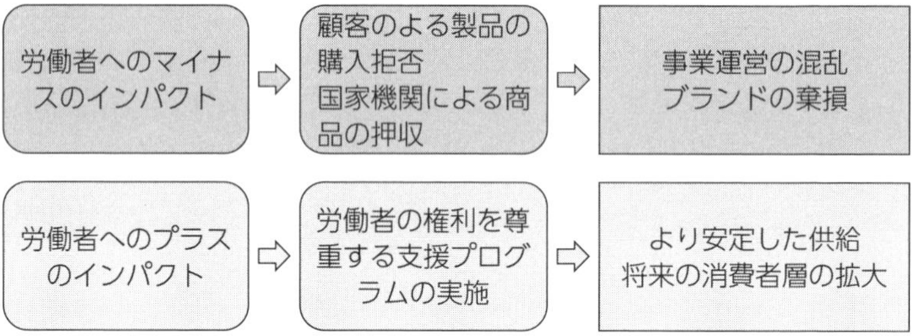

労働者へのマイナスのインパクト ⇨ 顧客のよる製品の購入拒否 国家機関による商品の押収 ⇨ 事業運営の混乱 ブランドの棄損

労働者へのプラスのインパクト ⇨ 労働者の権利を尊重する支援プログラムの実施 ⇨ より安定した供給 将来の消費者層の拡大

出所：ESRS S2.3に基づき筆者作成

　本基準は，事業によって重大なインパクトを受ける，または受ける可能性のある，事業の上流および下流のバリューチェーンにおけるすべての労働者を対象としています。これには，事業者自身の事業およびバリューチェーンに関連するインパクトも含まれます。しかし，これには，「自社の従業員」の範囲に含まれる労働者は含まれません。「自社の従業員」はESRS S1で対象とされています。

　なお，S2の適用範囲となる労働者の具体例は付録A「適用要件」において図表4-7-3のように示されます。

図表4-7-3 バリューチェーン上の労働者の例

(a)	事業の職場で働く外部委託サービスの労働者（例えば，第三者のケータリングや警備の労働者）
(b)	事業が契約した供給業者の労働者で，供給業者の構内で供給業者の作業方法を用いて働く者
(c)	事業から商品やサービスを購入する「下流」事業者の労働者

(d)	事業者が管理する事業場で，事業者の機器（コピー機など）の定期保守を，機器供給者と事業者の間の契約に規定されているとおりに行う，事業者の機器供給者の労働者
(e)	サプライチェーンの奥深くで働く労働者。例えば，鉱物を採掘し，それを加工して，事業者の製品に使われる部品を製造する労働者

出所：ESRS S2.AR3に基づき筆者作成

(2) 他のESRSとの関連（ESRS S2.5～7）

S2と最も関連する基準は，S1「自社の従業員」であり，関連性のある場合はS1に基づく報告と明確に関連付けられる必要があります。さらに，S3「影響を受けるコミュニティ」，S4「消費者およびエンドユーザー」と合わせて利用される必要があります。

(3) 開示要件

S2の開示要件は，ESRS 2「全般的開示事項」の開示要件と併せて利用される必要があります。報告領域ごとのS2とESRS 2の開示要件の違いについて，同表4-7-4に整理します。

図表4-7-4 報告領域ごとのS2とESRS 2の開示要件

固有開示の有無 / 4つの報告領域	項目固有開示要件なし 補足要求なし	項目固有開示要件なし 補足要求あり	項目固有開示要件あり
ガバナンス	GOV-1～5		
戦略	SBM-1	SBM-2～3	
インパクト・リスク・機会の管理	IRO-1～2		S2-1～4
	MDR-P		
	MDR-A		
指標とターゲット	MDR-M		S1-5
	MDR-T		

出所：ESRS S2に基づき筆者作成

4つの報告領域のうち，まず「ガバナンス」の開示要件であるGOV-1～

GOV5と，「戦略」の開示要件であるSBM-1については，S2で特定の開示要件が示されていません。これらについては，ESRS 2の要求に従って説明する必要があります。

　一方，「戦略」のSBM-2とSBM-3については，S2の中で補足的な要求事項が示されています。この２つについては，ESRS 2での要求に加えて，S2での補足要求に従って説明しなければなりません。

　「インパクト，リスクおよび機会の管理」と「指標とターゲット」については，S1で固有の開示要件が示されています。それぞれの「最低限の開示要件」，すなわちMDR-P，MDR-A，MDR-MとMDR-Tの４者に加えて，S1で示された固有の開示要件について報告する必要があります。

　図表４-７-５は，S2で示されるESRS 2の開示要件の補足と，S2の固有の開示要件を報告領域ごとに示したものです。また，太枠で囲われている開示要件は社会（S）分野の全項目別基準に共通するものです。まず，当該課題に対処する「方針」を示し，当該課題の「（対象と）関わるプロセス」を説明します。そして「インパクト是正プロセスと懸念表明チャンネル」について明らかにし，「インパクトへの行動と有効性」についても説明します。続いて「インパクト，リスク，機会のターゲット」を提示します。この流れは社会（S）分野を通じて共通しています。

図表４-７-５　S2の開示要件の構成

戦略（SBM）	インパクト・リスク・機会のマネジメント（IRO）		指標とターゲット（MT）
SBM-2 補足	S2-1「方針」	S2-3「インパクト是正プロセスと懸念表明チャンネル」	S2-5「インパクト，リスク，機会のターゲット」
SBM-3 補足	S2-2「（対象と）関わるプロセス」	S2-4「インパクトへの行動と有効性」	

注：開示要件の表記は要約であり，本文中の表記とは異なります。
出所：ESRS S2に基づき筆者作成

　さらに，各開示要件の説明の終わりには，当該開示要件に関連するGRIスタンダードの開示事項を示した対照表を付け加えてあります。GRIインデックス

第4章 項目別開示基準　**209**

をベースにESRS報告をされる場合は参照ください。なお，この対照表はGRI
が作成した"ESRS-GRI Standards data point mapping"に基づいて作成して
いますが，両者の開示事項の範囲が完全に一致しているわけではないことを了
解ください。

① 戦略（SBM）

(i) SBM-2補足（ESRS S2.9）

ESRS 2におけるSBM-2「ステークホルダーの利害と見解」の開示要件の補
足が示されています。この開示要件に対応する際，事業者はバリューチェーン
で働く労働者の利益，意見および権利が，自らの戦略やビジネスモデルにどの
ように反映されているかを示さねばなりません。さらに，バリューチェーンで
働く労働者が，事業者によって人権尊重を含めた重大なインパクトを受ける可
能性があるかを開示しなければなりません。バリューチェーン労働者も，影響
を受けるステークホルダーの重要なグループであるからです。

図表4-7-6 S2 SBM-2補足に関連するGRIスタンダードの開示事項

SBM-2 補足	該当する開示事項なし

出所：GRI，"ESRS-GRI Standards data point mapping"に基づき筆者作成

(ii) SBM-3補足（ESRS S2.10〜13）

ESRS 2におけるSBM-3「戦略およびビジネスモデルとの相互作用による，
重大なインパクト，リスク，機会」の開示要件の補足が示されます。この開示
要件に対応する際，事業者は重大なインパクトを受ける可能性のあるすべての
バリューチェーン労働者に関して，下記を含む情報を開示しなければなりませ
ん。

(a) 事業によって重大なインパクトを受ける可能性のあるバリューチェーン労働者の種類の簡単な説明。事業者自身の事業活動やバリューチェーン（製品・サービスや取引関係を含む）に関連するインパクトも含め，その有無を明記する。

　ⅰ．事業所で働くが，自社の従業員ではない労働者，すなわち，自営業者または主に人材派遣業者や請負業者から派遣される労働者（ESRS S1の対象）

　ⅱ．事業の上流バリューチェーンの事業者（例えば，金属や鉱物の採掘，商品の収穫，精製，製造，その他の加工に関わる事業者）で働く労働者

　ⅲ．事業の川下バリューチェーンの事業者（例：物流・流通業者，フランチャイジー，小売業者）のために働く労働者

　ⅳ．事業者が関与する合弁事業または特別目的事業の業務に従事する労働者

　ⅴ．労働組合員，移民労働者，在宅労働者，女性，若年労働者など，固有の特性または特定の状況により，マイナスのインパクトを特に受けやすい労働者

(b) 事業のバリューチェーンに含まれる労働者の中に，児童労働，強制労働，強制労働の重大なリスクがある地域，国レベル，その他のレベル，または商品

(c) 重大なマイナスのインパクトの場合，それが，(i)事業者が事業を行う，または調達やその他の取引関係を持つ文脈において，広範囲にわたっているか，体系的であるか（例えば，特定の国や地域における特定の商品のサプライチェーンにおける児童労働や強制労働），または(ii)個別の事故（例えば，産業事故や油流出事故）や特定の取引関係に関連しているか

(d) 重大なプラスのインパクトの場合，「公正な移行」の文脈における雇用創出や技能向上などの労働者への機会提供[14]を含む，プラスのインパクト（例えば，最新の購買慣行，サプライチェーン労働者への能力

開発)をもたらす活動の簡単な説明,およびプラスの影響を受ける,または受ける可能性のあるバリューチェーン労働者の種類
(e) バリューチェーンで働く人々への影響と依存から生じる,事業にとっての重大なリスクと機会

なお,S2の付録A「適用要件」では,バリューチェーンの労働者へインパクトと事業者の事業活動との関係について説明があります(ESRS S2.AR6〜7)。まず,事業者の戦略やビジネスモデルが,バリューチェーンの労働者にインパクトを及ぼすケースがあります(図表4-7-7参照)。

図表4-7-7 事業者の戦略に起因するバリューチェーン労働者へのインパクト

バリューチェーンの労働者へのインパクト

事業者の戦略とビジネスモデル

・上流・下流のバリューチェーンにおける労働者の権利を圧迫するようなかたちで,低コスト製品・サービスや高速配送を提供する
・労働者へのインパクトを把握することなく,産地が不明確な商品に依存する
・サプライヤーに在庫リスクを転嫁し,その労働者の人権に影響を及ぼす

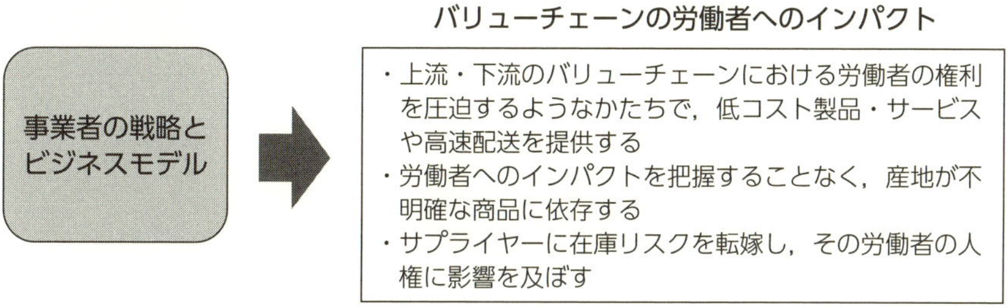

出所:ESRS S2.AR6.に基づき筆者作成

一方,バリューチェーン労働者へのインパクトが,事業者に重大なリスクをもたらす可能性もあります(図表4-7-8参照)。

---

14 2009年のCOP15(第15回国連気候変動枠組み条約締約国会議)でITUC(国際労働組合総連合)が提唱し,今後の脱炭素社会への移行における雇用の移行や創出という考え方を踏まえた,新しい雇用機会の創出や技能の向上などの労働者への提供を指します。

212

| 図表 4-7-8 | バリューチェーン労働者へのインパクトがもたらすリスク |

バリューチェーンの労働者へのインパクト

・パンデミックが発生した際，医療ケアを利用できない臨
時労働者に依存している場合は，疾病の蔓延がサプライ
チェーンに大規模な断絶を引き起こす
・極端な価格引下げ圧力にさらされたサプライヤーが下請
けに生産を再委託することで，品質の低下や，透明性の
低下，サプライチェーンの制御不能につながる
・低賃金労働者の保護が十分でない地域からの調達に対し
て，メディアの批判的報道から，消費者離れを招く

→ **事業者の重大な
ビジネスリスク**

出所：ESRS S2.AR7に基づき筆者作成

| 図表 4-7-9 | S2 SBM-3補足に関連するGRIスタンダードの開示事項 |

SBM-3 補足	3-3-a, b	マテリアルな項目のマネジメント（インパクトと組織の関与等）
	408-1	児童労働事例に関して著しいリスクがある事業所およびサプライヤー
	409-1	強制労働事例に関して著しいリスクがある事業所およびサプライヤー

出所：GRI, "ESRS-GRI Standards data point mapping" に基づき筆者作成

② インパクト，リスクおよび機会の管理（IRO）

(ⅰ) 開示要件S2-1：バリューチェーンの労働者に関する方針（ESRS S2.14 ～19）

本要件において，事業者はバリューチェーンで働く労働者への重大なインパクトを管理するために設定した方針，および関連する重大なリスクと機会を説明しなければなりません。この開示要件の目的は，事業者がバリューチェーン労働者への重大なインパクトを特定し，評価し，管理，および／または是正に取り組む上での方針，ならびにバリューチェーン労働者に関連する重大なリスクおよび機会を対象とする方針をどの程度持っているかを理解できるようになることです。

事業者は，バリューチェーン労働者に関する方針が，人身売買，強制労働，児童労働に対処しているかどうかを明記しなければなりません。また，この方針が「ビジネスと人権に関する国連指導原則」を含む，バリューチェーン労働者に関連する国際的に認められた文書と整合しているかどうか，またどのように整合しているかを開示する必要があります。

開示においては，以下の重要な事項に焦点を当てなければなりません。

(a) 労働者の労働権を含む人権の尊重

(b) バリューチェーン労働者との関わり

(c) 人権へのインパクトに対する救済のための行動

図表 4-7-10 S2-1に関連するGRIスタンダードの開示事項

S2-1	2-23	方針声明
	2-24	方針声明の実践
	2-25	マイナスのインパクトの是正プロセス
	2-29	ステークホルダー・エンゲージメントへのアプローチ
	3-3-c, d	マテリアルな項目のマネジメント（方針と措置等）
	408-1	児童労働事例に関して著しいリスクがある事業所およびサプライヤー
	409-1	強制労働事例に関して著しいリスクがある事業所およびサプライヤー

出所：GRI，"ESRS-GRI Standards data point mapping"に基づき筆者作成

(ii) 開示要件S2-2：インパクトについてバリューチェーン労働者と関わりを持つためのプロセス（ESRS S2.20～24）

事業者は，バリューチェーンで働く労働者およびその代表者と，彼らへの顕在的および潜在的なインパクトについて関わるための一般的なプロセスを開示しなければなりません。この開示要件の目的は，事業者が，バリューチェーン労働者とその正当な代表者，または信頼できる代理人と，重要な顕在的および潜在的なプラスおよび／またはマイナスのインパクトについて，どのように関

わっているか，また，事業者の意思決定プロセスにおいて，バリューチェーン労働者の視点がどのように考慮されているかを理解できるようになることです。

具体的な開示項目としては図表4‐7‐11の事項が含まれます。

図表4‐7‐11 バリューチェーンの労働者との関与のプロセスの開示事項

(a)	バリューチェーンで働く労働者やその正当な代表者と直接関わるか，あるいは，バリューチェーンで働く労働者やその正当な代表者と関わるか
(b)	エンゲージメントが発生する段階，エンゲージメントのタイプ，エンゲージメントの頻度
(c)	このエンゲージメントを確実に実施し，その結果を事業者のアプローチに反映させるための業務上の責任を有する事業者内の機能および最上位の役割
(d)	（該当する場合）グローバル枠組み協約，または事業者がグローバルユニオン連合[15]と締結している，団体交渉権を含むバリューチェーンにおける労働者の人権尊重に関する協約
(e)	（該当する場合）事業者がバリューチェーンにおける労働者との関わりの有効性をどのように評価するか

出所：ESRS S2.22に基づき筆者作成

もしも，事業者がバリューチェーン労働者と関わるための一般的なプロセスを採用していないため，上記の必要な情報を開示できない場合は，その旨を開示しなければなりません。また，そのようなプロセスを導入することを目指す期間を開示することができます（任意開示）。

図表4‐7‐12 S2-2に関連するGRIスタンダードの開示事項

S2-2	2-12	インパクトのマネジメントの監督における最高ガバナンス機関の役割
	2-29	ステークホルダー・エンゲージメントへのアプローチ
	3-3-f	マテリアルな項目のマネジメント（措置の有効性の評価の際のステークホルダーとのエンゲージメント）

出所：GRI，"ESRS-GRI Standards data point mapping"に基づき筆者作成

第4章 項目別開示基準 **215**

(iii) 開示要件S2-3：マイナスのインパクトを是正するためのプロセス，お よびバリューチェーンで働く人々が懸念を表明するためのチャンネル (ESRS S2.25〜29)

本要件においては，バリューチェーン上の労働者へのマイナスのインパクト を是正するためのプロセス，およびバリューチェーン労働者が懸念を表明し， それに対処してもらうために利用できる手段を説明することが求められます。 本要件の目的は，バリューチェーン労働者が事業者に直接懸念やニーズを伝え ることができる正式な手段，および／または事業者がバリューチェーン労働者 の職場でそのような手段を利用できるよう支援する手段，提起された問題に関 して労働者にどのようにフォローアップが実施されているか，そしてこれらの 手段の有効性を理解できるようになることです。

具体的な開示項目としては以下が含まれます。

(a) 事業がバリューチェーン労働者に重大なマイナスのインパクトを引き 起こした，またはその一因となった場合に，救済を提供または貢献す るための一般的なアプローチとプロセス

(b) バリューチェーン労働者が事業者に直接懸念やニーズを提起し，それ に対処してもらうために，事業者が設けている具体的な手段

(c) バリューチェーン労働者の職場において，そのようなチャンネルが利 用できるよう支援または要求するプロセス

(d) 提起され，対処された問題をどのように追跡・監視しているのか，ま た，意図された利用者であるステークホルダーの関与を含め，どのよ うにチャンネルの有効性を確保しているのか

事業者が懸念を表明するための手段を採用していない，および／またはバ リューチェーン労働者の職場でそのような手段が利用可能でないため，上記の 必要な情報を開示できない場合は，その旨を開示しなければなりません。また，

---

15 特定の産業セクターまたは職業グループで組織される全国労働組合の国際的連合組織 （global union federations）

そのような手段やプロセスを導入することを目指す期間を開示することもできます（任意開示）。

図表 4 - 7 -13 | S2-3に関連するGRIスタンダードの開示事項

S2-3	2-25	マイナスのインパクトの是正プロセス
	2-29	ステークホルダー・エンゲージメントへのアプローチ
	3-3	マテリアルな項目のマネジメント

出所：GRI, "ESRS-GRI Standards data point mapping" に基づき筆者作成

(iv) 開示要件S2-4：バリューチェーンの労働者に対する重大なインパクトへの行動，およびバリューチェーンの労働者に関連する重大なリスクの緩和と重大な機会の追求への取組み，およびそれらの行動の有効性（ESRS S2.30〜38）

本要件において，事業者はバリューチェーン上の労働者への重大なインパクトに対処し，関連する重大なリスクを管理し，重大な機会を追求するために，どのように行動しているか，またそれらの行動の有効性を開示することを求められます。

この要件の目的は，第1に，バリューチェーン上の労働者への重大なインパクトに関し，事業が目指す行動やイニシアティブを理解できるようになること，第2に，事業が当該労働者に関連する重大なリスクに対処し，重大な機会を追求している方法を理解できるようになることです。

重大なインパクトに関する具体的な開示項目は以下です。

(a) バリューチェーンの労働者への重大なマイナスのインパクトを防止または軽減するために取られた，計画された，または実施中の措置

(b) 顕在化した重大なインパクトに関して，救済を提供または可能にするための行動を取ったかどうか，またどのように取ったか

(c) バリューチェーンの労働者にプラスのインパクトをもたらすことを主な目的として，その企業が実施している追加的な行動やイニシアティブ

(d) バリューチェーンの労働者に意図した成果をもたらすために，そのような行動やイニシアティブの有効性をどのように追跡し，評価するか

なお，S2の付録A「適用要件」には，事業者がバリューチェーンの労働者へのインパクトに対処する方策について追加的な説明があります（ESRS S2.AR28〜30）。バリューチェーン労働者に影響を及ぼす重大なマイナスのインパクトは，事業者が直接管理できない事業や業務にも関連している可能性があります。そのため，事業者は，それらの影響を管理するために，取引関係において梃子（leverage）を使おうとしているかどうか，またどのように梃子を使おうとしているかを開示することができます（任意開示）。これには以下が含まれます。

- 商業的な梃子（例えば，取引関係との契約要件の変更やインセンティブの実施）
- 取引関係における他の形態の梃子（例えば，事業者が取引関係を有する事業者に対する労働者の権利に関する研修や能力構築の提供）
- 同業者や他の関係者との協力的な梃子（例えば，責任ある採用や労働者が適切な賃金を受け取ることを目的としたイニシアティブ）

図表 4-7-14 S2-4に関連するGRIスタンダードの開示事項

S2-4	2-24	方針声明の実践
	2-25	マイナスのインパクトの是正プロセス
	3-3- a, b, d, e, f	マテリアルな項目のマネジメント（インパクト，組織の関与，措置，有効性の評価，ステークホルダーとのエンゲージメント等）
	203-2	著しい間接的な経済的インパクト
	204-1	地元サプライヤーへの支出の割合
	403-7	ビジネス上の関係で直接結び付いた労働安全衛生の影響の防止と緩和

出所：GRI，"ESRS-GRI Standards data point mapping"に基づき筆者作成

③ 指標とターゲット（MT）
（ⅰ）開示要件S2-5：重大なマイナスのインパクトの管理，プラスのインパクトの推進，重大なリスクと機会の管理に関連するターゲット（ESRS S2.39〜47）

本要件では，事業者は，以下の事項に関して設定した，期限付きかつ成果志向のターゲットを開示しなければなりません。

> （a）バリューチェーンで働く人々へのマイナスのインパクトを軽減する
>
> （b）バリューチェーンで働く人々にプラスのインパクトをもたらす
>
> （c）バリューチェーンで働く人々に関する重大なリスクと機会を管理する

この要件の目的は，事業者が，バリューチェーンで働く人々への重大なマイナスのインパクトへの対応，および／またはプラスのインパクトの促進，および／またはバリューチェーンで働く人々に関連する重大なリスクと機会の管理において，その進捗を推進し測定するために，期限付きで成果志向のターゲットをどの程度使用しているかを理解できるようになることです。

事業者は，バリューチェーンにおける労働者，その正当な代表者，または労働者の状況を洞察し信頼できる代理人と，事業者が直接関わったかどうか，またどのように関わったかを含め，ターゲットの設定，実績の追跡，教訓や改善点の特定のプロセスを開示しなければなりません。

図表4-7-15 ターゲットの設定・追跡・改善点の特定（再掲）

| ターゲットの設定 | ⇒ | ターゲットに対する事業の実績の追跡 | ⇒ | 教訓や改善点の特定 |

出所：ESRS S2.42に基づき筆者作成

なお，E2の付録A「適用要件」では，ターゲットの設定について追加的な説明があります（ESRS E2.AR25）。この説明によると，ターゲットに関して開示する場合，事業者は次の点を開示することが可能です（任意開示）。

第4章 項目別開示基準 **219**

- バリューチェーン労働者の生活において達成されるべき意図された成果を，可能な限り具体的に示すこと
- 時間の経過に伴う比較可能性を可能にするため，定義と方法論という点で，長期にわたって安定していること
- ターゲットの根拠となる参照基準やコミットメントは，報告の中で明確に定義されること（例えば，行動規範，調達方針，国際的枠組み，業界規範など）

図表4-7-16 S2-5に関連するGRIスタンダードの開示事項

S2-5	3-3-e, f	マテリアルな項目のマネジメント（措置の有効性の評価と，その際のステークホルダーとのエンゲージメント）

出所：GRI，"ESRS-GRI Standards data point mapping" に基づき筆者作成

第8節　S3「影響を受けるコミュニティ」

(1)　目的（ESRS S3.1〜3）

　S3「影響を受けるコミュニティ」に関する基準を定める目的は，事業者が自社の事業やバリューチェーン（製品・サービス，取引関係を含む）に関連して，影響を受けるコミュニティへの重大なインパクト，および図表4-8-1に示される重大なインパクトを理解できるようになることです。

図表4-8-1	影響を受けるコミュニティへの重大なインパクト
(a)コミュニティへの影響	インパクトが最も大きく，深刻である可能性が高い地域において，事業がコミュニティにどのような影響を与えるか
(b)マイナスインパクトへの対応	顕在化した，または潜在的なマイナスのインパクトを防止，軽減，是正し，リスクと機会に対処するために取った行動とその結果
(c)リスクと機会の管理	事業の影響に関連する重大なリスクと機会の性質，種類および程度，影響を受けるコミュニティへの依存と，事業がそれをどのように管理するか
(d)財務上の影響	影響を受けるコミュニティに対する事業の影響と依存から生じる重大なリスクと機会が，短期，中期，長期にわたって事業に及ぼす財務上の影響

出所：ESRS S3.1に基づき筆者作成

　この目的を達成するために，本基準は，事業者が影響を受けるコミュニティに対する顕在化した重大なインパクトと潜在的なインパクトを特定し，管理するために採る一般的なアプローチについて下記の情報を開示することを求めています。

> (a)　地域社会の経済的・社会的・文化的権利（例えば，適切な住居，適切な食料，水，衛生設備，土地関連，安全保障関連の影響）

（b) 地域社会の市民的・政治的権利（表現の自由，結社の自由，人権擁護者への影響など）

（c) 先住民族の特定の権利（例えば，自由意思に基づく事前の十分な情報に基づく同意，自己決定，文化的権利）

　本基準はまた，そのような影響や，影響を受けるコミュニティに対する事業者の依存関係が，事業者にどのような重大なリスクや機会を生み出しうるかについての説明も求めています。例えば，影響を受けるコミュニティとの否定的な関係は，事業者自身の事業を混乱させたり，評判を傷付けたりする可能性があります。その一方で，建設的な関係は，安定的で紛争のない事業や現地での採用のしやすさなど，事業上の利益をもたらす可能性があります。

(2) 他のESRSとの関連（ESRS S3.4〜5）

　S3は，ESRS 1「全般的要求事項」，S1「自社の従業員」，S3「バリューチェーン上の労働者」，S4「消費者およびエンドユーザー」との関連性が高く，併せて利用されることが求められます。

(3) 開示要件

　S3の開示要件は，ESRS 2「全般的開示事項」の開示要件と併せて利用される必要があります。報告領域ごとのS3とESRS 2の開示要件の違いについて，図表4-8-2に整理します。

　4つの報告領域のうち，まず「ガバナンス」の開示要件であるGOV-1〜GOV5と，「戦略」の開示要件であるSBM-1については，S3で特定の開示要件が示されていません。これらについては，ESRS 2の要求に従って説明する必要があります。

　一方，「戦略」のSBM-2とSBM-3については，S3の中で補足的な要求事項が示されています。この2つについては，ESRS 2での要求に加えて，S3での補足要求に従って説明しなければなりません。

　「インパクト，リスクおよび機会の管理」と「指標とターゲット」については，S3で固有の開示要件が示されています。それぞれの「最低限の開示要件」，

| 図表 4 - 8 - 2 | 報告領域ごとのS3とESRS 2の開示要件 |

固有開示の有無　　　　4つの報告領域	項目固有開示要件なし		項目固有開示要件あり
	補足要求なし	補足要求あり	
ガバナンス	GOV-1～GOV5		
戦略	SBM-1	SBM-2～3	
インパクト・リスク・機会の管理	IRO-1～2		S3-1～4
	MDR-P		
	MDR-A		
指標とターゲット	MDR-M		S3-5
	MDR-T		

出所：ESRS S3に基づき筆者作成

　すなわちMDR-P，MDR-A，MDR-MとMDR-Tの4者に加えて，S3で示された固有の開示要件について報告する必要があります。

　図表4-8-3は，S3で示されるESRS 2の開示要件の補足と，S3の固有の開示要件を報告領域ごとに示したものです。また，太枠で囲われている開示要件は社会（S）分野の全項目別基準に共通するものです。まず，当該課題に対処する「方針」を示し，当該課題の「（対象と）関わるプロセス」を説明します。そして「インパクト是正プロセスと懸念表明チャンネル」について明らかにし，「インパクトへの行動と有効性」についても説明します。続いて「インパクト，リスク，機会のターゲット」を提示します。この流れは社会（S）分野を通じて共通しています。

　さらに，各開示要件の説明の終わりには，当該開示要件に関連するGRIスタンダードの開示事項を示した対照表を付け加えてあります。GRIインデックスをベースにESRS報告をされる場合は参照ください。なお，この対照表はGRIが作成した“ESRS-GRI Standards data point mapping”に基づいて作成していますが，両者の開示事項の範囲が完全に一致しているわけではないことを了解ください。

第4章　項目別開示基準　　223

図表4-8-3　S3の開示要件の構成

戦略（SBM）	インパクト・リスク・機会のマネジメント（IRO）		指標とターゲット（MT）
SBM-2補足	S3-1「方針」	S3-3「インパクト是正プロセスと懸念表明チャンネル」	S3-5「インパクト，リスク，機会のターゲット」
SBM-3補足	S3-2「（対象と）関わるプロセス」	S3-4「インパクトへの行動と有効性」	

注：開示要件の表記は要約であり，本文中の表記とは異なります。
出所：ESRS S3に基づき筆者作成

① 戦略（SBM）

(i)　SBM-2補足（ESRS S3.7）

　ESRS 2におけるSBM-2「ステークホルダーの利害と見解」の開示要件の補足が示されます。この開示要件に対応する際，事業者は影響を受けるコミュニティの人権（該当する場合は先住民族としての権利）の尊重を含む，影響を受けるコミュニティの意見，利益，権利が，どのように戦略やビジネスモデルに反映されているかを開示しなければなりません。影響を受けるコミュニティは，影響を受けるステークホルダーの重要なグループであるからです。

図表4-8-4　S3 SBM-2補足に関連するGRIスタンダードの開示事項

SBM-2補足	該当する開示事項なし

出所：GRI，"ESRS-GRI Standards data point mapping"に基づき筆者作成

(ii)　SBM-3補足（ESRS S3.8〜11）

　ESRS 2におけるSBM-3「戦略およびビジネスモデルとの相互作用による，重大なインパクト，リスク，機会」の開示要件の補足が示されます。この開示要件に対応する際，事業者は事業によって重大なインパクトを受ける可能性のあるコミュニティの種類を簡単に説明し，それがESRS 2の開示範囲に含まれているかどうかを開示しなければなりません。具体的には図表4-8-5のよう

なコミュニティが想定されます。

| 図表4-8-5 | 影響を受けるコミュニティ |

(a)	事業者の事業所，工場，施設，その他の物理的な操業の周辺に居住または勤務する地域社会，あるいはそれらの事業所での活動によって（例えば，下流の水質汚染によって）影響を受けるコミュニティ
(b)	事業のバリューチェーンに沿った地域社会（例えば，サプライヤーの施設の運営や物流・流通業者の活動によって影響を受けるコミュニティ）
(c)	バリューチェーンの一方または両方の終点にあるコミュニティ（例えば，金属や鉱物の採掘地点や商品の収穫地点，あるいは廃棄物やリサイクルの現場周辺のコミュニティ）
(d)	先住民族のコミュニティ

出所：ESRS S3.9に基づき筆者作成

重大なマイナスのインパクトについて開示する場合，例えば，事業活動から有害廃棄物が河川に流出され，地域コミュニティの人々の清潔な飲料水へのアクセスを阻害するケース，あるいは，事業運営に対するコミュニティの平和的抗議運動が，事業者によって暴力的に抑えられたケースなどがあります。あるいは気候変動対策の一環として炭鉱を閉山したことによって，経済的インパクトが地域コミュニティに及んだケースが該当します。

一方，重大なプラスのインパクトについて開示する場合，事業者が地域コミュニティの住民に対して，より多くの，より新しい形態の地域生計を支援するための能力構築を行うケースがあります。

さらに，影響を受けるコミュニティへのインパクトと依存から生じる，事業にとっての重大なリスクと機会についても説明が必要です。

なお，S3の付録A「適用要件」には，コミュニティへのマイナスのインパクトと事業者の事業活動との関係について説明があります（ESRS E4.AR5～6）。まず，事業者の戦略やビジネスモデルが，コミュニティにマイナスのインパクトを及ぼすケースがあります。例えば，図表4-8-6のようなケースがありえます。

図表4-8-6　事業者の戦略・ビジネスモデルによるマイナスのインパクト

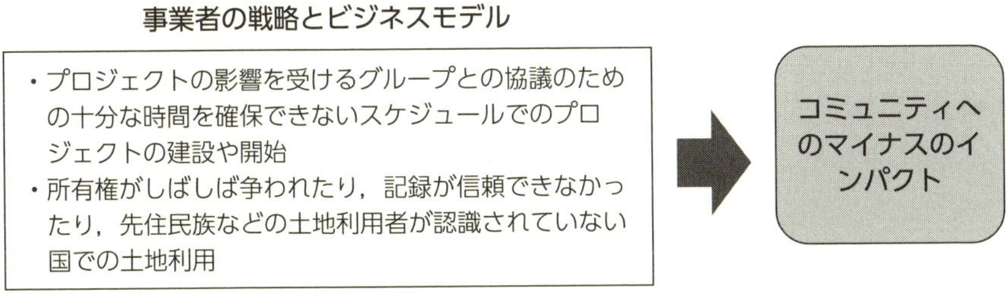

事業者の戦略とビジネスモデル

- プロジェクトの影響を受けるグループとの協議のための十分な時間を確保できないスケジュールでのプロジェクトの建設や開始
- 所有権がしばしば争われたり，記録が信頼できなかったり，先住民族などの土地利用者が認識されていない国での土地利用

コミュニティへのマイナスのインパクト

出所：ESRS S3.AR5に基づき筆者作成

あるいは，コミュニティのマイナスのインパクトへの対応が，事業に重大なリスクをもたらす可能性もあります。例えば，図表4-8-7のようなケースがありえます。

図表4-8-7　マイナスのインパクトへのコミュニティの対応と事業者のリスク

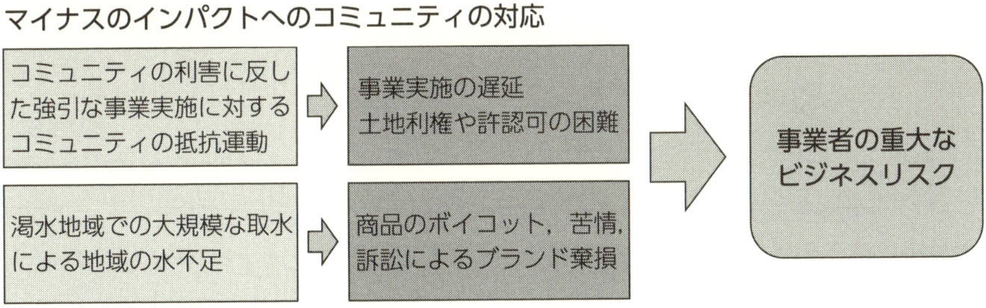

マイナスのインパクトへのコミュニティの対応

コミュニティの利害に反した強引な事業実施に対するコミュニティの抵抗運動	→	事業実施の遅延 土地利権や許認可の困難	→	事業者の重大なビジネスリスク
渇水地域での大規模な取水による地域の水不足	→	商品のボイコット，苦情，訴訟によるブランド棄損		

出所：ESRS S3.AR6に基づき筆者作成

図表4-8-8　S3 SBM-3に関連するGRIスタンダードの開示事項

SBM-3 補足	3-3-a, b	マテリアルな項目のマネジメント（インパクトと組織の関与等）
	413-2	地域コミュニティに著しいマイナスのインパクト（顕在的，潜在的）を及ぼす事業所

出所：GRI，"ESRS-GRI Standards data point mapping"に基づき筆者作成

② インパクト, リスクおよび機会の管理 (IRO)

(i) 開示要件S3-1：影響を受けるコミュニティに関する方針 (ESRS S3.12 ～18)

本要件において, 事業者は影響を受けるコミュニティへの重大なインパクトを管理するために設定した方針, および関連する重大なリスクと機会を説明しなければなりません。この要件の目的は, 特に影響を受けるコミュニティに対する重大なインパクトの特定, 評価, 管理, および／または是正に取り組む方針, ならびに影響を受けるコミュニティに関連する重大なリスクおよび機会を対象とする方針について, 事業者が理解できるようになることです。

事業者は, そのような方針が特定の影響を受けるコミュニティを対象としているのか, すべての影響を受けるコミュニティを対象としているのかを明記しなければなりません。また事業者は, 先住民族への影響を防止し, 対処するための特別な方針規定を開示しなければなりません。

さらに, 事業者は, 影響を受けるコミュニティに関する方針が, ビジネスと人権に関する国連指導原則を含む, 特にコミュニティと先住民族に関連する国際的に認知された基準に沿っているかどうか, またどのように沿っているかを開示しなければなりません。

図表4-8-9 S3-1に関連するGRIスタンダードの開示事項

S3-1	2-23	方針声明
	2-25	マイナスのインパクトの是正プロセス
	2-29	ステークホルダー・エンゲージメントへのアプローチ
	3-3-c, d	マテリアルな項目のマネジメント (措置と有効性の追跡)
	411-1	先住民族の権利を侵害した事例

出所：GRI, "ESRS-GRI Standards data point mapping" に基づき筆者作成

(ii) 開示要件S3-2：インパクトについて影響を受けるコミュニティと関わりを持つためのプロセス (ESRS S3.19～24)

事業者は, 影響を受けるコミュニティおよびその代表者と, 彼らに対する顕在的および潜在的なインパクトについて関わるための一般的なプロセスを開示

しなければなりません。

　この要件の目的は，事業者が，影響を受けるコミュニティ，その正当な代表者，または信頼できる代理人と，彼らに影響を与える，または与える可能性のある，重要な顕在的および潜在的なプラスおよび／またはマイナスのインパクトについて関わっているかどうか，また，影響を受けるコミュニティの視点が，事業者の意思決定プロセスにおいて考慮されているかどうか，またどのように考慮されているかを理解できるようになることです。

　具体的な開示項目としては以下が含まれます。

(a) 影響を受けるコミュニティやその正当な代表者と直接関わるか，あるいはコミュニティやその正当な代表者と関わるか，彼らの状況を洞察している信頼できる代理人と関わるか

(b) エンゲージメントが発生する段階，エンゲージメントのタイプ，エンゲージメントの頻度

(c) このエンゲージメントを確実に実施し，その結果を事業者のアプローチに反映させるための業務上の責任を有する事業者内の機能および最上位者の役割

(d) （該当する場合）事業者が影響を受けるコミュニティとの関わりの有効性をどのように評価するか

　特に，影響を受けるコミュニティが先住民族である場合，事業者は，以下の事項に関して，先住民族の自由意思に基づく事前のインフォームドコンセントの権利を含め，彼らの特別な権利をどのように考慮し，その尊重を確保するかについても開示しなければなりません。

ｉ．先住民族の文化的，知的，宗教的および精神的財産

ⅱ．先住民族の土地および領域に影響を及ぼす活動

ⅲ．先住民族に影響を及ぼす法律上または行政上の措置

　もしも事業者が，影響を受けるコミュニティと関わるための一般的なプロセ

スを採用していないため，上記の必要な情報を開示できない場合，その旨を開示しなければなりません。また，そのようなプロセスを導入することを目指す期間を開示することも可能です（任意開示）。

さらに，S3の付録A「適用要件」には，先住民族とのエンゲージメントについて追加的な説明があります（ESRS S3.AR13）。次のようなケースでは，影響を受ける先住民との，自由意志に基づく，事前に十分な情報を与えられた誠実な交渉をどのように進めるかについて，事業者は考慮しなければなりません。

- 先住民族が慣習的に所有し，占有し，または使用する土地，地域，資源に影響する場合
- 先住民族を，伝統的な所有権や慣習的な占有下にある土地や地域から移転させる場合
- 先住民族の文化的，知的，宗教的，精神的財産に影響する，あるいはこれを利用する場合

図表 4 - 8 - 10 S3-2に関連するGRIスタンダードの開示事項

S3-2	2-12	インパクトのマネジメントの監督における最高ガバナンス機関の役割
	2-29	ステークホルダー・エンゲージメントへのアプローチ
	3-3-f	マテリアルな項目のマネジメント（措置の有効性を評価する際のステークホルダーとのエンゲージメント）

出所：GRI，“ESRS-GRI Standards data point mapping”に基づき筆者作成

(ⅲ) 開示要件S3-3：マイナスのインパクトを是正するためのプロセス，および影響を受けたコミュニティが懸念を表明するためのチャンネル (ESRS S3.25～29)

本要件において，事業者は，その事業が引き起こす影響を受けるコミュニティへのマイナスのインパクトの改善を提供または協力するためのプロセス，

および影響を受けるコミュニティが懸念を提起し，それに対処してもらうために利用できる手段について説明することが求められます。

本要件の目的は，影響を受けるコミュニティが懸念やニーズを事業者に直接知らせることができる正式な手段，および／または事業者がその取引関係によってそのような手段を利用できるよう支援する手段，提起された問題に関してこれらのコミュニティとどのようにフォローアップが行われるか，そしてこれらの手段が有効かについて理解できるようになることです。

具体的な開示項目としては以下が含まれます。

(a) 事業者が，影響を受けるコミュニティに対して重大なマイナスのインパクトを引き起こした，またはその一因となったことを特定した場合，事業者が提供する救済策が効果的であると評価するかどうか，またその方法を含め，救済策を提供または貢献するための一般的なアプローチとプロセス

(b) 影響を受けるコミュニティが，事業者に直接懸念やニーズを提起し，それらに対処してもらうための具体的な手段

(c) 事業が取引関係を通じてそのようなチャンネルの利用可能性を支援するプロセス

(d) 提起され，対処された問題をどのように追跡・監視しているか，また，そのチャンネルの想定利用者であるステークホルダーの関与を含め，チャンネルの有効性をどのように確保しているか

なお，事業者が懸念を表明するためのチャンネルを採用していない，および／または，そのようなチャンネルが利用可能であることを取引関係によってサポートしていないため，上記の必要な情報を開示できない場合は，その旨を開示しなければなりません。また，そのようなチャンネルやプロセスを導入することを目指す期間を開示することも可能です（任意開示）。

さらに，S3の付録A「適用要件」には，影響を受けるコミュニティが懸念を表明するためのチャンネルの有効性を説明する際の留意点が示されています。図表4-8-11のとおりです。

図表4-8-11	懸念を表明するチャンネルの有効性を説明する際の留意点
(a)正当性	当該チャンネルは，公正な行動に対して適切な説明責任を果たし，ステークホルダーの信頼を構築することで，正当性を保持しているか
(b)アクセスのしやすさ	ステークホルダーが認識しており，アクセスしやすいチャンネルか
(c)明確なプロセス	チャンネルには明確で既知の手順があり，時間枠が設定され，プロセスが明確になっているか
(d)専門知識	情報源，助言，専門知識への合理的なアクセスが確保されているか
(e)透明性	チャンネルは，苦情申立人に十分な情報を提供することによって透明性を確保し，該当する場合には，利害関係にある公共の利益を満たすものであるか
(f)人権への合致	そのルートを通じて達成された成果は，国際的に認められた人権に合致しているか
(g)継続的学習	事業者は，チャンネルの改善と将来的な影響の予防の両方において，継続的な学習につながる洞察を特定しているか
(h)対話に重点	事業者は，一方的に結果を決定しようとするのではなく，合意された解決策に到達するための手段として，申立人との対話に重点を置いているか

出所：ESRS S3.AR24に基づき筆者作成

図表4-8-12		S3-3に関連するGRIスタンダードの開示事項
S3-3	2-25	マイナスのインパクトの是正プロセス
	2-26	助言を求める制度および懸念を提起する制度
	3-3	マテリアルな項目のマネジメント

出所：GRI，"ESRS-GRI Standards data point mapping"に基づき筆者作成

第4章 項目別開示基準 231

(iv) 開示要件S3-4：影響を受けるコミュニティに対する重大なインパクト
への行動，および影響を受けるコミュニティに関連する重大なリスクの緩
和と重大な機会の追求への取組み，およびそれらの行動の有効性（ESRS
S3.30～38)

本要件において，事業者は，影響を受けるコミュニティへの重大なインパク
トに対処するため，また影響を受けるコミュニティに関連する重大なリスクを
管理し，重大な機会を追求するために，どのように行動しているか，また，そ
れらの行動の有効性を開示することを求められます。

この要件の目的は，第1に，マイナスとプラスのインパクトに対処する上で，
事業が目指す行動やイニシアティブを理解することです。第2は，事業が，影
響を受けるコミュニティに関する重大なリスクに対処し，重大な機会を追求す
る方法を理解できるようになることです。

具体的な開示項目としては以下が含まれます。

(a) 影響を受けるコミュニティへの重大なマイナスのインパクトを防止ま
たは軽減するために取られた，計画された，または実施中の行動
(b) 顕在化した重大なインパクトに関して，救済を提供または可能にする
ための行動を取ったかどうか，またどのように取ったか
(c) 影響を受けるコミュニティにプラスのインパクトをもたらすことを主
目的とした，追加的な行動やイニシアティブ
(d) 被災コミュニティに意図した成果をもたらすために，これらの行動や
取組みの有効性をどのように追跡し，評価するのか

事業者は，重大なインパクトをどのように管理しているかを理解できるよう
な情報とともに，重大なインパクトの管理にどのような資源が割り当てられて
いるかを開示しなければなりません。

さらに，S4の付録A「適用要件」には，コミュニティに対するインパクト
と事業者との関わりについて追加的な説明があります（ESRS S3.AR26～27）。
事業者にとって何が適切な行動かは，事業者が重大なインパクトを引き起こす
か（cause），またはそれに寄与しているか（contribute），あるいは重大なイ

ンパクトが事業関係を通じて自社の事業，製品，サービスに直接関連している
か（directly linked）によって異なります。

　例えば，コミュニティに影響を及ぼす重大なマイナスのインパクトが，事業
者の直接的な支配の及ばない主体や事業に関連している場合，事業者は，それ
らの影響を管理するために，取引関係において梃子を使うことが可能です。そ
して，どのように梃子を使おうとしているかを開示することができます（任意
開示）。梃子には，次のようなケースが含まれます。

- 商業的な梃子（例えば，取引関係における契約上の要求事項の強制やイ
  ンセンティブの実施）
- 取引関係における他の形態の梃子（例えば，事業者が取引関係を有する
  事業者に対して，先住民族の権利に関する研修や能力構築を提供する
  等）
- 同業者や他の関係者との協力に基づく梃子（例えば，コミュニティに対
  する安全保障関連の影響を最小化することを目的としたイニシアティブ
  や，企業とコミュニティのパートナーシップへの参加等）

図表 4-8-13　S3-4に関連するGRIスタンダードの開示事項

S3-4	2-24	方針声明の実践
	2-25	マイナスのインパクトの是正プロセス
	3-3-d, e, f	マテリアルな項目のマネジメント（措置，有効性の追跡，ステークホルダーとのエンゲージメント等）
	203-1	インフラ投資および支援サービス
	203-2	著しい間接的な経済的インパクト
	411-1	先住民族の権利を侵害した事例
	413-1	地域コミュニティとのエンゲージメント，インパクト評価，開発プログラムを実施した事業所

出所：GRI，"ESRS-GRI Standards data point mapping"に基づき筆者作成

③ 指標とターゲット（MT）

(i) 開示要件S3-5：重大なマイナスのインパクトの管理，プラスのインパクトの推進，重大なリスクと機会の管理に関連するターゲット（ESRS S3.39〜42）

本要件では，事業者は，以下の事項に関して設定した，期限付きかつ成果志向のターゲットを開示しなければなりません。

> (a) 影響を受けるコミュニティへのマイナスのインパクトを軽減する
> (b) 影響を受けるコミュニティにプラスのインパクトをもたらす
> (c) 影響を受けるコミュニティに関する重大なリスクと機会を管理する

この開示要件の目的は，事業が，影響を受けるコミュニティに対する重大なマイナスのインパクトへの対応，および／または，プラスのインパクトの促進，および／または，影響を受けるコミュニティに関連する重大なリスクと機会の管理の進捗を推進し，測定するために，期限付きで成果志向のターゲットをどの程度使用しているかを理解できるようになることです。

事業者は，影響を受けるコミュニティ，その正当な代表者，または地域社会の状況に精通している信頼できる代理人と，事業者が直接関わったかどうか，またどのように関わったかを含め，ターゲットを設定するためのプロセスを開示しなければなりません。

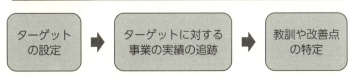

図表4-8-14 ターゲットの設定・追跡・改善点の特定（再掲）

出所：ESRS S3.42に基づき筆者作成

さらに，S3の付録A「適用要件」には，ターゲットの設定について追加的な説明があります（ESRS S3.AR13）。事業者は次の点に留意しつつ，ターゲットについて開示することが可能です（任意開示）。

(a) 影響を受けるコミュニティの生活において達成されるべき意図された成果を，可能な限り具体的に示すこと

(b) 時間の経過に伴う比較可能性を可能にするため，定義と方法論という点で，長期にわたって安定していること

(c) ターゲットの根拠となる参照基準やコミットメントは，報告の中で明確に定義されること（例えば，行動規範，調達方針，グローバルフレームワーク，業界規範など）

図表 4-8-15 S3-5に関連するGRIスタンダードの開示事項

| S3-5 | 3-3-e, f | マテリアルな項目のマネジメント（措置の追跡，有効性の評価の際のステークホルダーとのエンゲージメント） |

出所：GRI，"ESRS-GRI Standards data point mapping"に基づき筆者作成

第4章 項目別開示基準 235

第9節 S4「消費者とエンドユーザー」

(1) 目的（ESRS S4.1〜4）

S4「消費者とエンドユーザー」に関する基準を定める目的は，サステナビリティ報告の利用者が，自社の事業に関連する消費者やエンドユーザーに対する重大なインパクト，および関連する重大なリスクと機会を理解できるようにするための開示要件を規定することです。自社の従業員への重大なインパクトに関して，図表4-9-1に示される考察が求められます。

図表4-9-1 消費者とエンドユーザーへの重大なインパクト

(a)消費者とエンドユーザーへの影響	事業が，その製品および／またはサービスの消費者および／またはエンドユーザーに，重要なプラスおよびマイナスの顕在化したまたは潜在的なインパクトという観点から，どのような影響を与えるか
(b)マイナスのインパクトへの対応	顕在化した，または潜在的なマイナスのインパクトを防止，軽減，是正し，リスクと機会に対処するために取った行動とその結果
(c)リスクと機会の管理	事業の影響に関連する重大なリスクと機会の性質，種類および程度，さらに消費者やエンドユーザーへの依存，およびそのようなリスクと機会をどのように管理するか
(d)財務上の影響	事業が消費者および／またはエンドユーザーに与える影響と依存から生じる重大なリスクと機会が，短期，中期，長期にわたって事業に与える財務上の影響

出所：ESRS S4.1に基づき筆者作成

この目的を達成するため，本基準は，事業者が，その製品および／またはサービスに関連する消費者および／またはエンドユーザーに与える顕在化した，および潜在的な重大なインパクトを特定し，管理するために採る下記のアプローチの説明を求めています。

- (a) 消費者および／またはエンドユーザーに対する情報関連の影響（例えば，プライバシー，表現の自由，質の高い情報へのアクセスなど）
- (b) 消費者および／またはエンドユーザーの個人的な安全（例えば，健康と安全，人の安全，子供の保護）
- (c) 消費者および／またはエンドユーザーの社会的包摂（例えば，非差別，製品やサービスへのアクセス，責任あるマーケティング慣行）

　また，本基準は，このような影響や，事業者の消費者および／またはエンドユーザーへの依存が，事業者に重大なリスクや機会をどのように生み出しうるかについての説明も求めています。例えば，事業者の製品および／またはサービスに対する評判への否定的な影響は，事業者の業績にマイナスのインパクトを及ぼす可能性があります。その一方，製品および／またはサービスに対する信頼は，売上の増加や将来の消費者層の拡大といった事業上の利益をもたらす可能性があります。しかしながら，消費者およびエンドユーザーによる事業者の製品およびサービスの違法な使用または誤用は，本基準の適用範囲外となります。

(2) 他のESRSとの関連（ESRS S4.5〜6）

　S4と最も関連する基準は，ESRS 1，ESRS 2と並んで，S1「自社の従業員」，S2「バリューチェーン上の労働者」，S3「影響を受けるコミュニティ」であり，それぞれと併せて利用される必要があります。

(3) 開示要件

　S4の開示要件は，ESRS 2「全般的開示事項」の開示要件と併せて利用される必要があります。報告領域ごとのS4とESRS 2の開示要件の違いについて，図表4-9-2に整理します。

第4章　項目別開示基準　**237**

| 図表4-9-2 | 報告領域ごとのS4とESRS 2の開示要件 |

固有開示の有無／4つの報告領域	項目固有開示要件なし		項目固有開示要件あり
	補足要求なし	補足要求あり	
ガバナンス	GOV-1〜5		
戦略	SBM-1	SBM-2〜3	
インパクト・リスク・機会の管理	IRO-1〜2		S4-1〜4
	MDR-P		
	MDR-A		
指標とターゲット	MDR-M		S4-5
	MDR-T		

出所：ESRS S4に基づき筆者作成

　4つの報告領域のうち，「ガバナンス」の開示要件であるGOV-1〜GOV5と，「戦略」の開示要件であるSBM-1については，S4で特定の開示要件が示されていません。これらについては，ESRS 2の要求に従って説明する必要があります。

　一方，「戦略」のSBM-2とSBM-3については，S3の中で補足的な要求事項が示されています。この2つについては，ESRS 2での要求に加えて，S4での補足要求に従って説明しなければなりません。

　「インパクト，リスクおよび機会の管理」と「指標とターゲット」については，S4で固有の開示要件が示されています。それぞれの「最低限の開示要件」，すなわちMDR-P，MDR-A，MDR-MとMDR-Tの4者に加えて，S4で示された固有の開示要件について報告する必要があります。

　図表4-9-3は，S4で示されるESRS 2の開示要件の補足と，S4の固有の開示要件を報告領域ごとに示したものです。また，太枠で囲われている開示要件は社会（S）分野の全項目別基準に共通するものです。まず，当該課題に対処する「方針」を示し，当該課題の「（対象と）関わるプロセス」を説明します。そして「インパクト是正プロセスと懸念表明チャンネル」について明らかにし，「インパクトへの行動と有効性」についても説明します。続いて「インパクト，リスク，機会のターゲット」を提示します。この流れは社会（S）分野を通じて共通しています。

図表 4 - 9 - 3　S4の開示要件の構成

戦略（SBM）	インパクト・リスク・機会のマネジメント（IRO）		指標とターゲット（MT）
SBM-2 補足	S4-1「方針」	S4-3「インパクト是正プロセスと懸念表明チャンネル」	S4-5「インパクト，リスク，機会のターゲット」
SBM-3 補足	S4-2「（対象と）関わるプロセス」	S4-4「インパクトへの行動と有効性」	

注：開示要件の表記は要約であり，本文中の表記とは異なります。
出所：ESRS S4に基づき筆者作成

さらに，各開示要件の説明の終わりには，当該開示要件に関連するGRIスタンダードの開示事項を示した対照表を付け加えてあります。GRIインデックスをベースにESRS報告をされる場合は参照ください。なお，この対照表はGRIが作成した "ESRS-GRI Standards data point mapping" に基づいて作成していますが，両者の開示事項の範囲が完全に一致しているわけではないことを了解ください。

①　戦略（SBM）

（i）　SBM-2補足（ESRS S4.8）

ESRS 2におけるSBM-2「ステークホルダーの利害と見解」の開示要件の補足が示されます。この開示要件に対応する際，事業者は，消費者および／またはエンドユーザーの人権尊重を含む利益，見解および権利が，その戦略およびビジネスモデルにどのように反映されているかを開示しなければなりません。消費者やエンドユーザーは，影響を受けるステークホルダーの重要なグループだからです。

図表 4 - 9 - 4　S4 SBM-2補足に関連するGRIスタンダードの開示事項

SBM-2 補足	該当する開示事項なし

出所：GRI， "ESRS-GRI Standards data point mapping" に基づき筆者作成

第4章 項目別開示基準 **239**

(ii) SBM-3補足 (ESRS S4.9～12)

ESRS 2におけるSBM-3「戦略およびビジネスモデルとの相互作用による，重大なインパクト，リスク，機会」の開示要件の補足が示されます。この要件に対応する際，事業者は，消費者および/またはエンドユーザーへの顕在化したおよび潜在的なインパクトが，(i)事業の戦略およびビジネスモデルに由来あるいは関連するか，(ii)事業の戦略およびビジネスモデルの適応に貢献するかについて説明する必要があります。さらに，消費者および／またはエンドユーザーへのインパクトおよび依存から生じる重大なリスクおよび機会と，その戦略およびビジネスモデルとの関係についても説明が必要です。

事業者は，その製品またはサービスおよび取引関係を含む，事業者自身の事業およびバリューチェーンに関連するインパクトを含め，事業によって重大なインパクトを受ける可能性のあるすべての消費者および／またはエンドユーザーについて，下記を説明しなければなりません。

(a) 自社の事業によって，あるいはバリューチェーンを通じて，消費者および／またはエンドユーザーが重大なインパクトを受けるケースの種別

   i．本来人に有害であり，かつ／または慢性疾患のリスクを増大させる製品を消費するケース

   ii．プライバシー権，個人情報保護権，表現の自由，非差別権にマイナスのインパクトを及ぼす可能性のあるサービスを利用するケース

   iii．マニュアルや製品ラベルなど，製品またはサービスに関連する情報が正確でアクセス可能であるため，製品またはサービスの有害な可能性のある使用を避けることができるケース

   iv．子供や経済的に弱い立場にある人など，健康やプライバシーへの影響，あるいはマーケティングや販売戦略による影響に対して特に弱い立場にある消費者やエンドユーザーが存在するケース

(b) 重大なマイナスのインパクトの場合，ⅰその事業が製品またはサービスを販売または提供する文脈において広範または体系的であるか（例

えば、サービス利用者のプライバシーに影響を及ぼす国家の監視)、または(ii)個々の事例(例えば、特定の製品に関連する欠陥)または特定の取引関係に関連しているか(例えば、ビジネスパートナーが若年消費者を不適切にターゲットにしたマーケティングを行う)

(c) 重要なプラスのインパクトの場合、プラスのインパクトをもたらす活動(例えば、障害者のアクセシビリティを向上させる製品設計)と、プラスのインパクトを受けるか、またはプラスのインパクトを受ける可能性のある消費者および/またはエンドユーザーの種類の簡単な説明

(d) 消費者および/またはエンドユーザーへの影響と依存から生じる、事業にとっての重大なリスクと機会

なお、S4の付録A「適用要件」では、戦略やビジネスモデルに起因する消費者やエンドユーザーへのインパクトが、事業者に重大なリスクをもたらす可能性について具体的な例示があります(ESRS S4.AR6)。例えば、事業者のビジネスモデルが、ある製品やサービス(例えばクレジットカードや鎮痛剤)を大量かつ迅速に販売するよう販売員にインセンティブを与えるものであり、その結果、消費者に大規模な損害を与えた場合、事業者は訴訟や風評被害に直面し、将来の事業や信用に影響を及ぼす可能性があります。

図表4-9-5 事業者の戦略とビジネスモデルに起因するリスクの例

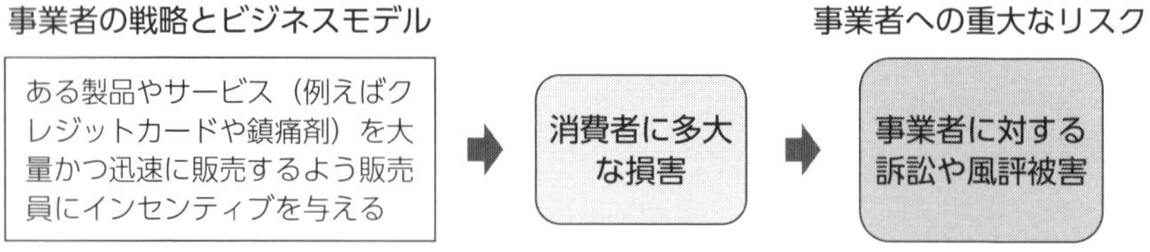

事業者の戦略とビジネスモデル		事業者への重大なリスク
ある製品やサービス(例えばクレジットカードや鎮痛剤)を大量かつ迅速に販売するよう販売員にインセンティブを与える	消費者に多大な損害 ➡	事業者に対する訴訟や風評被害

出所:ESRS S4.AR6に基づき筆者作成

第4章　項目別開示基準　　241

図表４-９-６		S4 SBM-3補足に関連するGRIスタンダードの開示事項
SBM-3補足	3-3-a, b	マテリアルな項目のマネジメント（インパクトと組織の関与）

出所：GRI, "ESRS-GRI Standards data point mapping" に基づき筆者作成

②　インパクト，リスクおよび機会の管理（IRO）

（i）　開示要件S4-1：消費者・エンドユーザーに関する方針（ESRS S4.13～17）

　本要件において，事業者は，製品および／またはサービスが消費者およびエンドユーザーに与える重大なインパクト，ならびに関連する重大なリスクと機会を管理するために設定した方針を説明しなければなりません。この要件の目的は，事業者が，特に消費者および／またはエンドユーザーに対する重大なインパクトの特定，評価，管理および／または是正に取り組む方針，ならびに消費者および／またはエンドユーザーに関連する重大なリスクまたは機会を対象とする方針をどの程度持っているかを理解できるようになることです。

　事業者は，消費者および／またはエンドユーザーに関連する重大なインパクト，リスクおよび機会を管理するための方針に関する情報を開示しなければなりません。さらに，事業者は，そのような方針が特定のグループを対象としているのか，すべての消費者および／またはエンドユーザーを対象としているのかを明記しなければなりません。

　開示においては，下記の事項に焦点を当てなければなりません。

（a）　消費者および／またはエンドユーザーの人権の尊重

（b）　消費者および／またはエンドユーザーとのエンゲージメント

（c）　人権への影響に対する救済を提供または可能にするための措置

　さらに，事業者は，消費者および／またはエンドユーザーに関する方針が，国連「ビジネスと人権に関する指導原則」を含む，消費者および／またはエンドユーザーに関連する国際的に認知された文書と整合しているかどうか，また

どのように整合しているかを開示しなければなりません。

図表 4 - 9 - 7 S4-1に関連するGRIスタンダードの開示事項

S4-1	2-23	方針声明
	2-25	マイナスのインパクトの是正プロセス
	2-29	ステークホルダー・エンゲージメントへのアプローチ
	3-3-d	マテリアルな項目のマネジメント（措置の記載等）

出所：GRI, "ESRS-GRI Standards data point mapping" に基づき筆者作成

(ii) 開示要件S4-2：インパクトについて消費者およびエンドユーザーと関わりを持つためのプロセス（ESRS S4.18〜22)

事業者は，消費者，エンドユーザーおよびその代理人に対し，彼らに対する実際および潜在的なインパクトについて関与するための一般的なプロセスを開示しなければなりません。

この開示要件の目的は，事業者が消費者および／またはエンドユーザー，その正当な代理人，または信頼できる代理人と，彼らに影響を与える，または与える可能性のある，重要な実際および潜在的なプラスおよび／またはマイナスのインパクトについて，どのように関わっているか，また，事業者の意思決定プロセスにおいて，消費者および／またはエンドユーザーの視点がどのように考慮されているかを理解できるようになることです。

具体的な開示項目としては以下が含まれます。

(a) エンゲージメントが，影響を受ける消費者および／またはエンドユーザー，またはその正当な代表者と直接行われるか，または彼らの状況を理解する信頼できる代理人と行われるかどうか

(b) エンゲージメントが発生する段階，エンゲージメントのタイプ，エンゲージメントの頻度

(c) このエンゲージメントを確実に実施し，その結果を事業者のアプローチに反映させるための業務上の責任を負う，事業者内の機能および最上位者の役割

第4章　項目別開示基準　243

(d) （該当する場合）事業者が消費者および／またはエンドユーザーとの
　　 エンゲージメントの有効性をどのように評価するか，また，関連する
　　 場合，そのようなエンゲージメントから生じる合意または成果

　また，該当する場合，事業者は，影響に対して特に脆弱であり，疎外されて
いる可能性のある消費者および／またはエンドユーザー（例えば，障害者，子
供など）の視点を理解するためにとる手段を開示しなければなりません。
　もしも，事業者が消費者および／またはエンドユーザーと関わる一般的なプ
ロセスを採用していないため，上記の必要な情報を開示できない場合は，その
旨を開示しなければなりません。また，そのようなプロセスを導入することを
目指す期間を開示することも可能です（任意開示）。

図表４-９-８　S4-2に関連するGRIスタンダードの開示事項

S4-2	2-12	インパクトのマネジメントの監督における最高ガバナンス機関の役割
	2-29	ステークホルダー・エンゲージメントへのアプローチ
	3-3-f	マテリアルな項目のマネジメント（措置の有効性の評価の際のステークホルダーとのエンゲージメント等）

出所：GRI，"ESRS-GRI Standards data point mapping"に基づき筆者作成

(iii) **開示要件S4-3：マイナスのインパクトを是正するためのプロセス，お
　　 よび消費者とエンドユーザーが懸念を表明するためのチャンネル（ESRS
　　 S4.23〜27）**
　本要件において，事業者は，関係する消費者およびエンドユーザーへのマイ
ナスのインパクトの改善を提供または協力するためのプロセス，ならびに消費
者およびエンドユーザーが懸念を提起し，対処してもらうために利用できる手
段を説明することが求められます。
　本開示要件の目的は，消費者および／またはエンドユーザーが事業者に直接
懸念やニーズを知らせることができる正式な手段，および／または事業者がそ

の取引関係によってそのような手段（例えば苦情処理メカニズム）の利用可能性を支援する手段，提起された問題に関する消費者および／またはエンドユーザーへのフォローアップの実施方法，およびこれらの手段の有効性を理解できるようになることです。

　具体的な開示項目としては以下が含まれます。

(a)　事業者が，消費者および／またはエンドユーザーに重大なマイナスのインパクトを与えた，または与えた一因となったことを特定した場合，事業者が提供する救済策が効果的であると評価するかどうか，およびどのように評価するかを含む，救済策を提供または貢献するための一般的なアプローチおよびプロセス

(b)　消費者および／またはエンドユーザーが，事業者に直接懸念やニーズを提起し，それらに対処してもらうために，事業者自身によって，および／または第三者メカニズムへの参加を通じて確立されたものであるかどうかを含め，事業者が設けている特定のチャンネル

(c)　事業がその取引関係を通じて，そのようなチャンネルの利用可能性を支援し，または要求するプロセス

(d)　提起され，対処された問題をどのように追跡・監視しているのか，また，意図された利用者であるステークホルダーの関与を含め，どのようにチャンネルの有効性を確保しているのか

　もしも，事業者が，懸念を表明するためのチャンネルを採用していない，および／または，取引関係によるメカニズムの利用を支援していないため，上記の必要な情報を開示できない場合は，その旨を開示しなければなりません。また，そのようなチャンネルやプロセスを導入することを目指す期間を開示することも可能です（任意開示）。

　なお，ESRS S4の付録A「適用要件」には，懸念やニーズを提起するためのチャンネルについて補足説明があります。本付録での説明によると，こうしたチャンネルには，苦情処理メカニズム，ホットライン，対話プロセス，あるいは消費者および／またはエンドユーザーもしくはその正当な代理人が，影響に

関する懸念を提起し，事業者に対処してもらいたいニーズを説明できるその他の手段が含まれます。事業者が直接提供する手段と，事業者の取引先から提供される手段の双方がありえます。

　懸念を表明するためのチャンネルの有効性を説明する際，事業者は図表4-9-9の留意点にそって説明することが可能です（任意開示）。

図表4-9-9 懸念を表明するチャンネルの有効性についての留意点

(a)正当性	チャンネルは，公正な行動に対して適切な説明責任を果たし，ステークホルダーの信頼を構築することで，正当性を保持しているか
(b)アクセスの容易さ	ステークホルダーが知っていて，アクセスしやすいチャンネルか
(c)プロセスの明確さ	チャンネルは，既知の手順，決められた時間枠，明確なプロセスを持っているか
(d)専門知識へのアクセス	情報源，助言，専門知識への合理的なアクセスが確保されているか
(e)透明性の確保	チャンネルは，苦情申立人に十分な情報を提供することで透明性を確保し，該当する場合には，利害関係にある公共の利益を満たすか
(f)国際的人権	国際的に認知された人権に合致しているか
(g)継続的学習	事業者は，チャンネルから得られた洞察を特定し，チャンネルの改善と将来のインパクトの防止の両面で，継続的な学習に役立てているか
(h)対話に重点	事業が，一方的に結果を決定しようとするのではなく，合意された解決策に到達するための手段として，申立人との対話に重点を置いているか

出所：ESRS S4.AR24に基づき筆者作成

246

図表4-9-10	S4-3に関連するGRIスタンダードの開示事項

S4-3	2-25	マイナスのインパクトの是正プロセス
	3-3	マテリアルな項目のマネジメント
	418-1	顧客プライバシーの侵害および顧客データの紛失に関して具体化した不服申立て

出所：GRI，"ESRS-GRI Standards data point mapping"に基づき筆者作成

(iv) 開示要件S4-4：消費者およびエンドユーザーに対する重大なインパクトへの行動，および消費者およびエンドユーザーに関連する重大なリスクの緩和と重大な機会の追求への取組み，およびそれらの行動の有効性（ESRS S4.28～37）

本要件において，消費者やエンドユーザーへの重大なインパクトに対処するために，また，消費者やエンドユーザーに関連する重大なリスクを管理し，重大な機会を追求するために，どのように行動しているか，また，それらの行動の有効性を開示することを求められます。

この要件の目的は，第1に，消費者とエンドユーザーへのプラスとマイナスの重大なインパクトに関し，事業者が目指す行動やイニシアティブを理解できるようになること，第2に，事業者が消費者とエンドユーザーに関連する重大なリスクに対処し，重大な機会を追求している方法を理解できるようになることです。

重大なインパクトへの対応に関する具体的な開示項目としては以下が含まれます。

(a) 消費者および／またはエンドユーザーに対する重大なマイナスのインパクトを防止，軽減，または是正するために実施，計画，または実施中の措置

(b) 顕在化した重大なインパクトに関して，救済を提供または可能にするための行動を取ったかどうか，またどのように取ったか

(c) 消費者および／またはエンドユーザーの社会的成果の向上に積極的に貢献することを主目的とした，追加的な行動やイニシアティブ

(d)　消費者および／またはエンドユーザーに意図した成果をもたらす上で，これらの行動やイニシアティブの有効性をどのように追跡し，評価するか

　一方，重大なリスクと機会に関して，事業者は以下の事項を説明しなければなりません。

(a)　消費者および/またはエンドユーザーへのインパクトおよび依存から生じる事業者の重大なリスクを軽減するために計画されている，または実施中の行動とその有効性の追跡方法
(b)　消費者および／またはエンドユーザーに関連する事業者の重大な機会を追求するために，計画されている，または実施中の行動

　なお，S4の付録A「適用要件」には，重大なインパクトと事業者との関係について補足的な説明があります（ESRS S4.AR26～27）。本付録での説明によると，重大なインパクトに対する事業者の行動は，事業者自身がこれを引き起こすか，またはそれに寄与しているか，あるいは事業関係を通じて自社の事業，製品，サービスに直接関連しているかどうかによって異なります。
　重大なマイナスのインパクトが，事業者の直接的な管理外の業務に関連している場合，それらの影響を管理するために，取引関係の梃子を使おうとしているかどうか，またどのように使おうとしているかを開示することができます（任意開示）。こうした梃子としては次が含まれます。

- 商業的な梃子（例えば，取引関係者との契約要件の実施やインセンティブの実施）
- 取引関係内での他の形態の梃子（例えば，取引関係者への適切な製品使用や販売慣行に関する研修や能力構築の提供）
- 同業者や他の関係者との協力に基づく梃子（責任あるマーケティングや製品安全を目的としたイニシアティブなど）

さらに，行動の有効性を追跡するために使用されるプロセスには，内部また
は外部の監査または検証，裁判手続および／または関連する裁判判決，影響評
価，測定システム，ステークホルダーからのフィードバック，苦情処理メカニ
ズム，外部パフォーマンス評価，ベンチマーキングなどが含まれます（ESRS
S4.AR31）。

図表 4 - 9 -11 S4-4に関連するGRIスタンダードの開示事項

S4-4	2-24	方針声明の実践
	2-25	マイナスのインパクトの是正プロセス
	3-3- a, b, d, e, f	マテリアルな項目のマネジメント（インパクトと組織の関与，措置の追跡，有効性の評価の際のステークホルダーとのエンゲージメント等）
	203-2	著しい間接的な経済的インパクト
	416-2	製品およびサービスの安全衛生インパクトに関する違反事例
	417-2	製品およびサービスの情報とラベリングに関する違反事例
	417-3	マーケティング・コミュニケーションに関する違反事例
	418-1	顧客プライバシーの侵害および顧客データの紛失に関して具体化した不服申立て

出所：GRI，"ESRS-GRI Standards data point mapping"に基づき筆者作成

③ 指標とターゲット（MT）

（ⅰ）開示要件S4-5：重大なマイナスのインパクトの管理，プラスのインパクトの推進，重大なリスクと機会の管理に関連するターゲット（ESRS
S4.38～41）

本要件では，事業者は，以下の事項に関して設定した，期限付きかつ成果志
向のターゲットを開示しなければなりません。

(a) 消費者および／またはエンドユーザーへのマイナスのインパクトを軽減する
(b) 消費者および／またはエンドユーザーにプラスのインパクトをもたらす
(c) 消費者および／またはエンドユーザーに関連する重大なリスクと機会を管理する

　この要件の目的は，事業者が，消費者および／またはエンドユーザーに対する重大なマイナスのインパクトへの対応，および／またはプラスのインパクトの促進，および／または消費者および／またはエンドユーザーに関連する重大なリスクと機会の管理を推進し，測定するために，期限付きかつ成果志向のターゲットをどの程度使用しているかを理解できるようになることです。

　事業者は，事業者が消費者および／またはエンドユーザー，その正当な代表者，または消費者および／またはエンドユーザーの状況を理解する信頼できる代理人と直接関わったかどうか，およびどのように関わったかを含め，ターゲット設定のプロセスを開示しなければなりません。

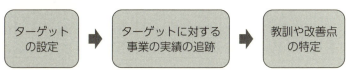

図表4-9-12　ターゲットの設定・追跡・改善点の特定（再掲）

出所：ESRS S4.41に基づき筆者作成

　消費者および／またはエンドユーザーに関するターゲットを開示する場合，事業者は次の点に留意することが求められます。

(a) 消費者および／またはエンドユーザーの生活において達成されるべき意図された成果を，可能な限り具体的に示すこと

（b）　時間の経過に伴う比較可能性を可能にするため，定義と方法論という点で，長期にわたって安定していること

（c）　ターゲットの根拠となる参照基準やコミットメントは，報告の中で明確に定義されること（例えば，行動規範，調達方針，グローバルフレームワーク，業界規範など）

図表 4 - 9 - 13 S4-5に関連するGRIスタンダードの開示事項

S4-5	3-3-e, f	マテリアルな項目のマネジメント（措置の追跡，有効性の評価の際のステークホルダーとのエンゲージメント等）

出所：GRI, "ESRS-GRI Standards data point mapping" に基づき筆者作成

第4章 項目別開示基準　251

第10節　G1「企業行動」

(1)　目的（ESRS G1.1〜2）

　G1「企業行動」の目的は，事業者のサステナビリティ報告の利用者が，事業者の戦略とアプローチ，プロセスと手順，企業行動に関する実績を理解できるような開示要求事項を規定することです。G1は，以下の事項に焦点を当てています。

(a)　腐敗防止，贈収賄防止，内部告発者の保護，動物愛護を含む企業倫理と企業文化

(b)　支払慣行，特に中小企業への支払遅延に関するものなど，サプライヤーとの関係管理

(c)　ロビー活動を含む，政治的影響力の行使に関連する事業の活動およびコミットメント

---

(2)　他のESRSとの関連（ESRS G1.3）

　G1の開示事項は，インパクト，リスクおよび機会の管理，指標とターゲットに関する情報とともに，ESRS 1「全般的要求事項」，およびESRS 2「全般的開示事項」と併せて利用される必要があります。

(3)　開示要件

　G1の開示要件は，ESRS 2「全般的開示事項」の開示要件と併せて利用される必要があります。　報告領域ごとのG1とESRS 2の開示要件の違いについて，図表4-10-1に整理します。

| 図表 4 -10- 1 | 報告領域ごとのG1とESRS 2の開示要件 |

固有開示の有無 4 つの報告領域	項目固有開示要件なし		項目固有開示 要件あり
	補足要求なし	補足要求あり	
ガバナンス	GOV-2〜5	GOV-1	
戦略	SBM-1〜3		
インパクト・リスク・機会 の管理	IRO-2	IRO-1	G1-1〜3
	MDR-P		
	MDR-A		
指標とターゲット	MDR-M		G1-4〜6
	MDR-T		

出所：ESRS G1に基づき筆者作成

4つの報告領域のうち，まず「ガバナンス」の開示要件であるGOV-1〜GOV5の中で，GOV-1については，G1の中で補足的な要求事項が示されています。GOV-1については，ESRS 2での要求に加えて，G1での補足要求に従って説明しなければなりません。一方「戦略」の開示要件であるSBM-1〜SBM-3については，G1における特定の開示要件が示されていません。これらについては，ESRS 2の要求に従って説明する必要があります。

続いて，「インパクト，リスクおよび機会の管理」の開示要件については，IRO-1についてG1で補足的な要求事項が示されています。GOV-1と同様に，この補足的要求事項に従って報告する必要があります。IRO-2については補足的な要求事項はなくESRS 2での要求に従って説明します。さらに，G1でG1-1〜G1-3までの3つの固有の開示要件が示されています。「最低限の開示要件」であるMDR-PとMDR-Aに加えて，これらの固有の開示要件についても報告しなければなりません。

「指標とターゲット」についても，G1でG1-4〜G1-6という3つの固有の開示要件が示されています。ここでも「最低限の開示要件」であるMDR-MとMDR-Tに加えて，この3つの固有の開示要件について報告する必要があります。

図表4-10-2は，G1で示されるESRS 2の開示要件の補足と，G1の固有の開示要件を報告領域ごとに示したものです。

第4章 項目別開示基準　253

図表 4-10-2　G1の開示要件の構成

ガバナンス (GOV)	インパクト・リスク・機会のマネジメント (IRO)		指標とターゲット (MT)	
GOV-1 補足	IRO-1 補足	G1-2「サプライヤーとの関係」	G1-4「腐敗と贈収賄の事例」	G1-6「支払実務」
	G1-1「方針と文化」	G1-3「腐敗と賄賂の防止」	G1-5「ロビー活動」	

注：開示要件の表記は要約であり，本文中の表記とは異なります。
出所：ESRS G1に基づき筆者作成

　さらに，各開示要件の説明の終わりには，当該開示要件に関連するGRIスタンダードの開示事項を示した対照表を付け加えてあります。GRIインデックスをベースにESRS報告をされる場合は参照ください。なお，この対照表はGRIが作成した"ESRS-GRI Standards data point mapping"に基づいて作成していますが，両者の開示事項の範囲が完全に一致しているわけではないことを了解ください。

① ガバナンス（GOV）

(i) GOV-1補足（ESRS G1.5）

　ESRS 2におけるGOV-1「管理，経営および監督機関の役割」の開示要件の補足が示されます。この開示要件に対応するにあたり，事業者は，管理，経営，監督機関の役割に関する情報を開示する際に以下の側面を網羅しなければなりません。

(a) 企業行動に関する事業の管理，管理，監督機関の役割

(b) 企業行動に関する事業の管理，管理，監督機関の専門知識

| 図表4-10-3 | G1 GOV-1補足に関連するGRIスタンダードの開示事項 |

GOV-1 補足	2-9	ガバナンス構造と構成
	2-12	インパクトのマネジメントの監督における最高ガバナンス機関の役割

出所：GRI，"ESRS-GRI Standards data point mapping"に基づき筆者作成

② インパクト，リスクおよび機会の管理（IRO）

(i) IRO-1補足（ESRS G1.6）

ESRS 2におけるIRO-1「重大なインパクト，リスクおよび機会を特定し，評価するプロセスの記述」の開示要件の補足が示されます。この開示要件に対応するにあたり，事業者は，事業活動に関連する重大なインパクト，リスク，機会を特定するプロセスを説明する際，場所，活動，部門，取引の構造など，プロセスで使用したすべての関連するクライテリアを開示しなければなりません。

| 図表4-10-4 | G1 IRO-1補足に関連するGRIスタンダードの開示事項 |

IRO-1 補足	該当する開示事項なし

出所：GRI，"ESRS-GRI Standards data point mapping"に基づき筆者作成

(ii) 開示要件G1-1：企業行動方針および企業文化（ESRS G1.7〜11）

本要件において，事業者は，企業行動に関する方針と，企業文化をどのように醸成しているかを開示しなければなりません。この開示の目的は，事業者が，企業行動上の問題に関連する重大なインパクト，リスク，機会の特定，評価，管理，および／または是正に取り組む方針をどの程度持っているかを理解できるようになることです。また，企業文化に対する事業者のアプローチを理解することも目的としています。

ここでの開示は，企業行動の方針に関して，図表4-10-5に示される事項を対象としています。

第4章　項目別開示基準　255

図表4-10-5　企業行動方針に関する開示事項

(a)違法行為の特定と報告	違法行為または行動規範もしくは類似の社内規則に反する行為に関する懸念を特定し，報告し，調査するための仕組みの説明，および社内外のステークホルダーからの報告に対応しているかどうか
(b)方針がない場合の対応	事業者が，国連腐敗防止条約に合致した腐敗防止または贈収賄防止に関する方針を有していない場合，その旨と，それを実施する計画の有無，および実施スケジュール
(c)内部告発者の保護の方法	ⅰ．内部通報ルートの確立に関する詳細。これには，事業者が自社の従業員に対する情報提供や研修を行っているかどうか，通報を受けるスタッフの指名や研修に関する情報などが含まれる ⅱ．内部告発者である自社の労働者を報復から保護するための措置
(d)内部告発者の保護がない場合の対応	事業者が内部告発者の保護に関する方針を定めていない場合，その旨，実施計画の有無，実施スケジュール
(e)内部告発をフォローし事件を調査する手段	内部告発者による通報をフォローアップする手順を越えて，事業者が，腐敗・贈収賄事件を含む事業行為事件を，迅速，独立的かつ客観的に調査する手順
(f)動物福祉への方針	(該当する場合) 事業が動物福祉に関する方針を定めているかどうか
(g)企業行動に関する研修	研修の対象者，頻度，対象範囲の程度を含む，企業行動に関する組織内の研修に関する事業者の方針
(h)リスクが高い部門	腐敗および贈収賄に関して最もリスクの高い事業者内の部門

出所：ESRS G1.10に基づき筆者作成

図表4-10-6　G1-1に関連するGRIスタンダードの開示事項

G1-1	2-16	重大な懸念事項の伝達
	2-23	方針声明
	2-24	方針声明の実践
	2-26	助言を求める制度および懸念を提起する制度

出所：GRI，"ESRS-GRI Standards data point mapping" に基づき筆者作成

(iii) **開示要件G1-2：サプライヤーとの関係の管理（ESRS G1.12～15）**

本要件において，事業者はサプライヤーとの関係の管理およびサプライチェーンへの影響に関する情報を提供しなければなりません。この要件の目的は，サプライヤーとの公正な行動を含む，事業者の調達プロセスの管理を理解できる情報を提供することです。

事業者は，特に中小企業に対して，支払遅延を防止するための方針を説明しなければなりません。具体的には次の情報の開示が含まれます。

(a) サプライチェーンに関連する事業者のリスクとサステナビリティ事項への影響を考慮した，サプライヤーとの関係に対する事業者のアプローチ

(b) サプライヤーの選定において，社会的および環境的基準を考慮しているかどうか，またどのように考慮しているか

さらに，G1付録A「適用要件」には，事業者のサプライヤーとの関係の管理について補足的説明があります。両者の関係をマネジメントする際には，図表4-10-7の点について考慮することが可能です（任意開示）。

図表4-10-7　サプライヤーとの関係のマネジメントの際の留意点

(a)	サプライチェーンの途絶のインパクトを回避または最小化する活動を含む事業者の実務が，どのように事業者の戦略とリスクマネジメントを支えているか
(b)	取引先との関与と対話に関する，調達／サプライチェーン担当者に対する研修，およびインセンティブ
(c)	サプライヤーの社会的および環境的パフォーマンスのスクリーニングと評価
(d)	地元に根ざしたサプライヤーのサプライチェーンへの包摂
(e)	脆弱なサプライヤーへの対処
(f)	サプライヤーとのコミュニケーションとの関係の管理に関する事業のターゲットと行動
(g)	サプライヤー訪問，監査，調査などの実践の成果の評価

出所：ESRS G1.AR2に基づき筆者作成

第4章　項目別開示基準　**257**

図表4-10-8　G1-2に関連するGRIスタンダードの開示事項

G1-2	3-3-a〜f	マテリアルな項目のマネジメント（インパクトと組織の関与，措置および有効性の追跡，評価の際のステークホルダーとのエンゲージメント等）
	204-1	地元サプライヤーへの支出の割合
	308-1	環境基準により選定した新規サプライヤー
	414-1	社会的基準により選定した新規サプライヤー

出所：GRI，"ESRS-GRI Standards data point mapping"に基づき筆者作成

(iv)　開示要件G1-3：腐敗・賄賂の防止と発見（ESRS G1.16〜21）

　本要件において，事業者は，腐敗および贈収賄に関連する疑惑や事件を予防・発見し，調査し，対応するためのシステムに関する情報を，関連する研修を含めて提供しなければなりません。この開示の目的は，腐敗や贈収賄に関する申立てを防止，検出，対処するための事業の主要な手順について透明性を提供することです。これには，従業員に提供される研修，および／または社内やサプライヤーに提供される情報が含まれます。

　具体的には次の情報の開示が含まれます。

(a) 腐敗および贈収賄の疑惑または事件を防止，検出，および対処するための手順の説明

(b) 調査員または調査委員会が，当該問題に関与する経営陣から独立しているかどうか

(c) 事業の管理，管理，監督機関に結果を報告するプロセス

　もしも，事業者がそのような手続を導入していない場合，その事実を開示し，該当する場合は導入計画を開示しなければなりません。

　また，腐敗防止に関する研修に関しては以下の情報が必要です。

(a) 事業者が提供または要求する腐敗防止および贈収賄防止研修プログラムの性質，範囲，深度
(b) 研修プログラムによって対象とされる高リスク部門の割合
(c) 管理，経営，監督機関のメンバーに対する研修の程度

図表4-10-9　G1-3に関連するGRIスタンダードの開示事項

G1-3	2-13	インパクトのマネジメントに関する責任の移譲
	2-16	重大な懸念事項の伝達
	2-26	助言を求める制度および懸念を提起する制度
	3-3-d	マテリアルな項目のマネジメント（措置の記載等）
	205-1	腐敗に関するリスク評価を行っている事業所
	205-2	腐敗防止の方針や手順に関するコミュニケーションと研修

出所：GRI, "ESRS-GRI Standards data point mapping" に基づき筆者作成

③ 指標とターゲット（MT）

（i）開示要件G1-4：腐敗または贈収賄の事例（ESRS G1.22～26）

本要件において，事業者は，報告期間中の腐敗または贈収賄事件に関する情報を提供しなければなりません。この開示の目的は，腐敗や不正行為に関連する事件について透明性を提供することです。

具体的には次の情報の開示が求められます。

(a) 腐敗・贈収賄防止法違反に対する有罪判決件数と罰金額
(b) 腐敗防止および贈収賄防止の手順と基準における違反に対処するために取られた措置

さらに，次の情報の開示も可能です（任意開示）。

(a) 腐敗または贈収賄の確認された事例の総件数と性質

第4章 項目別開示基準　259

(b) 腐敗または贈収賄に関連した事件により，自社の従業員が解雇または懲戒処分を受けた件数

(c) 腐敗や贈収賄に関連する違反行為により打ち切られた，あるいは更新されなかったビジネスパートナーとの契約に関連する，確認された事故の件数

(d) 報告期間中に事業者およびその従業員に対して提起された，腐敗または贈収賄に関する公的な法的事例の詳細と，そのような事例の結果

　なお，要求される開示には，事業者またはその従業員が直接関与している場合に限り，そのバリューチェーンの関係者が関与する事故を含めることが求められます。

図表4-10-10　G1-4に関連するGRIスタンダードの開示事項

G1-4	2-27	法規制遵守
	3-3	マテリアルな項目のマネジメント
	205-3	確定した腐敗事例と実施した措置

出所：GRI，"ESRS-GRI Standards data point mapping"に基づき筆者作成

(ii) 開示要件G1-5：政治的影響力およびロビー活動（ESRS G1.27〜30）

　本要件において，事業者は，その重大なインパクト，リスク，機会に関連するロビー活動を含め，政治的影響力の行使に関連する活動とコミットメントに関する情報を提供しなければなりません。この要件の目的は，ロビー活動の種類と目的を含め，政治献金による政治的影響力の行使に関連する事業の活動とコミットメントに関する透明性を保つことです。

　具体的には次を含む情報の開示が求められます。

(a) （該当する場合）これらの活動を監督する事業の管理，管理，監督機関の代表者

(b) 金銭または現物での政治献金
　　ⅰ．事業者が直接的および間接的に行った政治献金および現物献金の金銭的価値の合計
　　ⅱ．現物拠出の金銭的価値の見積方法
(c) ロビー活動が対象とする主な項目と，これらに関する事業者の主な立場の簡潔な説明
(d) 事業者がEU透明性登録簿（EU Transparency Register[16]）または加盟国の同等の登録簿に登録されている場合は，そのような登録簿の名称および登録簿の識別番号

　この開示には，経営，管理，監査部門のメンバーで，当該報告期間中の当該任命に先立つ2年間に，行政（規制当局を含む）において同等の役職に就いていた者の任命に関する情報を含むことが求められます。

　なお，G4の付録A「適用要件」では「政治献金」の定義に関する補足的説明があります（ESRS G1.AR9）。本要件において「政治献金」とは，政党，その選出代表者，または政治的地位を求める者に直接提供される金銭的または物品による支援を意味します。また，金銭的献金には，献金，融資，後援，役務の前払い，資金調達イベントのチケット購入，その他類似の慣行が含まれます。現物拠出には，広告，施設の使用，設計，印刷，備品の寄贈，理事会メンバーの提供，選挙で選ばれた政治家や立候補者の雇用やコンサルタント業務が含まれます。

図表4-10-11 G1-5に関連するGRIスタンダードの開示事項

G1-5	2-9	ガバナンス構造と構成
	415-1	政治献金

出所：GRI，"ESRS-GRI Standards data point mapping"に基づき筆者作成

16　EUの政策や意思決定プロセスに影響を与える活動を行う「利益代表者」（組織，協会，グループ，自営業者）をリストしたデータベースのこと
　　https://transparency-register.europa.eu/index_en

第4章　項目別開示基準　**261**

(iii)　**開示要件G1-6：支払実務（ESRS G1.31～33）**

本要件において，事業者は，特に中小企業（SMEs）に対する支払遅延に関して，その支払慣行に関する情報を提供することが求められます。この要件の目的は，契約上の支払条件と，支払に関するパフォーマンス，特にこれらが中小企業にどのような影響を与えるか，特に中小企業への支払遅延に関して，情報を提供することです。

具体的には次を含む情報の開示が求められます。

(a)　契約上または法定支払期間の計算が開始された日から，事業が請求書の支払に要する平均日数

(b)　サプライヤーの主なカテゴリーごとの，事業者の標準的な支払条件（日数），およびこれらの標準的な支払条件に沿った支払の割合の説明

(c)　支払遅延のために現在残っている法的手続の件数

(d)　十分な背景を提供するために必要な補足情報（例えば，必要とされる情報を算出するためにサンプリングを使用した場合，その方法）

図表4-10-12 G1-6に関連するGRIスタンダードの開示事項

G1-6	該当する開示事項なし

出所：GRI，"ESRS-GRI Standards data point mapping"に基づき筆者作成

第 5 章

関連する報告枠組み

　サステナビリティ報告への関心は年々高まっており，様々な情報開示の枠組みや基準が公表されています。本章では，サステナビリティ報告枠組みの変遷についてまとめ，続いてGRIスタンダードとIFRSサステナビリティ開示基準の両者と，ESRSとの相関性について解説します。さらに，ESRSと深く関係する欧州の報告枠組みについて概要を紹介します。

第1節　サステナビリティ報告枠組みの変遷

(1)　サステナビリティ報告の黎明

　企業の非財務情報に関心が集まったのは、どのような背景があるのでしょうか。1990年代から今日まで様々な取組みが進められてきましたが、各時代の転機となった主な出来事についてまとめます。

①　GRIの誕生（1997年）

　GRI（Global Reporting Initiative）は、サステナビリティ・レポーティングの枠組みの作成と、開示情報の標準化を進めてきた国際非営利団体です。GRIの設立の大きなきっかけとなったのは、1989年3月にアラスカ沖で発生した原油タンカー座礁による原油流失事故（「バルディーズ号事件」）でした。この事故により、膨大な数の海鳥、海洋動物、魚等が死滅し、地域の生態系に甚大な影響を及ぼしました。この事故は、これまで海上で発生した人為的環境破壊のうち最大級のものとみなされています。

　この事故をきっかけに同年、米国の環境NGO「環境に責任を持つ経済主体の連合（セリーズ）」が、環境保全に関して企業が守るべき「10の倫理原則」を発表しました。これは、セリーズ原則と呼ばれ、①生物圏の保護、②天然資源の持続的な利用、③廃棄物処理と削減、④持続的なエネルギー利用、⑤環境リスクの低減、⑥環境保全型製品・サービスの提供、⑦環境修復、⑧市民への環境情報の公開、⑨環境問題担当取締役の配置、⑩年次監査報告書の作成と公表、から構成されました。この環境NGOが国連環境計画（UNEP）の支援を受けて設立したのがGRIとなります。1997年にアメリカのボストンで誕生しました。その後、2002年に本部をオランダのアムステルダムに移転し、今日に至っています。

図表5-1-1　GRI設立までの経緯

出所：各種資料に基づき筆者作成

　GRIはサステナビリティという極めて抽象的な概念を具体的な指標として可視化し，非財務報告の慣行を標準化することに努めてきました。まずは2000年に「GRIガイドライン」という形で非財務情報開示において推奨される指針を示し，その後，2016年に開示基準として規格化された「GRIスタンダード」を公開しました。企業の財務報告と同様に，標準化され，比較可能で一貫した非財務情報が提供されることが目指されています。

　原油流失事故という設立の背景から，GRIスタンダードは企業の事業活動の環境や社会へのインパクトも重視するダブル・マテリアリティの原則を採用しています。さらに，開示された情報の利用者についても，投資家など企業への資金提供者だけでなく，地域社会，消費者，従業員，学識経験者，行政，NGOなどあらゆるレベルのステークホルダー（利害関係者）が想定されています。

②　PRIの提唱（2006年）

　PRI（Principles for Responsible Investment：責任投資原則）とは，機関投資家が投資の意思決定プロセスや株主行動において，ESG（環境，社会，ガバナンス）課題を考慮することを求めた原則です。6つの投資原則とその前文から構成されます。国連環境計画・金融イニシアティブ（UNEP FI）と国連グローバル・コンパクト（UNGC）が策定し，2006年に当時の国連事務総長であったコフィー・アナン氏が，世界の金融業界に向けて提唱しました。ESGという概念が世界で普及するきっかけになっています。

　従来の投資の基準は，売上高や収益性など，主に企業の財務面に焦点を当て，より効率的かつ短期的に実績を上げることが求められていました。しかし経済

が急速に発展していく一方で，気候変動や公害，生態系破壊などの環境問題，
児童労働や強制労働といった社会問題，企業の不祥事や汚職といったガバナン
スの問題が顕著になってきました。こうした問題を放置したままでは，将来は
我々の社会の持続的発展が危惧されます。企業の財務的な成功だけではなく，
事業活動が社会や環境に与える影響も考慮されるべきと認識されました。その
上で，企業に資金を提供する金融業界が果たす役割が大きいという認識から，
金融業界に対して責任投資原則に賛同することが求められることになりました。

図表 5 - 1 - 2 PRIの考え方

| 伝統的投融資 | 負担となるコスト | 社会・環境配慮 | 中長期的リスク回避 | ESG投融資 |

出所：各種資料に基づき筆者作成

　環境や社会面の配慮といった行動は，通常の事業活動に負荷をかけるコスト
と考えられていました。しかし，たとえ企業の業績が短期的には好調であって
も，温室効果ガスの大量の放出や，野生動物の生息域の破壊，バリューチェー
ン上の児童労働の放置といった状況が続くと，行政による規制，消費者の不買
運動，ブランド価値の毀損といった事態を招く可能性があります。環境や社会
面の配慮が投資のリスク回避において重要な視点となっており，財務的な分析
と組み合わせて，ESGの非財務情報を分析して中長期的な視点で投資を行う必
要があるという認識が広がっています。

　責任投資原則に賛同する，基金や投資会社，保険会社，証券取引所，アナリ
ストなどの，機関投資家や投資サービスプロバイダーは，環境や社会のサステ
ナビリティの観点から投資を行い，投資を通じて企業や環境，社会をよりよく
することを目指します。同原則への署名機関は2006年の発足以降，増加してお
り，2024年1月の時点で5,000機関を超えています。

③ TCFD提言（2017年）

　地球温暖化を抑制するため，1980年代から国際社会において数々の取組みが

進められてきました。1988年には気候変動に関する政府間の検討の場として「気候変動に関する政府間パネル（IPCC）」が設立され，1992年には「国連環境開発会議（通称：地球サミット）」が開催され，気候変動枠組み条約の署名が進められました。それ以降，毎年開催される同条約の締約国会議（COP）の場で，温室効果ガスの排出削減策等が協議されています。さらに2015年に合意された「パリ協定」では，途上国を含むすべての参加国と地域に，2020年以降の「温室効果ガス削減・抑制目標」を定めることが求められました。

　しかし，実際に各国がこうした削減目標に沿って行動しそれを達成することに関しては，法的拘束力はなく，あくまで各国の自主性に委ねられています。また，仮にある国が国内の温室効果ガス排出規制を強化しても，当該国の企業が自社の生産拠点を，国外の規制が緩い地域に移転させてしまえば，世界全体での排出量削減には至りません。国単位で温室効果ガスの排出規制に取り組むにはおのずと限界があります。

　また，事業活動のグローバル化によって企業の経済規模は国を凌駕するほど大きくなっています。排出規制の対象を国ではなく企業に定め，企業側の行動変容を通じて，排出削減に取り組むことができれば大きな効果が期待できます。企業の行動変容を促す上で，投資家など金融分野の影響力は大きいので，金融分野が主導して温室効果ガスの排出削減を進めることが求められます。

　加えて，気候変動対応が企業価値を大きく左右することが危惧されます。企業によっては気候変動により企業価値が減少する可能性があります。金融システム全体の安定性が損なわれることにもなりかねません。そこで，G20の財務大臣・中央銀行総裁が，金融安定理事会（FSB）に対し，金融セクターが気候関連課題をどのように考慮すべきか検討するよう要請しました。同理事会は2015年のCOP21の開催期間中に，民間主導によるTCFD（気候関連財務情報開示タスクフォース）を設置し，2017年に気候関連財務情報開示のあり方に関するTCFD提言（報告書）が公開されることになりました。

(2)　報告枠組みの乱立と収斂

①　アルファベットスープ

　サステナビリティ情報の開示に関わる国際的な関心が高まるにつれて，2000

年代初めから、様々な開示枠組みや基準、指標が策定され、利用されるようになりました。あまりに多くの開示ツールやルールが登場し、乱立ともいえる状況に陥ったので、「アルファベットスープ」と揶揄されています。

図表5-1-3　情報開示枠組み・基準のアルファベットスープ

出所：各種資料に基づき筆者作成

「アルファベットスープ」という言葉は、情報開示枠組みにアルファベットの頭文字が多用されていることから使われるようになりました。今までに公表されてきた主なフレームワーク・基準を図表5-1-4にまとめます。

図表5-1-4　サステナビリティ情報開示に関する主な国際的枠組み・基準

名称	種別	概要
CDP（旧名Carbon Disclosure Project）	質問票	二酸化炭素排出量や気候変動への取組みに関する「質問書」への回答をもとに環境リスク・機会についてのスコアリングを実施
CDSB（Climate Disclosure Standards Board）	枠組み	企業の主要な報告書において、環境および気候に関する情報を投資家に対して情報開示する際の枠組み
CSRD（Corporate Sustainability Reporting Directive）	指令（EU）	対象となる企業に、サステナビリティ課題に関するインパクト、リスク、機会の定期的報告を義務付けるEUの指令
ESRS（European Sustainability Reporting Standards）	基準	EUのCSRD実施に使われるサステナビリティに関する企業の開示基準
GRI Standards	基準	GRIが公表した世界で最も普及しているサステナビリティ報告基準

第5章 関連する報告枠組み **269**

IFRS Sustainability Disclosure Standards	基準	IFRS財団傘下の国際サステナビリティ基準審議会（ISSB）が公表したサステナビリティ開示基準
IIRC/International Integrated Reporting Framework	枠組み	国際統合報告評議会（IIRC）が2013年に公開した統合報告書の作成に関する枠組み
PRI（Principles of Responsible Investment）	原則	機関投資家の意思決定プロセスにESG課題を反映させることを求めた原則。2006年に国連事務総長が提唱
SASB　Standards（Sustainability Accounting Standards Board）	基準	サステナビリティ会計基準審議会（SASB）が2018年に公表した，11セクター77業種向けの非財務情報開示基準
TCFDフレームワーク（Taskforce on Climate-related Financial Disclosures）	提言	気候関連財務情報開示タスクフォース（TCFD）が公表した，財務に影響のある気候関連情報を開示する際の枠組み
TNFDフレームワーク（Taskforce on Nature-related Financial Disclosures）	提言	自然関連財務情報開示タスクフォース（TNFD）が公開した，財務に影響のある自然関連情報を開示する際の枠組み

出所：各種資料に基づき筆者作成

　さらにこれらに加えて，各国の独自の基準などが多数存在しています。企業は各枠組み・基準の特徴を理解した上で，準拠する基準の選択，または複数基準への対応を求められています。どれか1つが優位にあるわけではなく，それぞれに独自の背景や守備範囲がある状況が，開示基準をアルファベットスープにした要因の1つです。

　なお，アルファベットスープの中には，基準，原則，枠組み，提言など様々なタイプの文書がありますが，これらの中で情報開示の内容や手続について示しているのは，枠組みと基準になります。ご参考までに，それぞれの違いを図表5-1-5にまとめました。まず，基準（スタンダード）とは，最低限満たすべきルールのことであり，これを利用する企業等は基準に示された要請事項を

遵守する義務があります。ESRSも基準の1つであり，他はGRIスタンダード，SASBスタンダード，IFRSサステナビリティ開示基準があります。

　基準と近いものにガイドラインがあります。例えば，GRIスタンダードが策定された2016年以前は，GRIからGRIガイドラインが公開されていました。基準と異なりガイドラインは，自主的に遵守することが推奨されるルールとみなされています。

　一方，枠組み（フレームワーク）は具体的な開示事項を示しているものではなく，意思決定や分析，解決したい問題を整理するために使われます。IIRCが公開した統合報告フレームワークが代表的なものですが，TCFD提言やTNFD提言もフレームワークと呼ばれることがあります。

図表 5-1-5　枠組み，ガイドライン，基準の違い

	基準（スタンダード）	ガイドライン	枠組み（フレームワーク）
定義	最低限満たすべき義務的ルール	自主的に遵守することが推奨されるルール	意思決定や分析，解決したい問題を整理していくための思考の枠組み
例	ESRS，GRIスタンダード，SASBスタンダード，IFRSサステナビリティ開示基準	GRIガイドライン	IIRCフレームワークTCFD提言，TNFD提言

出所：各種資料に基づき筆者作成

②　IFRS財団を中心とした報告枠組みの収斂

　多くのサステナビリティ報告枠組みが登場すると，企業にとって自社のリスクや機会を特定するだけでなく，報告の枠組みを適切に選択しなければならず，これは負担増加につながります。また，投資家にとっても様々な基準を参照し比較することは大きなコストを伴います。企業や投資家からも報告枠組みや開示ルールの統一化を求める声が高まるようになりました。

　サステナビリティ報告枠組みの統一化の中心となっているのがIFRS財団です。IFRS財団は国際会計基準（IFRS：International Financial Reporting Standards）の策定を担う民間の非営利組織であり，世界の金融市場に長期的

第 5 章　関連する報告枠組み　　271

な安定をもたらし公共の利益に貢献することを目的に，2001年に設立されました。IFRS財団には独立の国際会計基準審議会（IASB：International Accounting Standards Board）があり，IFRS会計基準と呼ばれる国際会計基準を設定しています。この国際会計基準は，世界約150の国と地域が使用を認め，日本でも海外進出する企業を中心に採用されています。

　IFRS財団は2020年「サステナビリティ報告に関する協議ペーパー」，2021年に「IFRS財団定款の的を絞った修正案」を公表し，サステナビリティ情報開示に対する同財団の役割について，金融市場の関係者からコメントを募集しました。その結果，「国際的に一貫し，比較可能なサステナビリティ報告が緊急に必要である」，「IFRS財団が関連基準の設定において主導的な役割を果たすべき」といった意見が多く，同財団への期待が大きいことが明らかになりました。

　IFRS財団はこうした要請に応えるかたちで，同財団の中にISSB（国際サステナビリティ基準審議会：International Sustainability Standards Board）を設置することを決定し，2021年11月の国連気候変動枠組条約第26回締約国会議（COP26）で発表しました。ISSBは企業がESG（環境・社会・ガバナンス）を含むサステナビリティ情報開示を行う際の統一された国際基準を策定する機関と位置付けられました。

　ISSBの設立と前後して，様々な組織がIFRS財団を中心として合併や連携の動きを進めることとなりました。まずSASBスタンダードを策定したSASBと，国際統合報告フレームワークを公表したIIRCが合併し，2021年にValue Reporting Foundation（価値報告財団）を設立します。この財団は1年後には解散し，IFRS財団と合併します。

　さらに，気候変動情報開示のための枠組みを策定したCDSBも2022年にIFRS財団と合併します。気候変動情報の開示基準を整備してきたCDSBの知見は，ISSBに提供されました。また，2023年にはTCFDが解散し，企業情報開示のモニタリング機能がISSBに移管されました。IFRS財団を中心とした報告枠組みの収斂に向けた主な出来事は図表5-1-6，5-1-7のとおりです。

図表5-1-6　サステナビリティ報告枠組みの収斂へ向けた動き

2020年9月	非財務基準設定5団体（CDP, CDSB, GRI, IIRC, SASB）による共同声明
2021年6月	IIRCとSASBが合併しVRFを設立
2021年7月	EFRAG（ESRS）とGRIがMoU締結
2021年11月	ISSB発足
2022年1月	CDSBがIFRS財団に統合
2022年3月	IFRS財団とGRIがMoU締結
2022年8月	VRFがIFRS財団に統合
2022年11月	CDPがISSBの気候変動開示基準を組み込むと発表（2024年以降）
2023年6月	ISSBが最初の基準となるS1号およびS2号を公表
2023年7月	ISSBが2024年からTCFD監視責任を引き継ぐと発表
2023年7月	ISSBとESRSの相互運用性を発表
2023年9月	CDPがTNFDの枠組みに合わせる意向を表明

出所：各種資料に基づき筆者作成

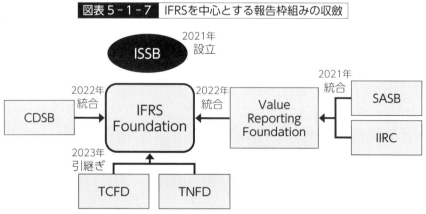

図表5-1-7　IFRSを中心とする報告枠組みの収斂

出所：各種資料に基づき筆者作成

　このISSBが策定し，2023年に公開した基準がIFRSサステナビリティ開示基準（通称ISSB基準）です。国際的な会計基準とサステナビリティ関連財務情報開示の基準を同列に位置付けることで，投資家，融資者，その他の債権者の

情報ニーズに的確に応えることが目指されています。

　この基準には，既存の組織が策定した基準やフレームワークの考え方が盛り込まれており，従来の情報開示のツールとの整合性が確保され，馴染みやすいものになっています。IFRSサステナビリティ開示基準は，世界中で使用されるグローバル・ベースラインとして設計されており，各国当局がこのベースラインに独自の要求事項を上乗せすることは許容されています。日本では財務会計基準機構の内部組織であるサステナビリティ基準委員会（SSBJ）が，日本企業向けの基準の策定を担当しています。

③　GRIの対応

　IFRS財団を中心とした統合や合併の動きに対して，GRIは表面的には距離を置いてきました。サステナビリティ情報開示の基準の統一化は，世界の投資家，融資者などが求める流れであり，報告者である企業側にとっても，単一の基準で情報開示するほうが望ましいことは明らかです。しかしながら，GRIスタンダードとIFRSサステナビリティ開示基準とでは，想定される情報の利用者や報告対象を選定する際の視点が異なっています。今後，GRIとIFRS財団が合併され，両基準が統一化されるという可能性は低いと考えられます。それゆえ，企業は報告の目的に応じて使い分けることが求められます。

　両者の立場の違いは認識しつつも，GRIとIFRS財団とは関係を強化しており，GRIは2022年にIFRS財団と協働のための覚書を取り交わし，両基準間の整合性を示すマッピング資料を公開しました。さらに2023年には，両団体は共同でシンガポールにSustainability Innovation Labを設立し，サステナビリティ情報開示の専門家を育成するプロジェクトを開始しました。

⑶　ESRSの策定

①　欧州グリーンディール

　ESRSは2024年に公表されたサステナビリティ報告基準であり，EUのCSRD（企業サステナビリティ報告指令）に従ってサステナビリティ報告を行う際に利用が求められる基準です。第1章で説明したように，CSRDは2014年に制定されたNFRD（非財務情報開示指令）を引き継ぐものであり，対象企業数や開

示情報の位置付けなどの点で変化があります。その背景にあるのが，2019年に欧州委員会が発表した欧州グリーンディールです。

　欧州グリーンディールとは，2050年までに欧州を世界初の「気候中立（クライメイト・ニュートラル）な地域」にすることを目指す政策イニシアティブです。「気候中立」とは，温室効果ガス排出量を実質ゼロにすることを意味します。そのために，循環経済，建設，生物多様性，エネルギー，運輸，食品など，様々な分野に及ぶ目標が設定されています。このイニシアティブを実現するため，欧州委員会は関連するあらゆるEUの法律や規則の見直しに着手し，その一環として制定されたのがCSRDになります。CSRDは，EUの気候目標に沿っており，企業が環境，社会，ガバナンスに与える影響について，より詳細な報告要件を導入しています。2023年11月に発効しました。

②　EFRAGによるESRSの作成

　CSRDの制定を受け，欧州委員会はESRS草案の作成をEFRAG[1]（欧州財務諮問グループ）に委託しました。EFRAGは欧州委員会の協力で2001年にベルギーにて設立された民間団体です。理事会の下に，「財務報告審議会（Financial Reporting Board）」とともに，「サステナビリティ報告審議会（Sustainability Reporting Board）」が位置付けられています。後者の作業部会として「サステナビリティ報告技術専門家グループ」が設置されています。ESRS草案の起草にあたり技術的な助言を提供するのがこのグループです。このグループは「サステナビリティ報告審議会」によって任命された22名の専門家から構成されています。それぞれ欧州各地の事業会社，金融機関，コンサルタント，監査法人，NGO等で非財務情報の分析，サステナビリティ報告などの実務に豊富な経験を有しています。

　同グループにより起草され，サステナビリティ報告審議会で確認されたESRS草案は，欧州委員会に提出されました。これが2023年7月に欧州委員会によって承認され，2カ月間の審議期間を経た後，2024年1月に公開されました。

1　European Financial Reporting Advisory Group

第5章　関連する報告枠組み　275

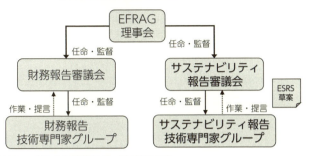

図表5-1-8　EFRAGの組織構成

出所：EFRAGウェブサイト情報に基づき筆者作成

　なお，EFRAGによるESRSの起草にあたり，GRIは作業の初期から協力しています。ダブル・マテリアリティの立場をとるGRIスタンダードは，同じ立場のESRSと強い親和性があります。特に，インパクトやステークホルダーの定義，インパクト・マテリアリティの決定プロセスといった面で，両者には共通性がみられます。横断的基準，項目別基準，セクター別基準という3部構成であることも，両者は一致しています。ESRSとGRIスタンダードの相関性については，次節でご説明します。

第2節　GRIスタンダードとESRS

(1) GRIスタンダードの概要

① GRIスタンダードの発行

　GRIがGRIスタンダードの前身であるGRIガイドラインの初版（G1）を発表したのは2000年でした。国連の「持続可能な開発に関する世界首脳会議」が南アフリカのヨハネスブルグで開催されたのが2002年でしたので，持続可能やサステナビリティという概念がまだ広く浸透していない時代に，その先導者としてGRIガイドラインが登場したことになります。続いて，2002年にはGRIガイドラインの第2版（G2），2006年にはガイドライン第3版（G3），2013年には

第 4 版（G4）が登場します。そして，2016年には今までの「ガイドライン」の表記を改め，新たに「スタンダード」としてGRIスタンダードを発行しました。2021年10月には改訂版のGRIスタンダード2021が公開されました。

図表 5 - 2 - 1 GRIスタンダード・ガイドラインの発行年度

	発行年
GRIガイドライン初版	2000年
GRIガイドライン第 2 版（G2）	2002年
GRIガイドライン第 3 版（G3）	2006年
GRIガイドライン第 4 版（G4）	2013年
GRIスタンダード2016年版	2016年
GRIスタンダード2021年版	2021年

出所：GRIウェブサイト情報[2]に基づき筆者作成

2016年版のGRIスタンダードは2022年12月末に失効し，2023年 1 月 1 日以降に発行されるサステナビリティ・レポート，環境報告書，統合報告書などの各種報告書では，GRIスタンダードに準拠，参照するには改訂版（2021年版）スタンダードを利用することが必要です。

② GRIスタンダードの構成

2021年の改訂版は，共通スタンダード，項目別スタンダードに，新たにセクター別スタンダードのシリーズが加わり， 3 つのシリーズによって構成されます（図表 5 - 2 - 2 参照）。共通スタンダードは 1 桁の番号，セクター別スタンダードは 2 桁の番号，項目別スタンダードには 3 桁の番号が付けられています。なお，項目別スタンダードについては，従来からの200番台，300番台，400番台の番号がそのまま使われています。改訂後に一部の再編があり，項目別スタンダードに更新・変更が行われています。

---

2 https://globalreporting.org/about-gri/mission-history/

図表 5 - 2 - 2　GRIスタンダードの構成

出所：GRIスタンダードに基づき筆者作成

　GRIの共通スタンダードはGRI 1「基礎」，GRI 2「一般開示事項」，GRI 3「マテリアルな項目」の3部から構成されます。GRI 1「基礎2021」では，サステナビリティ・レポーティング，およびサステナビリティ情報開示に関する基本的な概念や原則が説明されています。

　GRI 2「一般開示事項」では，どの企業にも該当する全般的な開示事項が提示されています。GRI 3「マテリアルな項目」では，マテリアリティをどう決定するか，これを報告書のどこで開示するかといった事項が示されています。

　GRIの項目別スタンダードは3桁の番号が付いており，2016年版では200番台は経済分野，300番台は環境分野，400番台は社会分野という区分がありました。2021年版の公開以降は，おそらくこうした区分がなくなり，2022年に公開された「生物多様性（Biodiversity）」の項目別スタンダードには101の番号が付けられています。

　GRIのセクタースタンダードは2桁の番号が付いています。各々のセクターの概要の説明があり，当該セクターの企業にとって「想定されるマテリアルな項目」が提示されています。まだセクタースタンダードが発行されているセクターは，石油・ガス，石炭など一部に限られていますが，最終的には40程度の業種を対象としたセクター別スタンダードが作成される予定です。

　GRIスタンダードとESRSの構成は，図表5-2-3で示すように極めて類似しています。今後に発表されるESRSのセクター別基準についても，GRIセクター別スタンダードの構成と類似したものになると想定されます。

278

| 図表5-2-3 | ESRSとGRIスタンダードの関係性（再掲） |

横断的基準	項目別基準					セクター別基準
ESRS 1 全般的要求事項	ESRS E1	ESRS E2	ESRS E3	ESRS E4	ESRS E5	未作成
ESRS 2 全般的開示事項	ESRS S1	ESRS S2	ESRS S3	ESRS S4	ESRS G1	未作成

ESRS

GRIスタンダード

共通スタンダード	項目別スタンダード					セクター別スタンダード
GRI 1 基礎	GRI 101	GRI 201	GRI 202	GRI 203	GRI 204	GRI 11
						GRI 12
GRI 2 一般開示事項	GRI 301	GRI 302	GRI 303	GRI 401	・・・・・	・・・・・

出所：ESRS・GRIスタンダードに基づき筆者作成

(2) ESRSとの相関性

本項では，ESRSとGRIスタンダードとの相関性について取り上げます。それぞれのどこが共通しており，どこに相違点があるか，開示原則と開示事項について両者の相関性を確認します。

① マテリアリティの視点

EFRAGとGRIは，ESRS案の策定期間中に緊密な協力関係を築いてきました。サステナビリティ報告に関して，それぞれの基準間で高いレベルの相互運用性を達成したことが両団体から表明されています。2つの基準を用いて重複して報告するという手間を防ぎ，過度な複雑さをなくすよう配慮されています。

ESRSとGRIスタンダードの共通性として最も象徴的なものはダブル・マテリアリティの原則です。ダブル・マテリアリティは従来からGRIスタンダードの基本原則として認知されています。ダブル・マテリアリティとは，企業の事業活動の対外的インパクトを注視するインパクト・マテリアリティと，事業活動を取り巻く外部の変化の企業価値等への影響を注視する財務マテリアリティ

の2つ（ダブル）から構成されています。

GRIスタンダードはダブル・マテリアリティの中でもインパクト・マテリアリティを重視しています。特に，このインパクト・マテリアリティの部分ではGRIとESRSとの定義が一致していることは，GRIとEFRAGの両者から表明されています。

図表5-2-4 「マテリアリティの視点」の対比

ESRS	ダブル・マテリアリティ（インパクト・マテリアリティと財務マテリアリティ）
GRI	ダブル・マテリアリティ（インパクト・マテリアリティを重視）

出所：ESRS，GRI資料に基づき筆者作成

② バリューチェーン上の不足情報等への対応

ESRSとGRIスタンダードの双方とも，企業の事業活動だけでなく，取引先など上流や下流のバリューチェーン上の事業活動についても報告対象に含めることを求めています。しかしながら，バリューチェーン上の事業活動に関して必要な情報が得られなかった場合，その対応がESRSとGRIスタンダードでは異なっています。ESRSでは，合理的な努力をしてもバリューチェーンに関する情報を収集できない場合，セクター平均データやその他の代理情報など，合理的で裏付けのあるあらゆる情報を用いて情報を推定することが求められます。一方，GRIスタンダードでは，データが入手できない場合や不完全な場合に，省略の理由を使用することを認めています。GRIは，そもそも自社が収集できないデータを推定することは求めていません。

図表5-2-5 「バリューチェーン不足情報等への対応」の対比

ESRS	バリューチェーンに関する情報を収集できない場合，セクター平均データやその他の指標など，あらゆる合理的かつ裏付け可能な情報を用いて，報告すべき情報を推定しなければならない。(ESRS 1.69)

| GRI | 理由を示すことで省略が認められる。「必要な情報を入手できない，あるいは報告に適した品質でないなどの理由で，必要な情報あるいはその一部が入手不可である可能性もある。サプライヤー など別の組織から情報を収集する際は，これに該当することがある。(GRI 1要求事項6手引き)」 |

出所：ESRS，GRI資料に基づき筆者作成

③　省略の可能性

　上記の項目につながりますが，情報の省略の可能性についての解釈も，ESRSとGRIスタンダードでは若干の相違があります。ESRSは，省略可能な情報のカテゴリーを特定しています。これには，機密情報や機微情報，知的財産，ノウハウ，技術革新の成果に関する情報などが含まれます。企業は，たとえそのような情報が重要であっても，それが一般に知られていない秘密情報である場合，または商業的価値がある場合には，開示する必要はありません。

　一方，GRIスタンダードでは情報を省略できるケースについて，GRI 1「基礎」の要求事項6のセクションに，図表5-2-6の4つを提示しています。この中には，ESRSと同じく機密情報の保持上の制約も含まれます。ESRSと比べ情報を省略できるケースを広く捉えています。前述のバリューチェーン上の情報についても，「4.情報が入手不可／不完全」であるとの説明を明記することで，推定せずとも省略することができます。

図表5-2-6　「省略の可能性」の対比

| ESRS | 機密情報や機微情報，知的財産，ノウハウ，技術革新の成果に関する情報は省略可能。(ESRS 1.105～106) |
| GRI | 4つの省略理由を提示：1．該当なし，2．法的禁止事項，3．秘密保持の制約，4．情報が入手できない／不完全である (GRI 1.要求事項6) |

出所：ESRS，GRI資料に基づき筆者作成

④　財務諸表との連結性

　ESRSでは，サステナビリティ関連情報を，財務諸表の関連する段落へ参照

させるなど，両者を明確に関連付けることを要求しています。関連付けができ
ない場合は，使用されたデータの関連性や整合性などの追加情報も要求してい
ます。また，報告時期についても，ESRSはサステナビリティ報告書の報告期
間を，財務諸表と一致させることを求めています。

　一方，GRIスタンダードでは，財務データの開示を対象とする項目別スタン
ダードでは，財務諸表に含まれるデータとの整合性をとることが推奨されます
が，義務付けられてはいません。また，報告時期についても，財務諸表と一致
させることを推奨していますが，義務付けてはいません。

図表 5 - 2 - 7　「財務諸表との連結性」の対比

ESRS	サステナビリティ報告の金額またはデータポイントが，財務諸表に示されている最も関連性のある金額とどのように関連しているかを説明しなければならない（ESRS 1.125）。 サステナビリティ・ステイトメントは，財務諸表と同じ報告事業者について作成しなければならない。（ESRS 1.62） サステナビリティ・ステイトメントの報告期間は，財務諸表と一致させなければならない。（ESRS 1.73）
GRI	サステナビリティ報告と他の法律・規制による報告，特に財務報告との整合性を図るのが望ましい。財務報告と同じ報告期間で，かつ同じ事業体グループを対象とした情報を報告するのが望ましい。（GRI 1.5.1）

出所：ESRS，GRI資料に基づき筆者作成

⑤　情報の記載場所

　ESRSは，必要な情報を提示する場所と形式を規定しています。ESRSが要
求するサステナビリティ情報は，経営報告書の専用セクションの中で報告する
か，あるいは経営報告書の別のセクションや財務諸表等での情報を，専用セク
ションに参照して組み込む形で報告することが求められます。

　一方，GRIスタンダードでは，「GRI内容索引」が提供される限り，1つまた
は複数の場所にまたがる様々な形式で情報を公表することが認められています。
情報開示の媒体は報告書に限定されず，一般に公開されているものであれば
ウェブサイト上でも開示可能です。

282

図表5-2-8 「情報の記載場所」の対比

ESRS	経営報告書の一部であるサステナビリティ・ステイトメントに情報を記載することが要求される。(ESRS 1.112)
GRI	1つ以上の媒体（例：独立したサステナビリティ報告書，ウェブサイト，アニュアルレポート）において様々な形式（例：電子ベース，紙ベース）で情報を公開またはアクセス可能とすることができる。(GRI 1.1.4)

出所：ESRS，GRI資料に基づき筆者作成

⑥ 外部保証

　ESRSのサステナビリ報告については，CSRDにより外部保証が義務付けられています。当初は限定的保証でかまいませんが，最終的には合理的保証に移行することが求められます。一方，GRIスタンダードの場合は，外部保証を受けるための方針や実務についての説明が要求されますが，義務付けられてはいません。

図表5-2-9 「外部保証」の対比

ESRS	CSRDにより外部保証が義務付けられる。当初は限定的保証，最終的には合理的保証に移行することが求められる。(CSRD.60～74)
GRI	外部保証を奨励するが，義務付けてはいない。「組織のサステナビリティ報告の信憑性を高めるには，方法はいくつかある。内部統制，外部保証，ステークホルダー委員会や専門家委員会の活用などである。GRIスタンダードに準拠した報告では，組織はこれらの方法を要求されないが，奨励される。(GRI 1.5.2)」

出所：CSRD，GRI資料に基づき筆者作成

⑦ 項目の分類方法

　ESRS項目別基準と，GRI項目別スタンダードとの間で，項目の分類方法が異なります。ESRSは環境（E1～E5），社会（S1～S4），ガバナンス（G1）の3分野に項目を分類しています。しかし，GRIではかつて200番台シリーズを経済分野，300番台シリーズを環境分野，400番台シリーズを社会分野と分類していました。2021年の改訂版が公表されてからはこのような分野別分類は行わ

なくなりましたが，GRIとESRSとの間では，ガバナンス分野か経済分野かで分類方法が異なっているように見えます。しかし実際には，両者に大きな違いはなく，分類方法が異なっているだけで，取り上げられている項目に大きな差異はありません。

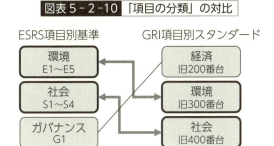

図表5-2-10 「項目の分類」の対比

出所：ESRS，GRI資料に基づき筆者作成

　例えば，GRI項目スタンダードでは汚職や調達慣行のようなトピックはGRI 204「調達慣行」，GRI 205「腐敗防止」のように，200番台シリーズとして経済分野に含まれます。ESRSではこれらはG1「企業行動」としてガバナンス分野の中で扱われています。

　一方，GRI項目スタンダードの経済分野には入っているものの，ESRS項目別基準のガバナンス分野には入っていない項目もいくつかあります。GRI 207「税金」が一例であり，もしもESRSを利用する企業が，「税金」をマテリアルな項目として特定し，これについて報告するのであれば，GRI 207を使って報告することになります。このようなケースで他のスタンダードや基準を用いることは，ESRSで認められています。

　なお，ESRS 2「全般的開示事項」の開示事項，ESRS E1～G1「項目別開示基準」の開示事項が，それぞれGRIスタンダードのどの開示事項と関係しているかについては，第3章と第4章において開示事項ごとに対照表を示していますので，こちらをご参照ください。

第3節　IFRSサステナビリティ開示基準とESRS

(1)　IFRSサステナビリティ開示基準の概要

　前節で述べたとおり，IFRS財団は，2021年に国際サステナビリティ基準審議会（ISSB）を設立し2023年6月にサステナビリティ開示基準として「IFRS S1号」と「IFRS S2号」を公表しました。これらはIFRSサステナビリティ開示基準，あるいはISSB基準と呼ばれます。この基準は，投資家とのコミュニケーションを可能とするべく設計されたツールです。いわゆるシングル・マテリアリティの立場をとります。

　組織のサステナビリティ報告の信憑性を高めるには，方法はいくつかあります。内部統制，外部保証，ステークホルダー委員会や専門家委員会の活用などです。GRIスタンダードに準拠した報告では，組織はこれらの方法を要求されませんが，奨励されます。

　IFRS S1号は「サステナビリティ関連財務情報の開示に関する全般的要求事項」との表題が付けられ，ESRSのE2に相当する横断的な開示事項が示されています。一方，IFRS S2号は，「気候関連開示」との表題が付けられ，投資家が企業への資源提供に関する意思決定を行う際に関連する，気候関連のリスクと機会に関する情報を開示するために使用されます。

(2)　ESRSとの相関性

　本項では，ESRSとIFRSサステナビリティ開示基準との相関性についてご説明します。両者のどこが共通しており，どこに相違点があるかについて，それぞれの開示原則，開示事項を対比します。

①　マテリアリティの視点

　ESRSとIFRSサステナビリティ開示基準の大きな相違は，マテリアリティの視点にあります。前者はダブル・マテリアリティ，後者はシングル・マテリアリティの視点をとります。ダブル・マテリアリティはインパクト・マテリアリ

ティと財務マテリアリティの2つから構成されます。このうち，財務マテリア
リティについては，ESRSでの定義はIFRSサステナビリティ開示基準の定義と
相関性が高いです。それぞれ，一般目的財務報告書の利用者の意思決定に影響
を与える情報がマテリアルであると定義しています。

図表5-3-1 「マテリアリティの視点」の対比

ESRS	ダブル・マテリアリティ（インパクト・マテリアリティと財務マテリアリティ）
IFRS S1号	シングル・マテリアリティ（財務マテリアリティ）

出所：ESRS，IFRS資料に基づき筆者作成

図表5-3-2 財務マテリアリティの定義

ESRS	情報の省略，虚偽記載，不明瞭化が，企業のサステナビリティ・ステイトメントに基づいて行う意思決定に影響を及ぼすと合理的に予想される場合，その情報は，一般目的財務報告書の主たる利用者にとってマテリアル（重要）である。(ESRS 1.48)
IFRS S1号	情報は，それを省略したり，誤表示したり，不明瞭にしたりしたときに，一般目的財務報告書の主要な利用者が，（中略）当該報告書に基づいて行う意思決定に，当該情報が影響を与えると合理的に見込み得る場合は重要性がある（マテリアル）。(IFRS S1.18)

② バリューチェーン上の不足情報等への対応

ESRSとIFRSサステナビリティ開示基準の双方とも，企業の事業活動だけで
なく，取引先など上流や下流のバリューチェーン上の事業活動についても報告
対象に含めることを求めています。バリューチェーン上の情報は入手が困難で
あることが想定されるため，不足情報への対応が必要となります。ESRSでは，
合理的かつ裏付け可能な情報を用いて，報告すべき情報を推定することが求め
られます。

IFRSサステナビリティ開示基準においても，ESRSと同様に，情報の推定が
求められます。その際に，見積りが正確に記述され，説明されていれば，情報

の有用性が損なわれることはないと示されています。なお，GRIスタンダードでは，不完全な情報は推定よりも省略が推奨されており，こうした場合に推定を求める点でESRSとIFRSサステナビリティ開示基準は対応が共通しています。

図表5-3-3 「バリューチェーン不足情報への対応」の対比

ESRS	バリューチェーンに関する情報を収集できない場合，セクター平均データやその他の指標など，あらゆる合理的かつ裏付け可能な情報を用いて，報告すべき情報を推定しなければならない。(ESRS 1.69)
IFRS S1号	見積りが正確に記述され，説明されていれば，情報の有用性が損なわれることはない。(S1.78〜79)

出所：ESRS，IFRS資料に基づき筆者作成

③　省略の可能性

　情報の省略の可能性についても，ESRSとIFRSサステナビリティ開示基準では方針が共通しています。それぞれ，商業上の機密情報等として認識され，開示することで経済的利益が損なわれる場合，当該情報の開示を省略することが認められています。

図表5-3-4 「省略の可能性」の対比

ESRS	機密情報や機微情報，知的財産，ノウハウ，技術革新の成果に関する情報は省略可能。(ESRS 1.105〜106)
IFRS S1号	商業上の機密情報は省略が可能。具体的には一般的に利用可能でない場合，情報開示が経済的利益を損なう場合など。(S1.34〜35)

出所：ESRS，IFRS資料に基づき筆者作成

④　財務諸表との連結性

　サステナビリティ報告と財務諸表との連結性についても，ESRSとIFRSサステナビリティ開示基準との間では要求内容が類似しています。それぞれサステナビリティ関連情報が，財務諸表上の財務データとどのようにつながっているのか関連性の説明が求められます。さらに，報告期間や報告対象についても一

致が求められます。

図表 5 - 3 - 5 「財務諸表との連結性」の対比

ESRS	サステナビリティ報告の金額またはデータポイントが，財務諸表に示されている最も関連性のある金額とどのように関連しているかを説明しなければならない。(ESRS 1.125) サステナビリティ・ステイトメントは，財務諸表と同じ報告事業者について作成しなければならない。(ESRS 1.62) サステナビリティ・ステイトメントの報告期間は，財務諸表と一致させなければならない。(ESRS 1.73)
IFRS S1号	サステナビリティ関連財務開示と，関連する財務諸表などとの間のつながりの説明が求められる。(S1.21) サステナビリティ関連財務開示について，関連する財務諸表と同時に報告しなければならない。また，同じ報告期間を対象としなければならない。(S1.64) 企業のサステナビリティ関連財務開示は，関連する財務諸表と同じ報告企業に関するものでなければならない。(S1.20)

出所：ESRS，IFRS資料に基づき筆者作成

⑤ 情報の記載場所

ESRSは，必要な情報を提示する場所と形式を規定しています。ESRSが要求するサステナビリティ情報は，経営報告書の専用セクションの中で報告するか，あるいは経営報告書の別のセクションや財務諸表等での情報を，専用セクションに参照して組み込む形で報告することが求められます。

一方，IFRSサステナビリティ開示基準は，適用がEU地域に限定されるものではないため，多地域に対応するよう設計されています。サステナビリティ情報は，一般目的財務報告書の一部として提供することが要求されるものの，その開示場所については様々な可能性があると説明されています。

図表5-3-6	「情報の記載場所」の対比
ESRS	経営報告書の一部であるサステナビリティ・ステイトメントに情報を記載することが要求される。(ESRS 1.112)
IFRS S1号	企業の一般目的財務報告書の一部として提供することが要求される。(S1.60) 企業の一般目的財務報告書の中で，サステナビリティ関連財務情報を開示するための場所は，様々なものが考えられる。(S1.61)

出所：ESRS，IFRS資料に基づき筆者作成

⑥ 外部保証

　ESRSのサステナビリティ報告については，CSRDにより外部保証が義務付けられています。当初は限定的保証でかまいませんが，最終的には合理的保証に移行することが求められます。一方，IFRSサステナビリティ開示基準の場合は，外部保証については記載がなく，これは義務付けられていないと考えられます。

図表5-3-7	「外部保証」の対比
ESRS	CSRDにより外部保証が義務付けられる。当初は限定的保証，最終的には合理的保証に移行することが求められる。(CSRD.60〜74)
IFRS S1号	記載なし

出所：ESRS，IFRS資料に基づき筆者作成

⑦ 開示事項の相関性

　続いて，ESRSとIFRSサステナビリティ開示基準の全般的開示事項の相関性について確認します。ESRSを作成したEFRAGとIFRS財団から，両者の相関性（interoperability）について示されています[3]。ESRS 2の開示事項とIFRSサステナビリティ開示基準のS1号（およびS2号の一部）の開示事項の間での主な相違点は次のとおりです。

3　ESRS–ISSB Standards, Interoperability Guidance, EFRAG/IFRS

ガバナンス，戦略などの各分野において，両者が要求する全般的開示事項には若干の差があります。その差は，ESRSがダブル・マテリアリティの立場で情報開示することに起因する部分が大きいです。ダブル・マテリアリティは，企業の事業活動のサステナビリティ課題に対する対外的なインパクトを注視するインパクト・マテリアリティと，サステナビリティ課題の企業価値等への影響を注視する財務マテリアリティの2つから構成されます。IFRSサステナビリティ開示基準はシングル・マテリアリティ（すなわち財務マテリアリティ）の立場をとるので，事業活動の対外的なインパクトに関する情報開示は要求されません。

例えば，ESRS 2のGOV-2の2.26（c）では，報告期間中に対処した重要なインパクト，リスクと機会について情報開示することを要求します。IFRSサステナビリティ開示基準ではS1号の26～27項がこれに該当しますが，インパクトについての報告は明示的に求められていません。

また，ESRS 2のGOV-4では，デュー・ディリジェンス・プロセスについてマッピングを使って説明することが要求されます。デュー・ディリジェンスは，企業が事業活動のインパクトを特定するプロセスであり，インパクト・マテリアリティの把握に大きく関連します。それゆえ，デュー・ディリジェンスに関する情報開示は，IFRSサステナビリティ開示基準において求められていません。

さらに，ESRS 2ではSBM-2の2.43～45において，ステークホルダーの利害と見解について情報開示を求めています。IFRSサステナビリティ開示基準ではこれに該当する箇所はありません。ESRSでは，ステークホルダーとは，一般目的財務報告の主要な利用者と並び，事業活動やバリューチェーン上の取引を通じてインパクトを受ける個人やグループもステークホルダーに含めています。ステークホルダーの範囲がESRSとIFRSサステナビリティ開示基準では異なっており，これも両者の開示事項の差異につながっています。

第4節　EUの関連法令

CSRDとともに，ESRSに大きく関わるEUの法令として次の3つが挙げられ

ます。それぞれの概要をご紹介します。

⑴　サステナブル投資に関するEUタクソノミー規則[4]

　これは2020年7月にEUにおいて発行した規則です。経済活動が，環境的に持続可能かどうかを判断する基準の確立を目的としています。タクソノミーとは，本来は動植物を分類することを目的とした用語であり，生物を「種」や「科」などに区分する学問分野を意味します。この考え方を応用し，「持続可能性に貢献する経済活動」を分類・列挙したものがEUタクソノミーです。

　ESG関連の資産運用が主流になるにつれ，見かけだけ環境保全に資するような取組み，いわゆる「グリーンウォッシュ」への懸念が強まってきました。開示基準があいまいだと，投資家が実態の伴わない活動をしている企業に資金提供してしまう可能性があります。サステナビリティへの取組みを高いレベルで実現している投資商品を見極めるため，世界の投資家や企業，規制当局の担当者が共有できる考え方が必要となります。「グリーン」あるいは「サステナブル」であると明確に示すことができる事業活動を定義し，分類したものがこのEUタクソノミーとなります。

　「グリーン」の定義に当てはまる活動について，その売上高や，設備投資，営業支出などに関するデータの開示が求められます。CSRDは，EUタクソノミーに関連する開示要件を，大きなサステナビリティ報告の枠組みに統合することを求めています。つまり，CSRDの適用範囲に含まれる企業は，EUタクソノミーの定義に基づき，自社の活動が環境的に持続可能な経済活動にどの程度関連しているかについての情報を開示しなければなりません。タクソノミーに関連する情報開示は，サステナビリティ・ステイトメントと並んで，マネジメントレポート内の特定のセクションに組み込まれる必要があります。

　この規則では，他の目標に大きな害を与える（有害である）ことなく，図表5-4-1の6つのうち1つ以上の環境目標に実質的に貢献する経済活動に焦点が当たっています。

4　The EU Taxonomy Regulation on Sustainable Investment（Regulation（EU）2020/852)

第5章 関連する報告枠組み **291**

図表5-4-1 環境に貢献する経済活動

1．気候変動の緩和	温室効果ガスの排出削減と低炭素経済への移行に貢献する活動
2．気候変動への適応	気候変動の影響に対する回復力を高め，社会と生態系が気候条件の変化に適応できるよう支援する活動
3．水と海洋資源の持続可能な利用と保護	水資源の責任ある効率的な利用と，海洋生態系の保護と回復を促進する活動
4．循環型経済への移行	資源の持続可能な利用，廃棄物の防止，循環型ビジネスモデルの促進に貢献する活動
5．汚染防止と管理	汚染を防止し，有害物質の放出を減らし，資源の持続可能な利用を促進することを目的とした活動
6．生物多様性と生態系の保護と回復	生態系，生物多様性，自然生息地の保護・回復，持続可能な利用を支援する活動

出所：Taxonomy – Final report of the Technical Expert Group on Sustainable Finance,
March 2020, EU

　2020年7月の制定段階において，EUタクソノミー規則の適用対象はCSRDの前身であるNFRD適用対象企業でしたが，2023年にNFRDがCSRDに置き換えられたことにより，CSRD適用対象企業が該当することになりました。多くの日本企業においても，CSRD適用と同時にEUタクソノミー規則が適用されると予想されます。したがって，CSRD適用にあたってはEUタクソノミー規則への対応も考慮が必要です[5]。

(2)　金融機関等に対するサステナビリティ関連情報開示規則 (SFDR)[6]

　持続可能な金融情報開示規則（SFDR）とは，金融商品を取り扱う企業や機関投資家等に対し，ESGに関する情報開示を義務付ける規則です。2019年12月にEUにより公布されました。この規則は，金融商品においてサステナビリティ関連情報の透明性の向上と，情報開示の標準化を目的としています。欧州

5　日本貿易振興機構（ジェトロ）調査部ブリュッセル事務所「CSRD適用対象日系企業のためのESRS適用実務ガイダンス」別紙参照
6　The Sustainable Finance Disclosure Regulation（SFDR）（Regulation 2019/2088/EU）

全体で枠組みを統一させ，透明性を持たせることにより，持続可能な投資を促進させ，「グリーンウォッシュ」を防止することが期待されます。

EUタクソノミーと狙いは共通しています。ただ，EUタクソノミーはあくまで環境面でサステナブルな経済活動の分類基準を設定することが目的であったのに対して，SFDRではこの基準に基づいたサステナビリティ関連情報の開示の標準化が目指されています。EUで金融商品を扱う企業・事業者（具体的には，銀行，保険会社，資産運用会社等）は，SFDRに定められた開示項目に基づき商品を販売することが求められます。

⑶　コーポレート・サステナビリティ・デュー・ディリジェンス指令[7]

コーポレート・サステナビリティ・デュー・ディリジェンス指令（CSDDD）は，企業に「人権や環境に関するデュー・ディリジェンス」を義務化する指令です。欧州委員会が2022年2月に本指令案を発表し，2024年4月に欧州議会が同指令を正式に採択しました。

デュー・ディリジェンスとは，企業がその事業に関連する環境と人々への顕在的および潜在的なマイナスのインパクトを特定，防止，軽減し，その対処方法を説明するプロセスです。つまり，事業活動によって人権侵害や環境への悪影響が懸念される場合，これを特定し，必要に応じてその防止や緩和処置をとることを意味します。ここでの事業活動とは，企業自身の事業や，製品やサービスだけに限りません。どこまでを範囲に含めるかの判断によって，企業の報告義務や，場合によっては損害賠償責任などが大きく影響されます。そのため，同指令が採択されるまで，デュー・ディリジェンスの対象範囲についてEU加盟国間で議論が重ねられてきました。

CSRDの開示要求事項においてもデュー・ディリジェンスのプロセス説明等が求められています。企業はCSDDDの対応を踏まえ，CSRDに従って情報開示してゆくことが求められます。CSDDDの対象となる企業は，会計年度中に全世界での年間純売上高が4億5,000万ユーロを超え，かつ従業員数が1,000人

7　Corporate Sustainability Due Diligence Directive（CSDDD）

超のEU域内企業です。合計で6,000社前後がこれに含まれます。EU域外企業の場合でも、EU内での年間純売上高が4億5,000万ユーロを超える場合は対象となります。EU域内の当事者とフランチャイズ契約またはライセンス契約を締結している企業、またはそのグループの最終的な親会社である企業も含まれます。なお、「従業員」の規定がEU域内とEU域外では異なることが想定されるため、EU域外企業の対象基準からは従業員数が外されています。対象となるEU域外企業数は900社前後とみられています[8]。

　同指令の導入は段階的に進められます。従業員数5,000人以上・売上高15億ユーロ以上の大企業は試行後の3年間、従業員3,000人以上・売上高9億ユーロ以上の企業には4年間の猶予が与えらます。5年後にはすべての対象企業に適用されます。

8　https://commission.europa.eu/business-economy-euro/doing-business-eu/corporate
-sustainability-due-diligence_en

第 6 章

ESRS対応の
経営への活用

前章までにESRSの背景，および各項目で押
さえておくべき内容を述べてきました。最後
に本章では，ESRSへの対応検討を機に，改
めて捉え直したい企業のサステナビリティ情
報に対する考え方や取組みのポイントについ
てまとめます。第１節では日本企業における
情報開示の変遷，第２節ではESRS対応経営
に向けたポイント，第３節ではESRSを踏ま
えたマテリアリティ決定から開示までの流れ
について説明します。

296

第1節　日本企業におけるサステナビリティ情報開示の変遷

　今後の取組みを考えるにあたって，まずサステナビリティ情報開示が日本企業で取り組まれてきた背景を整理します。

(1) 【1960年代〜1990年代前半】社会的責任を果たすため

　第二次大戦後，世界中で人口が爆発的に増加し産業活動も活発化したことにより多くの資源が必要となり，農地拡大や都市建設のため森林が伐採され海浜が埋め立てられ従来の自然の形が変わり始めました。1960年頃から環境問題が顕著となり，スイスに本部を置くシンクタンク「ローマクラブ」は，1972年に第1回報告書「成長の限界」を発表し警鐘を鳴らし始めました。

　日本においては地球全体の環境問題よりも，排気ガスや排水等が引き起こす公害による健康影響が大きな社会問題となり，1967年には「公害対策基本法」が公布・施行され，官民を通じた体制の整備が進みました。これにより，激甚な産業公害は徐々に改善され企業の公害対策も定着しましたが，法令に基づく排出基準や立地する地域の公害防止協定といった企業の外部からの要請を遵守する姿勢が基本であったことも否めません。

　一方，1989年のタンカー座礁による原油流失事故（「バルディーズ号事件」）はGRI設立のきっかけともなり，「企業は環境への責任を果たすべき」という世界的な気運の高まりにつながりました。そうした状況を踏まえ，1991年に経団連（日本経済団体連合会）が「地球環境憲章」を発表したことを契機に，多くの企業は同憲章を活用して環境問題への取組みを強化し，企業の環境保全等に関する広報活動が広く実施されるようになりました[1]。日本における「サステナビリティ情報」開示の原点となるものですが，産業公害に対する企業不信や企業の利益至上主義批判をかわす意味から，「社会的な責任を果たすために報告を行う」という色合いの濃いものを起源としていました。

1　環境庁『平成5年版環境白書』

第6章　ESRS対応の経営への活用　**297**

　さらに，バブル経済の崩壊前後からの企業不祥事の多発を受け，経団連は企業倫理の確立を目指した動きを始めます。そして，2003年には「CSR経営元年」といわれるほど多くの企業がCSR（企業の社会的責任）に関連する部署を設置し，それに伴い『CSR報告書』を多くの企業が発行するようになります。企業倫理の確立，法令遵守，企業不祥事の未然防止に加え，主に環境関連の外部から求められている情報の開示，自社の地域社会貢献活動のアピールといった内容でした。

⑵　【1990年代後半～現在】GRIとESG関連投資インデックスへの対応

　1997年設立されたGRIによって，2000年にGRIガイドライン初版が発行されました。「持続可能性」や「サステナビリティ」という曖昧だった概念が規定され，世界で初めて非財務情報開示の枠組みが示されました。幅広いステークホルダーとのエンゲージメントに基づき，サステナビリティに関するポイントを明確にした画期的なものでした。コンプライアンスや企業倫理活動，環境への取組みと社会貢献活動を述べるにとどまっていた日本企業の情報開示にとってGRIガイドラインはグローバルな論点を示し記載すべき内容の指針となり，多くの企業が採り入れました。

　さらに，第5章第1節で述べたとおり，2006年に当時の国連事務総長であるコフィー・アナンが機関投資家の意思決定プロセスにESG課題を受託者責任の範囲内で反映させるべき，とした世界共通のガイドライン「責任投資原則」を提唱しました。これにより，企業には世界中の機関投資家からESG関連の投資インデックスやファンド関連のアンケートや問い合わせが大量に寄せられるようになりました。インデックスからのアンケートに対応するため，GRIガイドラインはとても使い勝手のよい参考資料でした。その一方，日本では，とにかくGRIの項目に沿って「近似した内容を開示さえしておけばよい」という風潮が生まれたのも事実です。そして，残念ながらこの傾向は今でも続いているようです。

　サステナビリティ報告を行う目的は，ステークホルダーの意思決定に役立て，企業と社会のサステナビリティのために情報を開示することです。しかし，こ

うした意欲からではなく，近似データを集めて開示すればよいという対応にとどまっているように感じられます。

図表6−1−1 日本におけるサステナビリティ報告の変遷

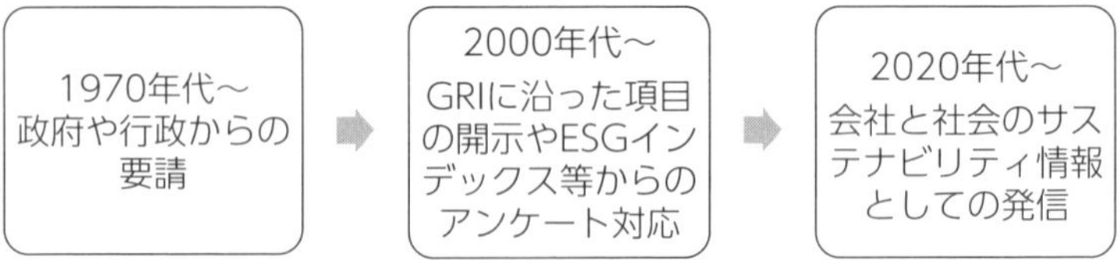

1970年代〜
政府や行政からの
要請

➡

2000年代〜
GRIに沿った項目
の開示やESGイン
デックス等からの
アンケート対応

➡

2020年代〜
会社と社会のサス
テナビリティ情報
としての発信

出所：各種資料に基づき筆者作成

(3) 【将来に向けて】ESRS対応の検討を機に

2020年代に入るまで，例えば2015年に持続可能な開発目標（SDGs）が登場したころは，サステナビリティとは若干抽象的な概念で，日々の生活に身近なテーマとは意識されなかったと思います。しかし，今日では地球温暖化に伴う異常気象は各地に災害をもたらし，農業や漁業への影響も看過できなくなりつつあります。気候変動だけでなく，生態系保全や人権尊重などもビジネスの課題として認識されるようになりました。

政府やNGO，機関投資家等の求めに応じて「ただ開示さえしておけばよい」という受け身の対応では，社会や環境の変化に適応できません。自社のビジネスを中長期にわたり持続可能なものとしていくため，戦略を構築する必要があります。将来に向けて，自社と社会のサステナビリティを達成していくために，各企業は「誰かに求められる内容の開示」という「受け身・守りの開示」から，「自社の存続のためのマテリアリティ」に基づく「攻めの開示」に切り替える必要があります。

ESRSは「インパクト・マテリアリティ」と「財務マテリアリティ」の両者を評価するダブル・マテリアリティの立場を採ります。このダブル・マテリアリティの評価に基づくサステナビリティ情報を，ステークホルダーに伝え，自社の持続可能性を高め企業価値向上に結び付けることが目指されます。ESRS対応の検討を機に，サステナビリティを基軸とした経営に移行すべきです。

第6章　ESRS対応の経営への活用　　299

　次節では，ESRS対応の検討を進めるにあたっての体制とマテリアリティの考え方のポイントを説明します。

第2節　ESRS対応経営に向けた4つのポイント

　本節では，ESRSへの対応を経営に活用するために留意すべきポイントを4つにまとめてご説明します。

(1)　ポイント1：サステナビリティを「経営の仕事」として捉え直す

①　環境や社会の課題が事業に大きな影響を与える

　環境や社会の課題に関する「サステナビリティ情報」が株主や投資家，ステークホルダーの判断材料となった背景には，それらの課題が企業のビジネスモデルや価値創造の源に対して強い影響力を持つようになったことが考えられます。例えば，農林水産業であれば，原料収穫時等の人権や環境に配慮した持続可能な農業や漁業が行われているかどうかは，企業の原材料調達や生産に直結するでしょう。また，低賃金や長時間といった人権侵害に等しい労働力に頼っていれば，人手不足の社会において労働力を維持するのは難しく，評判リスクも発生します。あるいは，デジタルによるイノベーションに取り組まずにいると，ある日突然，まったく違うビジネスモデルが登場した場合に完全に取り残されるリスクが高くなりますし，逆に取り組んでいれば新しいサービスの開発へと結び付く可能性が生まれます。

　不確実性の高い時代にあって，これまでの経営環境を激変させるゲームチェンジに対応できるよう，自社の価値創造の源泉を磨き，将来にわたってビジネスモデルの激変にも耐えうる状況を作るために取り組み続けていることをステークホルダーに適切に判断してもらうための材料を提供するのが「サステナビリティ報告」です。ステークホルダーに安心して関与し続けてもらうため，企業を取り巻く社会と環境課題に及ぼすインパクトに関する情報（インパクト・マテリアリティ）を示し，それらの社会と環境課題に伴う「機会」と「リ

スク」を勘案し，企業価値等への影響をしっかり把握しているか（財務マテリアリティ），手立てを打つための経営ができているかに関する情報を提供することが求められます。全体の出発点になるのが「インパクト・マテリアリティ」の評価となります。

図表6-2-1は，環境や社会課題がビジネスモデルや価値創造の源泉に影響を与える構図を示しています。例えば，環境面では持続可能な農林漁業，廃棄物管理，水資源枯渇，気候変動等の課題があります。社会面では不法労働，低賃金労働，情報技術革新といった課題があります。これらが企業の価値創造の源泉たる「秘伝のタレ」に影響を与え，「秘伝のタレ」を活用した従来のビジネスモデルの変革を余儀なくするのです。

図表6-2-1　環境・社会課題がビジネスモデルに大きな影響を与える

持続可能な農林漁業，廃棄物管理
水資源枯渇，海洋プラスティック

<u>原材料調達，生産，
廃棄物への影響</u>

気候変動
脱炭素経済への移行（ダイベストメント
とグリーンファイナンスの拡大）

 <u>資金調達，環境規制
対応コストへの影響</u>

価値創造の源泉・・・「秘伝のタレ」
ビジネスモデル・・・秘伝のタレを活用した稼ぐ
　　　　　　　　　（マネタイズする）仕組み

<u>人材・労働力，市場，
サプライチェーンの影響</u>

 <u>情報管理，技術変化
の影響</u>

不法労働，低賃金労働・長時間労働
人口減少・高齢化・労働人口減少
人財のグローバル化・ダイバーシティ

情報技術革新
情報技術を活用した新サービスの登場
個人情報保護と情報弱者のアクセス権確保

これまでの経営環境が変化。変化に対応した事業が登場＝ゲームチェンジ

出所：一般社団法人　株主と会社と社会の和

②　サステナビリティ推進部門の経営企画部門との統合

会社のサステナビリティは，「サステナビリティ推進部門」だけで考える事項ではありません。サステナビリティ推進部門は「会社の目・耳・鼻」として，世界の環境や社会の動向に関する情報提供を行うことはできますが，自社のサステナビリティに責任を負い最終的な判断を下すのは「経営層」です。サステ

ナビリティ推進部門は経営層の指揮のもとで、企業戦略情報を扱っている経営企画部門等と一体となって動き、会社の未来を創るための情報やデータを集めて経営層に判断材料を提供します。そして、経営層が決定したマテリアリティに沿った取組状況を、わかりやすくステークホルダーに伝える「口」の役割も果たすことが求められます。

日本ではサステナビリティ推進部門を「広報」、「総務」に位置付けている会社が未だ多くみられます。あるいはサステナビリティ推進部門に、リエゾンとして開示情報の関連部門（環境や人事の部門）の担当者を集めて調整を図る体制を採っている会社もあります。前者の体制を採った場合、会社の財務的な側面での観点が抜け、求められるままに情報を集めて期日までに発信物を完成させることが目的になりがちです。また、後者の体制では、部門利益の最適化が優先されて全社的な視点を構築できないことが多いようです。

ESRSへの対応を機に、サステナビリティを経営計画立案の中に織り込めるよう、経営企画とサステナビリティを統合した組織体制に整備し直すことにより、リスクを回避しチャンスを活かす企業へと進化できると考えます。

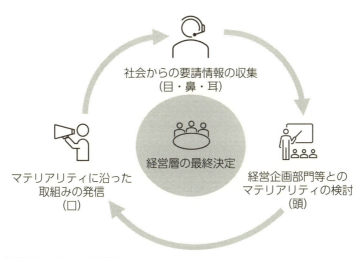

図表6-2-2　サステナビリティ推進部門の位置付け

社会からの要請情報の収集
（目・鼻・耳）

経営層の最終決定

経営企画部門等との
マテリアリティの検討
（頭）

マテリアリティに沿った
取組みの発信
（口）

出所：各種資料に基づき筆者作成

③　企業の意思決定の場としてのサステナビリティ委員会

　さらに多くの企業では「サステナビリティ委員会」が設置されており，委員長を執行役員が務め「取締役会」に報告しています 。委員会はサステナビリティ関連部門（環境，人事，購買等）および各セクターや事業所の代表者（部門責任者）から構成され，現場の情報の吸い上げに役立っています。しかし，委員会の議事が，CO2や廃棄物の数字の報告のみで終始し，実質的な議論が進まないと，委員会はすぐに形骸化します。委員会を活性化するには，全社視点を持った役員や事業やセクターの責任者が委員を務め，多くの角度から議論を尽くした上で，すみやかに各事業部門・全社で実現できる権限を委員長が持つ必要があります。報告よりも議論・検討により多くの時間を割き，現場の意見を把握した上で「秘伝のタレ」を磨き，より強めるための意思決定の場としてください。

　また，議論の場にESRS 2 GOV-1で求められているような，「サステナビリティ項目に関する事項の専門知識とスキルへのアクセス」を加えることは，サステナビリティ経営をさらに進化させます。サステナビリティに関連する専門知識を吸収し，自社のサステナビリティに関するリスク・機会への知見を深めることにつながります。

　例えば，第一生命ホールディングスにおいては，取締役常務執行役員が委員長を務める「グループサステナビリティ推進委員会」に議題に応じて外部有識者を招き，専門知識を獲得し活動のブラッシュアップにつなげています。

図表6-2-3　サステナビリティ専門知識へのアクセス事例

｜ 外部有識者

主な外部有識者※

○○○○氏	公益財団法人Wellbeing for Planet Earth 代表理事
○○○○氏	大阪大学大学院ESGインテグレーション 研究センター長
○○○○○○○○氏	株式会社イースクエア 共同創業者 NPO法人NELIS 代表理事

※各回のテーマに応じて，適宜ご参加いただいています

出所：第一生命ホールディングス「サステナビリティレポート2023」[2]

なお，サステナビリティ委員会と同列に「リスクマネジメント委員会」，「内部統制委員会」が配置されることがあります。リスク管理や内部統制について相互に関連しながら実務を進めることが可能となれば，サステナビリティに関するガバナンスが強化されます。例えば，NTTデータグループでは，サステナビリティ経営推進委員会と内部統制委員会が連携することにより，全社リスクとの整合をとっています。また，サステナビリティ経営推進委員会の中に，小委員会として環境や人権に関するテーマ別ワーキンググループを設けています。

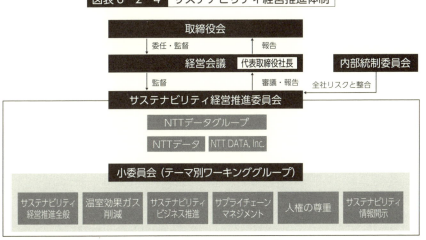

出所：NTTデータグループ「2024年3月期有価証券報告書」[3]

(2) ポイント2：情報開示は「マテリアリティ」に絞り込む

① 自社の持続可能性に本当に必要なものは何か

日本の企業では「マテリアリティ」を，「環境」，「社会」，「ガバナンス」という区分けで考え，ESG全項目について「網羅的に」開示しているレポートが

2　https://www.dai-ichi-life-hd.com/sustainability/report/2023/pdf/index_001.pdf
3　https://www.nttdata.com/global/ja/-/media/nttdataglobal-ja/files/investors/library/asr/2024/yuho2024_all.pdf?rev=d83dd37c0f0e41c39206dee62603b191

多くみられます。その根底に流れているのは，企業の社会的責任を果たすために「政府や投資インデックスから要請された内容を開示していればよい」，あるいは「GRIの項目として取り上げられているから」といった「会社の外からの圧力」に応じる受け身な姿勢ではないかと感じます。

ESRSで開示が求められているサステナビリティ情報は，環境や社会の課題を勘案し自社にとっての「マテリアリティ」は何かを明確に判断した結果であるべきです。従来のように「サステナビリティ推進部門」が社内の各部署に説明・調整のために走り回り，「サステナビリティ報告書」等に実績数字を記載して終わるものではありません。ESRSでは，「インパクト・マテリアリティ」だけではなく，インパクトの緩和や適応のための投資や利益，売上も考慮した「財務マテリアリティ」の開示も求める「ダブル・マテリアリティ」の考え方に基づいています。「網羅的な」開示では，企業の持続可能性にとって何が最も重要なのか，ますますわからなくなります。

② ステークホルダーの関心に応え続ける

さらに，近年では，株主や投資家のみならず求職者や取引先もサステナビリティ活動に関する情報に関心が高く，会社が発行する『サステナビリティレポート』や『統合報告書』を深く読み込んでいます。将来，その企業が持続しているのかどうか，投資や労働力の提供によるリターンを得られるのかどうかを判断するために，気候変動への手立てはもとより，社内の多様性を高め，設備に対するのと同様に人財にも適切な投資を行い，生物や水，人権に関するリスクを回避し，機会として考えているかどうかを判断しています。「将来性あり」と判断すれば，会社の未来を見込んで長期の投資や労働力というサービスの提供が行われます。会社と社会が生き残れる「未来価値」のある企業であるという理解を深めるために「サステナビリティ情報」が財務情報とともに不可欠な要素となっています。

例えば，欧州の機械メーカーであるシュナイダーエレクトリック社では，社会と自社にとって重要であると捉える項目を6つのみに設定し，6つの項目ごとに記載を行い，その上で，さらに各項目の進捗を4半期ごとに開示しています。シュナイダー社にとって本当にマテリアルな項目が目標に向けて進んでい

第6章　ESRS対応の経営への活用　305

るのかどうかがステークホルダーから一目でわかるような開示に工夫をしています。

図表6-2-5　シュナイダーエレクトリック社における「重要な項目」の開示

SCHNEIDER
SUSTAINABILITY IMPACT

2023 score:
6.13/10

vs. 4.91/10 in 2022 and outperforming 6/10 target for the year

Schneider Sustainability Impact
6 Long-term Commitments 11+1 targets for 2021-2025

			Baseline	2023 Progress	2025 Target
Climate	1.	Grow Schneider Impact revenues	2019: 70%	74%	80%
	2.	Help our customers save and avoid millions of tonnes of CO_2 emissions	2020: 263M	553M	800M
	3.	Reduce CO_2 emissions from top 1,000 suppliers' operations	2020: 0%	27%	50%
Resources	4.	Increase green material content in our products	2020: 7%	29%	50%
	5.	Primary and secondary packaging free from single-use plastic, using recycled cardboard	2020: 13%	63%	100%
Trust	6.	Strategic suppliers who provide decent work to their employees	2022: 1%	21%	100%
	7.	Level of confidence of our employees to report unethical conduct	2021: 81%	+1pt	+10pts
Equal	8.	Increase gender diversity in hiring (50%), front-line management (40%) and leadership teams (30%)	2020: 41/23/24	41/28/29	50/40/30
	9.	Provide access to green electricity to 50M people	2020: 30M	+16.6M	50M
Generations	10.	Double hiring opportunities for interns, apprentices and fresh graduates	2019: 4,939	x1.52	x2.00
	11.	Train people in energy management	2020: 281,737	578,709	1M
Local	+1.	Country and Zone Presidents with local commitments that impact their communities	2020: 0%	100%	100%

出所：Schneider, 2023 Sustainable Development Report[4]

(3)　ポイント3：「規定演技」のマテリアリティを必ず組み込む

　環境や社会課題を勘案したマテリアリティを検討していくと，成長戦略とし

4　https://www.se.com/ww/en/assets/564/document/466155/2023-sustainability-report.pdf

ての意味合いを持つ事項を，重要課題として設定しがちです。そのため，事業活動の根底となるコンプライアンスや企業倫理，情報セキュリティ・個人情報保護は当たり前の事項として見落とされることが多いようです。しかし，基盤となる課題にしっかりとした取組みを行っていないと，不祥事を起こし信用を失い，回復のために多大なコストがかかってしまいます。昨今，このような企業事例は枚挙にいとまがありません。

多くの不祥事は「風通しのよくない企業体質」といわれる問題が多く，重要なステークホルダーである従業員と経営陣の対話が軽視されていることから発生しています。どんなに素晴らしい企業理念を持ち，成長性の高いマテリアリティを掲げていても，根本的な倫理観が欠如している企業に持続可能性はない，といっても過言ではないでしょう。

根本的な倫理観に通じるものは「規定演技」のマテリアリティと呼ぶものであり，失敗すると大きな減点対象です。一方の「成長戦略」としての意味合いの強いマテリアリティは「自由演技」のマテリアリティであり，他社との差別化ポイントにつながり，成功すれば大きな加点になります。マテリアリティの評価を行う過程では，「自由演技」と「規定演技」のマテリアリティの双方を

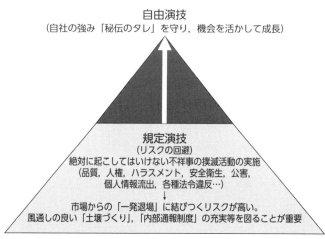

図表6-2-6　自由演技と規定演技のマテリアリティの考え方

出所：一般社団法人　株主と会社と社会の和

第6章　ESRS対応の経営への活用　307

組み入れることを念頭に置いて検討する必要があります。

　例えば、日本の大手広告代理店である電通では、最重要項目として「企業倫理とコンプライアンス」を挙げています。不祥事によって社会を揺るがせた教訓を踏まえ、自社の存続には倫理観の高い組織であることが不可欠であり、コンプライアンスの徹底を図っていることが示されています。

| 図表6-2-7 | 規定演技を最重要なマテリアリティとした事例 |

パーパス	**an invitation to the never before.** 私たちは、多様な視点を持つ人々とつながりながら、かつてないアイデアやソリューションを生み出し、社会や企業の持続的な発展を実現するために存在しています。		
ビジョン	「人起点の変革」の最前線に立ち、社会にポジティブな動力を生み出す		
目指す社会	人が生きる喜びに満ちた活力ある社会		
経営方針	B2B2S　顧客企業と共に社会課題を解決し、社会全体の持続的成長を実現する		
2030 サステナビリティ 戦略	**困難な社会課題を解決する未来のアイデアを生み出していく**		
重点領域	PEOPLE 私たち一人ひとりがもつ力の最大化	PLANET 地球環境と社会の持続可能性	INNOVATION 新しいアイデアやソリューションの創造
重要課題	1　企業倫理とコンプライアンス/データセキュリティ 2　DEI 3　人的資本の開発	4　気候変動へのアクション	5　イノベーションに導くリーダーシップ

出所：電通サステナビリティウェブサイト[5]

(4)　ポイント4：専門人材を育成し配置

　企業におけるサステナビリティの推進には、サステナビリティ関連動向や情報の把握と分析、そして情報発信のための専門的な知見を持つ人材の配置が必要です。企業の中の人材としては、専門知識があるだけではなく、自社に対する洞察と会社をよりよくしたいという熱意のある人材が不可欠です。

　海外企業や団体においてサステナビリティ関連業務に携わる人は、環境や人

---

[5]　https://www.dentsu.co.jp/sustainability/

権関連のNGO等で知見を積んだ上で企業のサステナビリティ推進部門に在籍し，その後，またNGOや政府機関で働くといったケースがしばしば見られます。日本では定期異動でたまたまサステナビリティ推進部門に配属され，3～4年でまたまったく違う部署に移っていくことが多いのではないでしょうか。これでは，なかなか深い知見が自社の中に蓄積されず，常に初歩から育成しなくてはなりません。また，サステナビリティ推進部門に異動してきた社員は「数字を集めるのが大変」，「他部門の協力を得にくい」といったことを口にし，「やらされ仕事」に不満を持っている方も少なくないようです。

　ESRSへの対応は，自社のマテリアリティを見直してよりよい情報発信に結び付ける絶好の機会になります。おそらく，ESRS対象となる会社の多くにおいて，最終的なマネジメントレポートへの集約については，第三者保証も行う監査法人の力を借りることになるかと思います。しかし，「自社のサステナビリティにとっての真のマテリアリティは何か」，「マテリアリティを達成するために不足していることは何か」を知るのは，その企業のことなら裏も表も理解している社員を措いてはいないはずです。「会社をよりよくしたい」という強い気持ちを持ち，経営層に言いにくいことは外部の第三者として監査法人等の口を利用して言ってもらえればいいと思います。したたかに，自社をよりよい場所に変えていくことを目指すことをお勧めします。

　「言われるから開示する」，「開示して終わり」の「やらされ仕事」ではなく，会社と社会のサステナブルな未来のために働くプロとして，社員自身が情報を集めてステークホルダーとエンゲージメントし自社の活動の中に活かすべきです。会社と社会をよりよくする「未来の経営の仕事」としてサステナビリティ関連業務に携わる姿勢が求められます。

第3節　ESRSを踏まえたマテリアリティ決定・開示のステップ

　本節ではESRSを踏まえた，マテリアリティの決定からサステナビリティ情報の開示に至るまでの7つのステップをご案内します。前節で取り上げた4つ

のポイントとのつながりについても示します。なお，このステップはESRSを踏まえて筆者がまとめたものであり，ESRSないしCSRDで求められているものではないことにご留意ください。

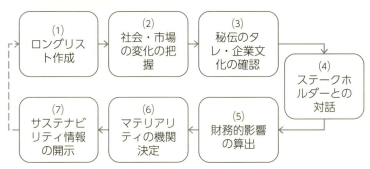

図表6-3-1 サステナビリティ情報開示までのステップ

出所：各種資料に基づき筆者作成

(1) ロングリスト作成

① 開示基準等を参考にした作成

　企業活動は社会や環境にインパクトを与え，また社会や環境の課題が自社のビジネスモデルや価値創造の源に対して強い影響を持つようになってきています。不確実性の高まる時代にあって，社会や環境の変化やこれが生み出す「機会・リスク」をしっかりと見ていなければ，企業は将来的に持続することはできなくなっています。企業のサステナビリティを検討する上での第一歩は，社会や環境等の外部情報に基づく「ロングリスト」の作成です。

　現在グローバル社会から懸念や解決が期待されている課題を網羅したリストとして「GRIスタンダード」や「SDGs（169ターゲット）」が挙げられます。また，サステナビリティ関連事項をセクター別に整理したものとして「SASBスタンダード」があります。GRIスタンダードも，対象セクターは限られていますが，セクター別の基準を設定しています。

　これらを参照することで，自社が所属しているセクターではどういった項目がマテリアリティであると想定されているのかを確認することができます。

GRIスタンダードやSASBスタンダードにはESRS E1〜G1とは別の項目も載っていますので，ロングリストを作る際に参考になります。

② 自身の目とステークホルダーの声で確認

　こうした開示情報等の資料を参照する際には，担当者自身がオリジナルの資料にあたることが重要です。社外の誰か（監査法人やコンサルタント）に任せるのではなく，少なくとも自社のマテリアリティに近いと予想される項目だけは，必ず担当者自身が直接に資料で確認すべきです。各項目はどんな社会状況を背景としているのか，何を開示項目として求めているのか，自身の目で確認することによって，タイトルだけの印象ではわからなかった，各項目への理解が深まります。情報開示をマテリアリティに絞り込む際に，このような理解が必要となります。

　さらに，上記資料に加えて，日ごろのステークホルダーとのエンゲージメントを通じて得た情報も，重要な資料となります。ステークホルダーの声を企業活動に活かし，再度その内容を社会に発信していくという循環（PDCA）に回すためにも，まずはこのロングリスト作成にステークホルダーの声を反映させる必要があります。

　ロングリストの作成に続いては，事業展開地域，上流・下流の範囲を把握し，ロングリストに挙げた項目が自社事業にどの程度関連するかを判断します。各項目はリスクなのか機会なのかを検討し，リスクならば範囲と是正困難の程度，機会ならば規模や範囲の重大性，発生可能性などを明確にし，自社にとってのマテリアリティの特定に役立てます。

(2) 社会や市場の変化の把握

　前項に挙げたような外部情報からは読み取ることができない，自社を取り巻く外部環境の変化，いわゆるゲームチェンジの予測も，マテリアリティの特定にはとても重要です。前述のように，近年はコンプライアンスや企業倫理，情報セキュリティ・個人情報保護といった課題への関心が高まっています。さらに，日本の市場の成熟化や人口減少といった傾向が進めば，今後の事業戦略として「未開拓市場への進出」を検討せざるを得ず，進出予定の地域や市場の社

第6章　ESRS対応の経営への活用　　**311**

会や環境に関する情報も盛り込む必要があるでしょう。顕在化している社会や市場の状況を視野に入れながら「リスク・機会」の検討を進める必要があります。

　例えば，味の素グループでは，同社にとってのマテリアリティに関わる14項目のリスクと機会を挙げていますが，No.7「技術革新」では培養肉などのフードテックへの対応の遅れ，No.6「気候変動・資源枯渇」では動物資源枯渇（プロテインクライシス等）といったゲームチェンジを意識したリスクと機会を視野に入れた上で，マテリアリティの策定を行っており，一般的な外部情報にとどまらない内容を拠り所としていることが窺われます。

| 図表6-3-2 | 味の素グループのマテリアリティに関わるリスクと機会 |

味の素グループにとっての重要な事項（マテリアリティ）に関わるリスクと機会

		主要なリスクと機会（○機会　●リスク）	関連するマテリアリティ要件
No.1	アミノサイエンス®	○味の素グループの強みであるアミノサイエンス®を活かした事業成長の機会，および市場におけるモダリティの進化を先取りしアミノサイエンス®で貢献する機会 ●アミノサイエンス®だけでは市場におけるモダリティの進化に対応し切れないリスク	1.1
No.2	ブランド	●MSGや甘味料に関するネガティブ情報が拡散され，コーポレートブランドが毀損されるリスク ○地域に根付く強いブランド力を活かした事業成長の機会	1.2
No.3	人財	●人財の需給imbalanceにより，イノベーションや事業活動に必要な人財が確保できないというリスク ○当社の志に共感して集う人財が，"多様性"と"挑戦"にフォーカスした積極的な人財投資のもと，共創価値をスケールするという機会	1.1　2.1 3.1　3.2 4.3
No.4	非財務データの収集・定量化	○技術革新により，従来測定・分析できなかった非財務データの収集が可能になり，機会を評価できる定量化メソッド開発へと貢献し，効果的なスタンダード作りと展開に参加しやすくなるという機会 ●社会価値の評価・測定の水準（社会要請）の高まりに対応が遅れ，事業機会を逃すリスク	1.2

No.5	SDGsネイティブ世代の台頭，SNS普及，未来志向	●若者に見放され事業成長が抑制されるリスクや「おいしさ」が食の重要な要素ではなくなるリスク ○フードシステム上に存在する他企業・機関とのサステナブルなソリューション共創の機運が高まり，リジェネラティブなフードシステム実現のためのエコシステム構築が容易になるという機会	2.3 4.3	3.3
No.6	気候変動，資源枯渇	●気候変動の環境影響や動物資源枯渇課題（プロテインクライシス等）の顕在化により地球全体のサステナビリティが確保できなくなり，原材料の調達ならびに生活者への食の提供，事業継続が困難になるというリスク，およびリジェネラティブなフードシステムの実現が困難になるというリスク	1.3 3.3 4.3	3.1 4.1
No.7	技術革新（フード・農業・環境・デジタル分野）	○リジェネラティブなフードシステムを実現するソリューションの選択肢の幅が広がるという機会，高栄養価の農作物など健康的なライフスタイルに資する技術が普及するという機会，またデジタル化やAI技術導入により広範囲にバリューチェーンを形成しやすくなるという機会 ●食を取り巻くテクノロジーの進化（調理自動化，培養肉など）への対応遅れが事業成長を抑制したり事業機会を損失するリスク	1.2 3.2 4.1 4.3	2.3 3.3 4.2
No.8	サステナビリティ消費・習慣	●サステナビリティ消費・習慣の一般化により，サステナビリティに関する取り組みが経済価値に転嫁できず投資・コストを吸収できないリスクや日々進化を続けるサステナビリティやグリーン化に係る技術が先行し，地域によって生活者や社会の受容性に遅れが生じるリスク	1.1 2.2 3.2 4.3	2.1 3.1 3.3
No.9	人口増加，途上国への資本流入	○世界人口増加や公的機関による途上国への資本の流入の促進により健康・栄養をベースにしたソリューションの需要が高まるという機会やヘルスケア市場が大きく拡大する機会，新興国も含めたソリューション共創が促進される機会	2.3 4.2	4.1 4.3
No.10	法規制	●法規制の整備や一部地域で再生可能エネルギーの選択肢を選べず事業継続が困難となるリスク ○フードシステムのレジリエンス向上に関連する法規制に適切に対応することで生まれる事業機会	1.1 3.1 4.2	1.3 3.3
No.11	ガバナンス	●コンプライアンス違反や品質・安全管理の不備等により基盤リスクマネジメントが疎かになることによる事業継続リスク ○当社らしい安全・品質・環境マネジメント活動の継続によりステークホルダーからの信頼が蓄積されることで生まれる機会	1.2 3.1	2.2
No.12	パンデミック，紛争	●パンデミックやウクライナ侵攻等に伴う物資の不足によりイノベーションの推進や事業活動が困難となるリスク，および紛争・貿易戦争等により国をまたぐ情報共有が制限され，全社および事業戦略の浸透や開発が滞るリスク	1.1 2.2 3.2 4.2	1.3 3.1 4.1 4.3
No.13	テロリズム・クーデター	●テロリズム・クーデターにより現地幹部・駐在員が拘束されるリスクや特定国の事業活動が継続できなくなるリスク	1.1 2.2	1.3 4.2

| No.14 | ITセキュリティ，知的財産 | ●ナレッジマネジメントの不備や急速な技術革新により戦略・重要機密などが漏洩・紛失されるリスクやサイバー犯罪のターゲットとなりセキュリティが脆弱化するリスク
○グローバル視点での知的財産ポートフォリオの構築をはじめとする知的財産戦略の強化により，さらなる競争優位性と事業成長を後押しする機会 | 1.1 | 1.2 |

出所：味の素「味の素グループサステナビリティレポート2023」[6]

(3) 秘伝のタレ・企業文化の確認

　リスクと機会を検討する際の視点として，自社が将来にわたって守るべき「強み」，言い換えると他社への優位性を持ち差別化の鍵となる「秘伝のタレ」は何か，そしてその「秘伝のタレ」を阻害する要素と「秘伝のタレ」をより強くする要因は何かを見極めることも重要です。また，他社がマネのできない「企業文化」を維持し伸長することも強みにつながっていきます。

　例えば，積水ハウスグループでは，「技術力」，「施工力」，「顧客基盤」を，一朝一夕では模倣できない独自性として，長年にわたる挑戦と革新の積み重ねにより形成されてきたものとしています。その背景には，人々の命と財産を守るため，企業理念の根本哲学である「人間愛」を実践してきたことと，顧客の理想や要望に徹底して応え，深いつながりと信頼関係を構築する「お客様ファーストのDNA」があるとしています。積水ハウスグループにとってのマテリアリティは，これらの強みや普遍的な価値観を未来へとつなぐ方向性を指し示すものとしています。このように，マテリアリティは自社の価値観や強みに強く結び付けることを意識して策定を進める必要があります（ポイント1：「経営の仕事」と捉え直す）。

---

6 https://www.ajinomoto.co.jp/company/jp/ir/library/databook/main/00/teaserItems1/04/linkList/02/link/SR2023jp_all.pdf

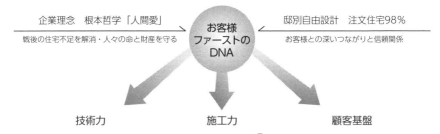

図表6-3-3　積水ハウスグループの企業理念・経営哲学

出所：積水ハウスグループ「VALUE REPORT 2024」[7]

(4) ステークホルダーとの対話

① 対話を通じて課題を見出す

　マテリアリティを策定する際には，顧客をはじめとするステークホルダーの意見を参考にします。ESRSはダブル・マテリアリティの立場を採っていますので，インパクト・マテリアリティと財務マテリアリティではステークホルダーのグループが異なります。前者では「事業者の活動等から影響を受ける個人または集団」，後者では「一般目的財務報告書の利用者」がステークホルダーとみなされます。

　前者についてはGRIの定義と共通しています。ここでのステークホルダーとしては，一般的には，ビジネスパートナー，消費者，顧客，従業員およびその他の労働者，政府，地域コミュニティ，NGOやNPO，株主およびその他の投資家，サプライヤー，労働組合，社会的弱者が挙げられます。日常的に顧客やサプライヤーと接している部門の社員・投資家との対話，また社員意識調査などから得られる情報もマテリアリティ策定の総合的な判断材料として用いることができるでしょう。加えて事業内容に精通している有識者や外部専門家が，自社に対してどういった点に期待し，あるいは懸念を抱いているのか，社会はどのように変化しているのか継続的に意見を求めることで，リスク・機会の把

---

[7]　https://www.sekisuihouse.co.jp/library/company/sustainable/download/2024/value_report/all.pdf

第 6 章　ESRS対応の経営への活用　　315

握に役立ちます。

　他にも，会社と直接的な雇用関係を有していないサプライチェーンの労働者もステークホルダーとなりえます[8]。さらに，企業活動の影響を直接受けておらず，ステークホルダー自身が当該企業のステークホルダーであるとは認識していない場合もありえます。現在は発言力を持っていない将来世代などもステークホルダーに含まれることがあります。企業は，このようなステークホルダーも含み，かつ自らの意見を明確に表明できないステークホルダーの利害も考慮し，ステークホルダーを特定すべきです[9]。

　なお，すべてのステークホルダーと直接エンゲージメントを行うことができない場合には，組織は信頼できるステークホルダーの代表者または代弁者（例：NGO，労働組合）とエンゲージメントするのも有用です。場合によってはラウンドテーブル形式で，利害が対立するステークホルダーとの協議の場を設けて共通の目標を見出していく方策も有用と考えます。

②　ステークホルダーとの協働

　日本の多くの企業においても，様々なコミュニケーションが広く行われています（図表6 - 3 - 4参照）。しかし，どうしても企業側からの発信に重点が置かれており，ステークホルダーの意見を取り入れながら次の活動に活かす「エンゲージメント」にまで至っていないことが多く，サステナビリティ報告でもエンゲージメントの内容への踏み込みが少ない印象です。日本企業においては，自社を広く開き，多様なステークホルダーとエンゲージメントする力，協働する力には未だ課題があるように考えます。

8　ESRS S2. 付録A参照
9　GRI 1「基礎2021」2-4参照

図表6-3-4	ステークホルダー別のコミュニケーション事例
ステークホルダー	活動事例
社員	イントラネットや社内報による経営層からのメッセージ発信，ベストプラクティス共有，職場における小単位でのトップとのコミュニケーション，労使協議会
サプライチェーン	方針説明会，個別アンケート，個別ミーティング
顧客・地域コミュニティ	会社見学会や説明会の開催
株主・投資家	期別説明会，株主総会，ラージやスモールのミーティング[10]

出所：各種資料に基づき筆者作成

　その点，欧州企業はステークホルダーとのエンゲージメントの姿勢を開示するのに優れていると考えます。サプライヤーやNGO，機関投資家との対話の状況を開示しており，市民社会の中で活動する企業であることが伝わります。例えば，大手食品メーカーであるダノン社は，気候変動移行計画の中にサプライヤーを重要なステークホルダーと位置付け，透明性をもって協力し継続的な改善を続けていることを詳細に記述しています。2023年のサステナビリティ報告書の中で，バリューチェーン上のサプライヤーとのエンゲージメントについて次のようなメッセージが示された上で，どのような内容が検討されているかまで説明がされています。

- 「バリューチェーンを巻き込むことが，脱炭素化への道のりの鍵となります。」
- 「透明性，協力，そして継続的な改善のマインドセットが，サプライヤーとの関わり方に関する当社の戦略の基盤です。」

10　ラージミーティングとスモールミーティングとはIR用語であり，前者は決算説明会などの多人数が集まる説明会（マスメディア等も招待），後者はアナリストやファンドマネジャーを集めて行う少人数形式のミーティングを意味します。

図表６−３−５　ダノン社のサプライヤーとのエンゲージメント

出所：Danone's sustainability performance 2023[11]

(5) 財務上の影響の算出

　ロングリストを(2)～(4)の視点で確認した後は，機会あるいはリスクが大きいと推定される項目について，財務的にどのくらいの影響が発生するかを算出します。事業所の移転が必要なケース，成長戦略に基づいた投資を行うケースなどがありえます。さらに，人手不足による稼働停止，評判リスク発生による売上低下といった状況もありえます。

　社内実務として，財務上の影響がどのくらいになるのかを精査しないと，ある課題が重大であるかどうかの最終決定は困難です。おおよその範囲で課題の網をかけた上で，当該課題に対する緩和や適応にどのくらいの費用がかかるのかを精査し，最終的に取締役会が判断するステップが順当と考えます。取締役会も財務上の影響，すなわち費用や投資額の全体像を把握できなければ，株主から経営を委託されるにふさわしい，合理的な判断を行うことができません。

　こうした財務上の影響の検討はTCFD提言に基づく情報開示と同様の考え方です。図表６−３−６はNTT DATAのTCFD提言に基づく情報開示の資料ですが，気候変動による機会とリスクについて財務上の影響，その対策費用と投資

---

[11] https://www.danone.com/content/dam/corp/global/danonecom/investors/en-sustainability/reports-and-data/cross-topic/danonedashboard2023.pdf

図表6-3-6 気候変動によるリスクと機会への対応一覧 (NTT DATA)

◆気候変動によるリスクと機会への対応一覧表

	リスクと機会	タイプ	概要	時間軸*1	発生可能性	影響程度	想定リスク/機会発生の財務的影響の考え方	財務上の影響	対策費用と投資の考え方	対策費・投資額 (2022～2025年度の累計額)
リスク1	気候変動の評価が低いことによる評判低下リスク	移行リスク/評判	投資家からのESG情報開示要求の増大への対応の遅れにより株価下落のリスク	短期	ほぼ確実	高	気候変動への対応が遅れることで、海外ESG投資家や国内金融機関からの評価が下がる。仮に海外投資家と国内金融機関からの評価が1%下落した場合の株価指数額を試算	株価時価総額 (期末時点) ▲240億円	当社のサプライチェーンを通じた脱炭素や、お客様・社会のグリーン化加速に向けた責任室を設置し、グリーンイノベーション推進委員会による活動費・イノベーション投資額を計上	50億円
リスク2	異常気象による災害リスク増加	物理的リスク/慢性	大型台風、洪水、熱波やゲリラ豪雨等各地でのデータセンターの送電停止・浸水・落雷等を原因としたデータセンターの稼働停止リスクの増加	短期	ほぼ確実	高	IPCC第6次報告書の地域毎リスクが高い地点にも拠点があり、ハザードマップ等から様々な対策を講じて、事業継続性を確保している。仮に、台風により、首都圏を中心とするある重要なデータセンターの通信停止が5日間続いた場合の売上影響額を試算	売上影響 ▲140億円	データセンター・オフィス・通信局のBCPを最大限高めており、事業継続性のためのリモートアクセス・メンテナンス費等の増加・更改費用計上	90億円
リスク3	カーボンプライシングによるコスト増加	移行リスク/規制	パリ協定遵守のため、国内規制が着し強化されたCO2排出によるコスト負担の増大	長期	ほぼ確実	中	グローバル社会で2050年までのネットゼロ対応が社会的コンセンサスになり、2040年でも法令でも残存する可能性がある。2022年に国際エネルギー機関IEAネットゼロ・シナリオのカーボンプライスを掛けてコスト影響額を試算 2025年度~2035年度 累計300億円想定	営業利益影響*2 ▲70億円	省エネルギーによる炭素排出削減、再生可能エネルギー導入による自社サプライチェーンの脱炭素を推進。省エネルギー対応・再生可能エネルギー導入等への投資額を計上	50億円
機会1	サステナビリティ関連オファリング創出ニーズ増加	製品・サービス需要増加の機会	社会全体や企業における脱炭素の取り組みの加速により、オファリング創出ニーズの拡大	短期	非常に高い	高	お客様の脱炭素の取り組みが加速し、各種産業におけるサステナビリティ関連のオファリング需要新たに及び、2025年度新規オファリング創出による売上高を影響額として試算	2025年度売上影響 +2,000億円	社会全体やお客様の気候変動への適応と緩和に貢献する技術開発やサステナビリティ関連オファリングの創出に向けた投資額を計上	510億円
機会2	サステナブルな社会実現のためのコンサルティングサービス増加	製品・サービス需要増加の機会	産業におけるサステナビリティ関連ビジネスの拡大により、コンサルティングビジネス拡大によるコンサルティングサービス機会が拡大	短期	非常に高い	中	各種産業におけるサステナビリティ関連サービスの機会増加を想定。当社全体のコンサルティングビジネス上高のうち、サステナビリティ関連のビジネスが占める割合を想定し影響額を試算	2025年度売上影響 +400億円	サステナビリティ関連のコンサルティング人財創出・育成投資や関連する環境調整等に関連する投資額を計上	40億円
機会3	レジリエントなニーズ増加のニーズ増加の機会	製品・サービス需要増加の機会	異常気象による大規模災害の高まりによりレジリエントなクラウドなどニーズの提供機会の増加	短期	非常に高い	高	台風や局地的な豪雨等の異常気象の増加に加え、脱炭素要請の高まりから再生可能エネルギー導入やレジリエントかつ脱炭素に貢献するクラウドへの移行ニーズの増加を想定。当社全体のクラウド関連売上の増分を影響額として試算	2025年度売上影響 +2,100億円	クラウド関連の技術開発やグローバルデリバリセンター強化によるクラウド関連投資額を計上	250億円

*1 時間軸 短期:~2025年度、中期:~2030年度、長期:~2040年度　*2 2022年度~2025年度の累計額

出所:NTT DATA「サステナビリティレポート2023 Data Book」12

第6章　ESRS対応の経営への活用　　319

費用を一覧表として示しており，検討経緯が理解しやすいものとなっています。例えば，リスク2「異常気候による災害リスク増加」は，「ほぼ確実」に発生し，財務上の影響はマイナス140億円と算定されています。その対策費・投資額は2022年から2025年までの累計で90億円と示されています。これらを投じて具体的にどのような対策を行うのかについても明記されています。

(6)　マテリアリティの機関決定

　マテリアリティを設定し，それに対応するための戦略，人的・財務的リソース配分については，必ず会社の最高意思決定機関での最終承認を行う必要があります。また，中期経営計画の検討と同時並行で検討を進め，取締役会で決定するのと同時に，マテリアリティに関しても方針と戦略に関して決議するのが望ましいでしょう。

　中期経営計画と同時に決定することにより，全社戦略や財務戦略の中にサステナビリティが明確に位置付けられ，一気通貫した「ストーリー」としてステークホルダーからも理解しやすくなります。これが将来にわたって企業の価値を創っていくための重要課題として，マテリアリティを戦略の中に織り込むことにつながります。また，戦略の達成度を測るための「KPI」の設定，さらにはESRS 2の「全般的開示事項」[13]に含まれる役員に対するインセンティブまでも結び付けることにより，マテリアリティ対応・推進に向けて，強いガバナンスが確立します（ポイント1：「経営の仕事」と捉え直す）。

　例えば，AGCグループでは中期経営計画の策定にあたり，サステナビリティ視点を経営全般に取り入れ，その実施状況をモニタリングするため，GHG排出量売上高原単位および従業員エンゲージメントスコアを，取締役および執行役員に対する株式報酬算定の指標に追加しました。ウェブサイトを通じて，次のように示されています。

12　https://www.nttdata.com/global/ja/-/media/nttdataglobal-ja/files/sustainability/
　　report/library/2023/sr2023db_reeco_jp.pdf?rev=8a6b59bd8156454d9f769c50b4845e8b
13　GOV-3：サステナビリティに関するインセンティブ制度（ESRS 2.27〜29）

サステナビリティ視点を経営全般に取り入れ，その実施状況をモニタリングするため，GHG排出量売上高原単位および従業員エンゲージメントスコアを，取締役および執行役員に対する株式報酬算定の指標に追加することとしました。これに加え，今回再定義した3つの社会的価値に関連するサステナビリティKPIを設定しています[14]。

　これに加えて，中期経営計画で再定義した3つの社会的価値に関連するサステナビリティKPIを設定しています。サステナビリティを経営指標として捉えている状況が理解できます。

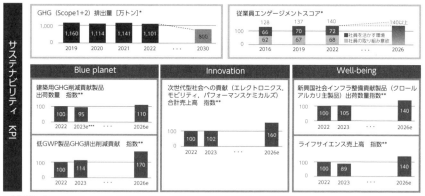

図表6-3-7　AGCグループのサステナビリティKPI

＊役員報酬に反映されるKPI　＊＊指数：2022年を100として2023年以降の数値を換算　＊＊＊暫定数値

出所：AGCグループ「中期経営計画AGC plus-2026」[15]

　マテリアリティは一度決めたら「変更できない」，あるいは「しないもの」ではありません。社会や環境の変化によって，より企業と社会のサステナビリティに資するものへと常に見直しを図る必要があります。そのためにも，常に

---

[14] 中期経営計画AGC plus-2026,「「Q2.サステナビリティ経営の深化」について教えて下さい」
[15] https://www.agc.com/company/strategy/plan/index.html

第6章　ESRS対応の経営への活用　321

ステークホルダーや外部有識者からの意見を聞く体制を持つことをお勧めします。

(7)　サステナビリティ情報の開示

　前述のとおり，サステナビリティ報告を行う目的は，ステークホルダーの意思決定に役立て，企業と社会のサステナビリティのために情報を開示することです。特に近年では，株主や投資家のみならず求職者や取引先もサステナビリティ活動に関する情報に関心が高く，会社が発行する『サステナビリティレポート』や『統合報告書』を精読しています。外部のガイドラインに沿って，近似した内容を網羅的に開示さえしておけばよいというものでは決してありません。

　「自社にとってのマテリアリティ」に基づく「攻めの開示」に切り替える必要があります。機関決定されたマテリアリティについて，「規定演技」としての側面と，「成長戦略」としての側面の双方をステークホルダーにわかりやすく示すこと求められます。特に後者では，社会や環境の変化に応じた自社の価値創造の源泉である「秘伝のタレ」と，秘伝のタレを活用したビジネスモデルについて説明が期待されます。

　サステナビリティの経営への実装とは，社員を含むステークホルダーの声を聴き，インパクトを測りながら企業活動に活かし，再度その内容を社会に発信していくという循環（PDCA）を回し続け，サステナビリティ戦略と活動のブラッシュアップを繰り返すことに尽きます。不確実性の高い時代にあって，社会や環境の変化に機会を見出す，「攻めのサステナビリティ」,「攻めの開示」を進めていただきたいと考えます。

補 章

ESRSの重要用語Q&A

1. マテリアリティ

Q 1-1　マテリアリティとは何か

マテリアリティとは何ですか。どのような意味がありますか。

A

　近年，「マテリアリティ（materiality）」あるいは「マテリアル（material）」という用語が様々な場面で使われるようになりました。特に，サステナビリティ報告書や統合報告書等の中では，マテリアリティの分析，マテリアリティの決定，マテリアルな項目といった記述をよく目にします。まだ日本語の中で馴染んでいる言葉ではなく，多少の違和感を持ちながら使われている方もおられるのではないかと思います。このマテリアリティ，マテリアルの意味についてご説明します。

　まずマテリアルについて，英単語としては，名詞と形容詞の双方で使われます。名詞で使われる場合，「原料，材料，資材」といった意味で使われる場合が多く見られます。「Raw material」が日本語の「原材料」を意味することはご存じと思います。一方，形容詞のマテリアルには，「（何かの結論に影響を与える）重要な」という意味があります。ESRSの中でもマテリアルリスク，マテリアルインパクトといった言葉が頻出します。サステナビリティ報告書等に登場する場合，マテリアルは，「（サステナビリティ課題に影響を与える）重大な」という意味で使われています。意味としてはimportantとかsignificantに近いです。

　マテリアリティは，この意味でのマテリアルの名詞形です。したがって和訳すると「重要性」とか「重大課題」になります。もともと，財務情報開示で使われていた用語を非財務情報開示に適用したところに始まっています。サステナビリティ報告において使われる際は，「自社のサステナブルな発展に向けた環境，社会，ガバナンス（ESG）面の重要課題」のような意味を持つことが多

いです。

　現在，環境・社会・経済面の持続性への懸念は，多くの人々に共有されるものになっています。環境・社会・経済面のサステナビリティに資するビジネスは，成長が期待され，サステナブル（持続可能）な発展が見込まれます。マテリアリティとは，自社のサステナビリティに強く関係する環境，社会，経済面の「重要課題」と理解されます。

Q1-2　シングルとダブルのマテリアリティの違い(1)

　シングル・マテリアリティ，ダブル・マテリアリティという用語を耳にしますが，何が違うのでしょう。

A

　マテリアリティにはシングルとダブルの2つの視点があります。何がシングルなのか，何がダブルなのか，それぞれの意味と違いについてご説明します。

　最初に，シングル・マテリアリティから取り上げます。これは，マテリアリティの決定に際して，サステナビリティ課題が企業自体にもたらす影響，特に財務的価値や資金調達に対する影響を重視するものです。サステナビリティ課題とは，いわゆるE，S，Gの3分野の課題であり，地球温暖化，生態系保全，循環経済，働き方改革，人権尊重，地域振興などの課題が含まれます。この視点は，企業そのものの持続可能性に関わるものであるため，企業に関連する財務リスクを理解したい投資家等にとって重要な判断材料となります。ESRSの中ではシングル・マテリアリティという用語は用いられず，財務マテリアリティと呼ばれています。シングル・マテリアリティとは，この財務面での影響を注視して企業の重要課題を決定するアプローチという意味です。

図表Q1-2-1　シングル（財務）マテリアリティ

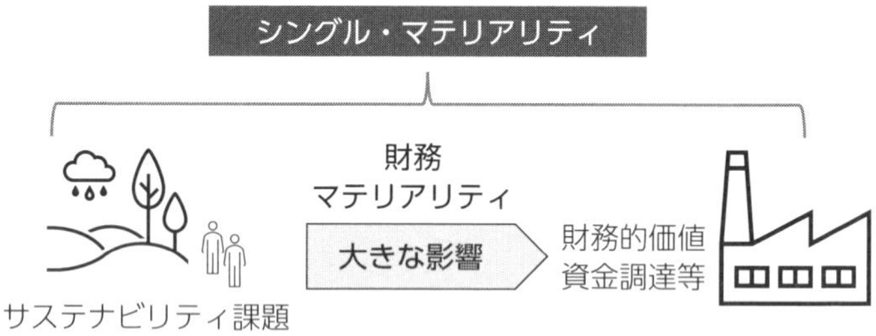

シングル・マテリアリティ

サステナビリティ課題 → 財務マテリアリティ **大きな影響** → 財務的価値 資金調達等

出所：各種資料に基づき筆者作成

　一方，企業活動が外の世界に与えるインパクトを注視して重要性を判断する見方をインパクト・マテリアリティといいます。このインパクト・マテリアリティとは，企業活動が外の世界にどのようなインパクトを与えるか，具体的には環境，経済，社会（人々）にプラスとマイナスの両面から，どのような影響を与えるかを把握することで特定されます。このような視点を通じて得られる情報は，いわゆるインパクト投資家にとっては重要な判断基準となりますが，こうした投資家以外にも，顧客，従業員，求職者，地域社会，地方自治体，規制官庁など，様々なステークホルダーにとっての大きな関心事となります。

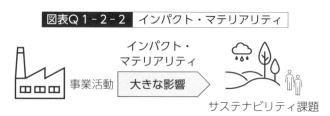

図表Q1-2-2　インパクト・マテリアリティ

事業活動 → インパクト・マテリアリティ **大きな影響** → サステナビリティ課題

出所：各種資料に基づき筆者作成

　ダブル・マテリアリティとは，財務マテリアリティだけでなく，インパクト・マテリアリティの視点も併せて，サステナビリティ課題の重要性を判断するアプローチという意味です。ESRSに添付される用語集では，ダブル・マテリアリティについて「サステナビリティに関する事項が，インパクト・マテリアリティ，財務マテリアリティのどちらか，またはその両方の定義を満たす場

合，その事項はマテリアルである」と説明されています。

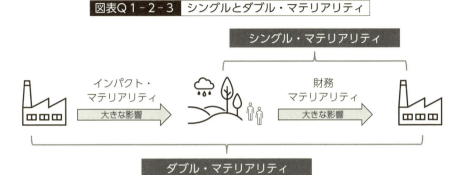

図表Q1-2-3 シングルとダブル・マテリアリティ

出所：各種資料に基づき筆者作成

　インパクト・マテリアリティと財務マテリアリティは相互に関連しています。企業活動が外の世界に大きなインパクトを及ぼし，インパクト・マテリアリティとして特定される事項は，当該企業の価値や資金調達にも大きな影響を及ぼし，財務マテリアリティとしても特定される可能性があります。ESRSでは，「一般的には」インパクトの評価がマテリアリティ特定の出発点であると説明しています（ESRS 1.38）。もっとも，企業活動のインパクトと関連しない事項や状況が，当該企業の重大なリスク・機会となり，財務マテリアリティとして特定されるケースもありえます。

　なお，サステナビリティ報告に使用される国際的な基準・スタンダードは，シングル・マテリアリティとダブル・マテリアリティの立場のどちらかに分かれています。まず，IFRS財団が公開している「IFRSサステナビリティ開示基準（通称，ISSB基準）」は，投資家向けのサステナビリティ情報開示であり，シングル・マテリアリティの立場の基準です。

328

| 図表Q1-2-4 | サステナビリティ報告基準の区分 |

出所：各種資料に基づき筆者作成

　一方，ESRSはダブル・マテリアリティの立場を採り，投資家だけでなく，それ以外の多様なステークホルダーへの情報開示も目的としています。

　グローバル・レポーティング・イニシアティブ（GRI）が発行するGRIスタンダードもダブル・マテリアリティの立場と受け止められています。ただ，ESRSの登場後は，インパクト・マテリアリティを重視した開示基準であると強調することもあります。

| Q1-3 | **シングルとダブルのマテリアリティの違い⑵** |

　シングルとダブルのマテリアリティの違いについて，具体的な例を挙げて説明してください。

| A |

　マテリアリティには財務マテリアリティのみを考慮するシングル・マテリアリティと，財務とインパクトの双方のマテリアリティを考慮するダブル・マテリアリティの2つの考え方があります。これらシングルとダブルのマテリアリティの視点が実際はどのように区別されるのか，いくつかの例を挙げてご説明します。企業にサステナビリティ課題となりうる項目として，気候変動，水資源，従業員，地域社会の4課題を取り上げます。

　なお，ESRSではマテリアリティ特定の出発点は，インパクトの評価である

とみなしています。この考え方に従い、下記の説明では各課題において、インパクト・マテリアリティ、財務マテリアリティの順番で取り上げます。

① 気候変動

まず、気候変動について考えます。インパクト・マテリアリティの観点では、企業の事業活動が気候変動に与える影響の大きさが焦点となります。事業活動を通じて大量の温室効果ガスが排出され、地球温暖化に大きな影響を与える状況であれば、これは重要な課題でありマテリアルとみなされます。

一方、財務マテリアリティ（シングル・マテリアリティ）の観点では、気候変動による環境の変化が企業の事業活動や資金調達に与える影響の大きさが焦点となります。規制の変更やカーボンプライシング、排出税などを通じて、企業の温室効果ガスの排出量がもたらす財務上のリスクが検討されます。温室効果ガス排出の企業側への影響が大きければ、この項目は重要な課題でありマテリアリティとして位置付けられます。

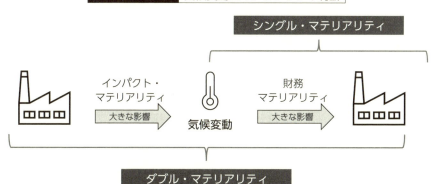

図表Q1-3-1　気候変動とマテリアリティ判断

出所：各種資料に基づき筆者作成

② 水資源

次に、水資源について考えます。インパクト・マテリアリティの視点では、企業が事業活動を通じてどのくらい水を消費しているか、どのように排水を管

理しているか，あるいは水の質や利用可能性にどのような影響を与えているか検討されます。例えば，水不足が懸念される地域において大量の地下水を使用する事業活動を実施しているとします。当該事業の取水によって地域の環境や社会への影響が大きければ，水資源は重要な課題でありマテリアリティに特定されることになります。

　一方，財務マテリアリティの観点からは，事業地域における水不足による事業活動への影響や，水管理に関する事業規制の有無などが焦点となります。当該事業の取水によって，地下水の水量が低下してしまう，あるいは地域の自治体が当該企業に取水の制限を課すといった事態に陥ると，当該企業の事業活動が大いに制約されます。水資源に関する問題が組織にもたらす財務上のリスクが大きくなるなら，これは重要な課題でありマテリアリティとなりえます。

図表Q1-3-2　水資源とマテリアリティ判断

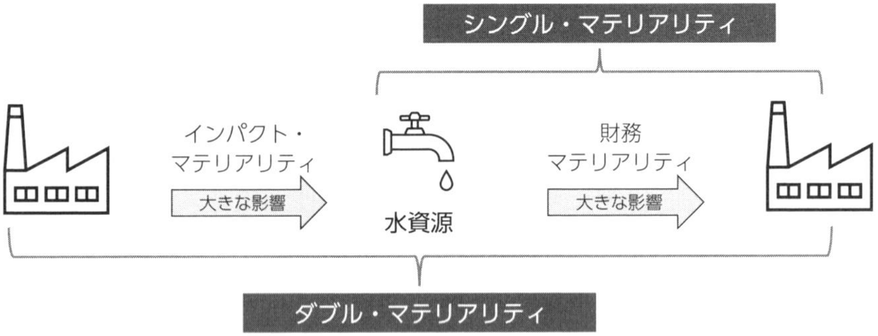

シングル・マテリアリティ

インパクト・マテリアリティ　　大きな影響　→　水資源　　財務マテリアリティ　大きな影響　→

ダブル・マテリアリティ

出所：各種資料に基づき筆者作成

③　従業員

　続いて，従業員について考えます。インパクト・マテリアリティの観点では，企業の事業活動や経営方針が，従業員に与える影響の大きさが検討されます。これには，労働安全衛生管理，公正な労働慣行，多様性の確保などが含まれます。例えば，ある建設企業が下請業者等も含め，労働災害ゼロ運動を展開し，実際に建設現場で大きな成果を収めたとします。この運動の下請業者等も含めた地域の労働市場へのインパクトが重大であれば，「従業員」はマテリアリ

補章　ESRSの重要用語Q&A　331

ティの候補となります。

　一方，財務マテリアリティの観点では，従業員に関連する要素が企業に財務的にどの程度の影響を与えるかが焦点となります。例えば，労働者の安全衛生管理の不備が業務や生産性に重大なリスクとなるといった状況であれば，「従業員」はマテリアリティとして特定されます。

　厚生労働省は，労働基準法違反を繰り返し，改善が見られない企業の社名や違反内容を「労働基準関係法令違反に係る公表事案」として毎月公表しています。ここに掲載され「ブラック企業」として認識されると，人手不足が叫ばれる昨今においては，就職時や転職時に選択肢から疎外されることになりかねません。従業員の不足が企業活動に影響を及ぼすことになれば，財務上の重大なリスクとなります。

図表Ｑ１-３-３　従業員とマテリアリティ判断

シングル・マテリアリティ

インパクト・マテリアリティ　　大きな影響　　従業員　　財務マテリアリティ　　大きな影響

ダブル・マテリアリティ

出所：各種資料に基づき筆者作成

④　地域社会

　最後に，地域社会について取り上げます。インパクト・マテリアリティの観点では，企業の事業活動による地域経済の活性化や，福利厚生などに対する影響を見ます。例えば，当該企業の工場が原材料となる農産物を地域から調達するとか，下請けも含め多くの雇用を地域で創出するという状況であれば，事業活動の地域社会へのポジティブなインパクトは大きいです。インパクト・マテ

リアリティとして特定されることになります。

　一方，財務マテリアリティの視点では，企業の事業活動の地域社会との関係，評判，社会的に操業する資格（License to operate）などを考慮します。例えば当該企業の工場が，何らかの要因から，地域住民と深刻な対立を引き起こし，工場の立ち退きを求める運動などが起きたとします。仮に，これが行政の対応を引き起こし，メディアの報道を通じて当該企業のイメージを悪化させることにつながれば，これは企業価値に重大な影響を及ぼします。地域社会との対立をリスクとみなし，財務マテリアリティとして特定することが必要です。

図表Q1-3-4　地域社会とマテリアリティ判断

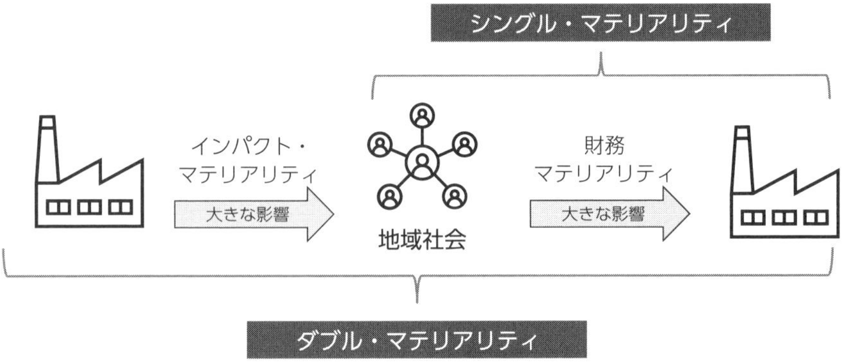

出所：各種資料に基づき筆者作成

Q1-4　2つのマテリアリティの併存理由

　なぜシングルとダブルのマテリアリティの2つが存在するのですか。片方で十分ではないですか。

A

　シングル・マテリアリティとダブル・マテリアリティの2つの立場が併存する理由はなぜなのでしょうか。2つの見方が一緒になり，単独の開示基準に統合されれば，報告者にとっては手間が省けるように見えます。しかしながら，

今は両者が併存する状況が続いています。その理由を考えてみます。

① 開示情報の利用者の違い

第1の理由は、開示されたサステナビリティ情報の利用者の違いです。シングル（財務）マテリアリティは、投資家など「一般目的財務報告書」の利用者にとっての重要性です。そのため、投資家等の意思決定に影響を及ぼす項目が特定されます。

しかしながら、企業のサステナビリティ関連情報は、投資家以外にも、取引先、顧客、従業員、求職者、地域社会、地方自治体、規制官庁など様々なステークホルダーにも利用されます。また、投資家（長期投資家やインパクト投資家）は、企業の事業活動の環境、経済、人々に対する「外向き」のインパクトに注目しており、事業活動の環境や経済、人々に対する影響を加味した銘柄でインデックスやファンドを形成する場合もあります。多様なステークホルダーへの情報開示を意図するのであれば、インパクト・マテリアリティの視点で、重要課題を特定する必要があります。

図表Q1-4-1　開示情報の利用者の違い

出所：各種資料に基づき筆者作成

② 時間軸の違い

第2はサステナビリティの時間軸の違いです。つまり、サステナビリティの諸課題が、企業に財務的リスクをもたらすまで想定時間をどこまで設定するかの違いです。企業のある事業活動が環境、経済、人々の課題に何らかの重大なマイナスインパクトを及ぼすのであれば、これはインパクト・マテリアリティ

として特定されます。しかし，そのインパクトが当該企業の財務的価値や資金調達に影響を及ぼす段階に至っていなければ，これはシングル（財務）・マテリアリティの見方では重要課題としてはみなされません。

しかし，そうした事業活動を漫然と継続すると，将来的に，地域住民の反対運動や行政当局の規制といった事態を招き，顧客や取引先にも懸念される状況に至るかもしれません。企業価値への影響が懸念され，シングル（財務）・マテリアリティの見方でもマテリアリティに特定されることになります。

もともと，サステナビリティ報告は中長期の時間軸をとる作業ですが，この時間軸を短めに設定するのがシングル（財務）・マテリアリティ，長めに設定するのがインパクト・マテリアリティと考えられます。

図表Q1-4-2　時間軸の違い

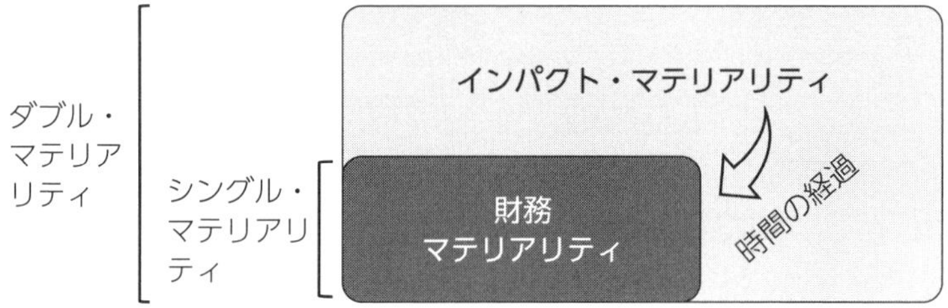

ダブル・マテリアリティ

シングル・マテリアリティ

インパクト・マテリアリティ

財務マテリアリティ

時間の経過

出所：各種資料に基づき筆者作成

例えば，以前に中国の新疆ウイグル自治区からの綿花調達が，現地での少数民族の強制労働につながっていると批判されたことがありました。当地での民族弾圧が表面化したのは2016年ごろからであり，この時期に現地企業から原材料を調達する行為は，人権問題にマイナスのインパクトをもたらす，すなわちインパクト・マテリアリティの検討対象となる可能性がありました。

その後，2020年にH&Mが人権問題の懸念から同地域の企業との取引停止を公表すると，これが国際的な注目を集め，日本企業を含む多くの企業が同様の措置を講じることになりました。この時点になると，同地域からの原材料調達はシングル（財務）・マテリアリティの観点からも重要課題とみなされるようなります。このように，インパクトの発現が財務面で影響を及ぼしうるまでに，

補章　ESRSの重要用語Q&A　　335

時間差があります。

　ESRSはダブル・マテリアリティの立場を採っており，インパクト・マテリアリティの特定を重視します。事業活動のインパクトを評価することは，サステナビリティ報告の「出発点」であると説明しています（ESRS 1.38）。ある課題が，自社の企業価値に影響が及ぼすタイミングで重大課題とみなすよりも，地域社会や環境に大きなインパクトを及ぼした時点で重要課題とみなすほうが，早期の対応が可能になるなどメリットが大きいと考えられます。

Q1-5　ダブル・マテリアリティ基準の利用状況

　ダブル・マテリアリティに基づく基準は，世界でどの程度利用されているのでしょうか。

A

　CSRDの発令により，EU諸国ではESRSを利用したサステナビリティ報告が企業に義務付けられることになります。ESRSはダブル・マテリアリティの立場を採るので，EU諸国はすべてダブル・マテリアリティを採用しているといえます。

　EU域外諸国の場合，サステナビリティ報告は任意開示である国や地域が大半であるため，法令等でシングルかダブルのマテリアリティの採用が求められることは少なく，企業側の自主的な判断によりどちらかの基準，あるいは双方の基準を用いて報告しているケースが多いと考えられます。

　KPMGは毎年，各国の大手企業のサステナビリティ報告状況について調査を行っていますが，2023年の報告書[1]によると，世界の大手250社（2019年のFortune Global 500の上位250社）のうち，78%がダブル・マテリアリティの立場を採るGRIスタンダードを利用して報告しています。さらに，同報告書によると世界の大手250社のうち，49%がシングル・マテリアリティの立場を採る

1　"Big shifts, small steps: Survey of Sustainability Reporting 2022", October 2022, KPMG International.

336

SASBスタンダードを利用しています。両者を合わせると100%を超えており，現状では，ダブルかシングルの二者択一ではなく，双方の立場のスタンダードを使う企業も存在する状況といえます。

ちなみに，同報告書では国別の傾向も取りまとめており，GRIスタンダードが多く利用されている上位３位までの国・地域は，シンガポール，台湾，チリであり，SASBスタンダードが多く利用されている上位３位までの国・地域はアメリカ，カナダ，ブラジルとのことでした。

台湾では同国証券取引所の上場企業は，GRIに基づいた情報公開を2022年より要求されています[2]。中国においても，上海，深圳，北京証券取引所が2024年に発行した情報開示ガイドラインで，ダブル・マテリアリティアプローチを採用することが明言されています[3]。

シンガポールとマレーシアでも，証券取引所の上場企業の非財務情報開示枠組みを改定中ですが，ここでもダブル・マテリアリティの原則が適用される見込みです。こうしたアジアの近隣諸国での決定は，やはり世界的なインパクトへの関心の高まりを受けての判断のように思えます。

2. インパクト

Q2-1	インパクト・マテリアリティの重要性[4]

インパクト・マテリアリティは，事業者にとっての重要性に基づくのですか，それともステークホルダーにとっての重要性に基づくのですか。

---

2 https://twse-regulation.twse.com.tw/m/en/LawContent.aspx?FID=FL075209
3 https://kpmg.com/cn/en/home/insights/2024/04/china-stock-exchanges-mandate-sustainability-report-for-larger-listed-entities.html
4 'Implementation Guidance, EFRAG IG 1 Materiality Assessment', FAQ1 (2024) を参考にしました。

補章　ESRSの重要用語Q&A　337

A

　インパクト・マテリアリティは，事業者の事業活動により影響を受けるステークホルダーである人々や環境へのインパクトに基づいて重要性が評価されます。事業者にとっての重要性の大きさで評価されるものではありません。

　インパクトは事業者自身の事業活動だけでなく，製品やサービスの取引関係も含めた上流と下流のバリューチェーンに関連するインパクトも含まれます。例えば，食品加工業を営む事業者が，海外の農園から農産物を調達する場合，当該農園で児童労働が恒常的に行われているようであれば，これは人権に関するマイナスのインパクトが顕在化していることになります。

　一方，インパクト・マテリアリティと対照的に，財務マテリアリティは事業者にとっての重要性に基づいて評価されます。人々や環境に関するサステナビリティ課題が，事業者のキャッシュフロー，財務実績，財務状況，資金調達，資本コストに及ぼす影響が大きいほど，重要性が高くなります。

　もっとも，この財務マテリアリティの大きさは，インパクト・マテリアリティの大きさを評価する上での基準にはなりません。事業者の財務的な見通しに及ぼす影響が小さくとも，人や環境への影響が重大であれば，それはインパクト・マテリアリティとみなされます。

Q2-2 | **バリューチェーン上のインパクトへの関与[5]**

　事業者はバリューチェーン上のインパクトにどのような形で関与するのでしょうか。

A

　インパクト・マテリアリティは，事業者自身の事業活動だけでなく，バリューチェーン上で起こるインパクトも対象にしています。事業者の事業活動

5　「責任ある企業行動のためのOECDデュー・ディリジェンス・ガイダンス」，'Implementation Guidance, EFRAG IG 1 Materiality Assessment', FAQ2（2024）を参考にしました。

とバリューチェーン上のインパクトとの因果関係の強さに応じて，様々な関与の形態があります。「責任ある企業行動のためのOECDデュー・ディリジェンス・ガイダンス」では，事業者の事業活動がマイナスのインパクトを及ぼすケースを，因果関係の強さから「原因となる（cause）」，「助長する（contribute）」，「直接結び付く（directly linked）」の3つに分けています。

このうち，「原因となる」は事業者自身の事業活動が直接的にインパクトを及ぼす場合です。例えば，自社の工場から汚水を川に流すことで，地域の水生生物の生態系が悪影響を受けるといったケースです。

バリューチェーン上のインパクトに対しては，「助長する」と「直接結び付く」の2つのケースが該当します。「助長する」とは，企業の活動が他の企業の活動と合わさってインパクトを引き起こす場合です。例えば，事業者が下請業者に対して，実現不可能な短いリードタイムの設定することで，当該業者における過度の超過勤務のリスクを増大されるといったケースです。

「直接結び付く」とは，製品やサービスの調達など，ビジネス上の関係がある他の企業を介して，負のインパクトが発現する場合です。事業者はこのインパクトの直接的な原因となるわけでも，助長しているわけでもありませんが，調達行為等を通じて負のインパクトの発現に結び付くことになります。例えば，

図表Q2-2-1　マイナスのインパクトの因果関係

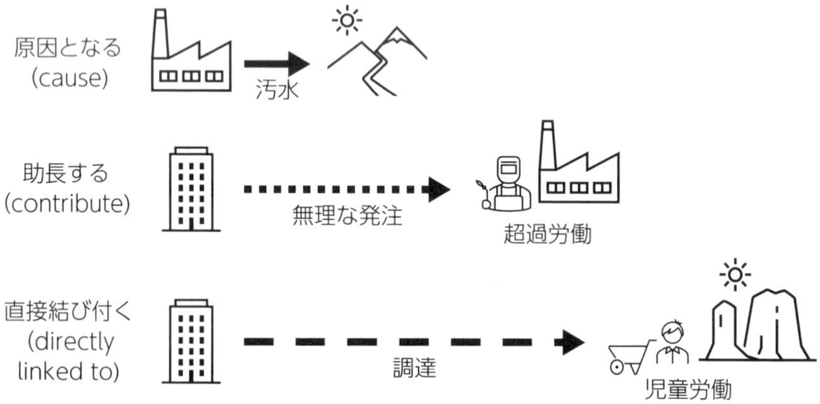

原因となる（cause）　汚水

助長する（contribute）　無理な発注　超過労働

直接結び付く（directly linked to）　調達　児童労働

出所：各種資料に基づき筆者作成

補章　ESRSの重要用語Q&A　**339**

事業者が海外の鉱山から鉱物を調達しているケースで，当該鉱山が低年齢の児童を使って採掘作業を進めているとします。この場合，当該企業の調達行為は現地の人権問題に「直接結び付く」ことになります。

　人権問題に「直接結び付く」実際の事例として，中央アフリカのコンゴ民主共和国およびその隣接国における「紛争鉱物」への対処があります。当該地域で採掘されるスズ，タングステンといった鉱物の一部が武装集団の資金源となり，武装集団による人権侵害や紛争につながる可能性があることが懸念されています。こうした鉱物は電子機器，航空機部品まで幅広い分野で利用されています。製品のバリューチェーン上に当該地域から紛争鉱物の利用がある場合，サプライヤーからの調達行為は現地の人権侵害や紛争に「直接結び付く」ことになります。該当する製品を生産する日本企業は，対象製品のサプライヤーに対し，当該鉱物の原産国および製錬所の調査を実施するといった対応を行っています。

　このように事業者のマイナスのインパクトへの関与には，因果関係の強さの差があります。ここで注意すべきは，インパクト・マテリアリティの評価はあくまで社会や環境に対するインパクトの重大さであり，因果関係の強さではないということです。「直接結び付く」ケースだからといって，必ずしも「原因となる」，「助長する」ケースよりも，重大さが小さいことにはなりません。

Q2-3　マイナスとプラスのインパクトの相殺[6]

マイナスのインパクトをプラスのインパクトで相殺することはできますか。

A

　社会や環境に対するインパクトはそれ自体で評価されるべきもので，マイナスのインパクトを，他のプラスのインパクトで相殺することはできません。

　特に，人権面でのマイナスのインパクトは，他の分野でどのように大きなプ

6　'Implementation Guidance, EFRAG IG 1 Materiality Assessment', FAQ4 (2024) を参考にしました。

ラスのインパクトが創出されても，これを相殺することはできません。例えば，地域住民を強制的に立ち退かせて，再生可能エネルギー施設を設置するといったケースを考えます。当該施設を設けることで温室効果ガス削減に資するプラスのインパクトがとても大きかったとします。しかしこのプラスのインパクトをもって，地域住民の強制立ち退きによって生じる人権面のマイナスのインパクトを相殺することはできません。

さらに，同じ課題であっても，現在顕在化しているマイナスのインパクトを，将来に見込まれるプラスのインパクトで相殺することはできません。また，事業者自身の活動を通じて発現するマイナス（あるいはプラス）のインパクトを，バリューチェーン上の事業者によるプラス（あるいはマイナス）のインパクトで相殺することもできません。

なお，ESRSのE1（気候変動）とE4（生物多様性と生態系）では，カーボンクレジットと生物多様性オフセットに関する報告について示されています。それぞれある場所で発現したマイナスのインパクトを，他の場所を対象とした取組みで補おうという行動です。しかしながら，インパクトの重要性の評価においては，こうした補償行為の存在を考慮することは認められていません。

3. マテリアリティの評価

Q3-1 財務諸表とサステナビリティ報告上の重要情報の違い[7]

財務諸表の重要情報は，サステナビリティ報告書の財務的重要情報と同じですか。

7　'Implementation Guidance, EFRAG IG 1 Materiality Assessment'，FAQ5（2024）を参考にしました。

補章　ESRSの重要用語Q&A　341

A

　財務諸表の重要情報も，サステナビリティ報告での財務的重要情報（財務マテリアリティ）も，事業者に経営資源を提供する投資家，債権者，資産運用会社等の意思決定に資することを目的にしています。目的は共通していますが，提供する情報の範囲に違いがあります。両者の差を図表Q3-1-1に整理しました。

図表Q3-1-1 財務諸表上の重要課題と財務マテリアリティの対照

	財務諸表上の重要課題	サステナビリティ報告での財務マテリアリティ
分析対象	収入，支出，利益，財務状況等	環境，社会，ガバナンスなど非財務情報を含む
分析範囲	連結対象の事業者	バリューチェーン全体の事業者を含む
時間軸	過去・短期	中長期
確認事項	過去の財務情報に基づいた短期的な財務安定性	将来のリスクと機会の分析による長期的な強靭性

出所：各種資料に基づき筆者作成

　まず，分析対象が異なります。財務諸表上の重要課題については，収入，支出，利益，財務状況といった財務パフォーマンスが分析の対象となります。一方，サステナビリティ報告での財務マテリアリティについては，環境，社会，ガバナンスといったいわゆるESGの非財務情報も含まれて分析されます。

　分析範囲についても，財務諸表上の重要課題では連結対象の事業者に限定されますが，財務マテリアリティの場合は調達先，取引先などを含んだバリューチェーン全体の事業者も入ります。さらに時間軸に関しては，財務諸表上の重要課題の場合は過去と短期，財務マテリアリティの場合は中長期という違いがあります。

　分析の焦点や確認事項も両者では異なります。財務諸表上の重要課題の場合は，過去の財務情報に基づいた実際の財務パフォーマンスが焦点となり，短期

的な財務的安定性が確認事項です。一方，財務マテリアリティの場合は，将来のリスクと機会の分析による現実的および潜在的な財務的インパクトが分析の焦点であり，サステナブルな文脈での中長期的な強靱性が確認事項となります。

Q3-2 マテリアリティ評価の頻度[8]

事業者は，どのくらいの頻度でサステナビリティ報告のマテリアリティ評価を更新すべきでしょうか。

A

マテリアリティ評価は事業者の事業活動を取り巻く状況に応じて，変更されるべきものです。一度行えば，当面は不要という作業ではありません。しかしながら，もしも事業者が前年のマテリアリティ評価の結果が，現時点でも適切であると結論付けるのであれば，マテリアリティ評価をやり直す必要はありません。

一方，事業活動に関して次のような変化が起きた場合には，新たにインパクト，リスク，機会を分析し，マテリアリティ評価を行う必要があります。

- 新たな活動，新分野への参入，事業の大幅な変更につながる大規模な合併・買収取引
- 主要サプライヤーの大幅な変更，またはサプライチェーン慣行の大幅な変更
- パンデミックのような世界的な出来事
- 人権に深刻なインパクトを与える可能性のある新たな重要な取引関係の締結
- 新規市場への参入または新規事業の開始，あるいは既存市場からの撤退および既存事業の閉鎖

---

8 'Implementation Guidance, EFRAG IG 1 Materiality Assessment', FAQ7 (2024) を参考にしました。

補章　ESRSの重要用語Q&A　　**343**

- 社会の見方の変化，新たな科学的証拠，またはユーザーのニーズの変化

Q3-3　項目別基準で示されるサステナビリティ事項の扱い[9]

事業者はESRS 1のAR16「マテリアリティの評価に含めるべきサステナビリティ事項」の表で示される事項のみを報告すれば十分でしょうか。

A

ESRS 1の付録A「適用要件」には「マテリアリティの評価に含めるべきサステナビリティ事項」の表があり，ESRSの項目別基準に合わせて，大項目，中項目，小項目の事項が整理されています。例えば，ESRS E3「水と海洋資源」では図表Q3-3-1のとおりです。

図表Q3-3-1 ESRS 1に示される項目別サステナビリティ事項（一部）

項目別基準	大項目	中項目	小項目
E3	水と海洋資源	• 水 • 海洋資源	• 水消費 • 取水 • 排水 • 海洋排水 • 海洋資源の採取と利用

出所：ESRS 1.AR16より抜粋

この表は事業者がマテリアリティ評価を行う際の参考資料であり，そのプロセスの代用ではありません。事業者は自らの固有事情を踏まえて，マテリアリティ評価を行う必要があります。

今後，ESRSセクター別基準が公開された後は，当該セクターの事業者は，

---

9 'Implementation Guidance, EFRAG IG 1 Materiality Assessment', FAQ8（2024）を参考にしました。

344

GRIセクタースタンダードでの対応と同様に，同基準の中で示される事項を参考にしつつマテリアリティ評価を行うことになります。

Q3-4 複数のセクターで事業を行う場合のマテリアリティ評価[10]

事業者が複数のセクターで事業を行う場合のインパクト・マテリアリティ評価はどのように実施すればよいですか。

A

CSRDには，大規模グループの親事業者は，連結経営報告書に，「サステナビリティに関する事項についてのグループのインパクトを理解するために必要な情報」および「サステナビリティに関する事項がグループの発展，業績および地位にどのような影響を与えるかを理解するために必要な情報」の２つを含めなければならないと規定しています（CSRD. 29.a.1）。

大規模グループは，複数のセクターを対象に多角的に事業展開を行っている可能性が大きいですが，このような場合のマテリアリティ評価の方法について，ESRSでは具体的なプロセスを示していません。

EFRAGが作成した「実施ガイダンス」では，トップダウンとボトムアップの２つのアプローチについて説明しています。トップダウン・アプローチとは，グループ全体として必要な情報を入手するため，グループレベルで評価を行うことです。例えば，温室効果ガス排出，女性活躍，労働災害発生などは，多くのセクターに共通する課題であり，親事業者がトップダウンでグループ企業から情報を入手するのが適当です。

一方，ボトムアップ・アプローチは，子会社レベルで評価を行い，その結果をグループレベルで統合する方法です。これは複雑な手法であり，様々な子会社やセクターで異なるインパクトを単純に集約し，それらすべてにグループの閾値（重大性の判断基準）を適用することはできません。子会社レベルでの潜

---

10 ʻImplementation Guidance, EFRAG IG 1 Materiality Assessmentʼ，FAQ13
（2024），ʻCorporate Sustainability Reporting Directiveʼ 2004/109/ECを参考にしました。

補章　ESRSの重要用語Q&A　　345

在的な差異を考慮する必要があります。

　CSRDにおいても「報告事業者が，グループのリスクまたはインパクトと，1つまたは複数の子会社事業者のリスクまたはインパクトとの間に著しい差異があることを特定する場合，当該事業者は，必要に応じて，当該子会社事業者または子会社事業者のリスクおよびインパクトに関する適切な理解を提供しなければならない」（CSRD. 29.a.4）と規定されています。

4. ステークホルダー

Q4-1　ステークホルダーの定義[11]

　ESRSではステークホルダーには誰が含まれるのでしょうか。

A

　「ステークホルダー」は一般的に「利害関係者」と訳され，サステナビリティ報告書等の中でよく使われる用語です。ESRSの中でこのステークホルダーはどのように定義されているかを見てみます。前述のように，ESRSはダブル・マテリアリティの原則に基づきますから，インパクト・マテリアリティと財務マテリアリティの両者の視点で，それぞれのステークホルダーの範囲が示されています（ESRS 1.22）。

11　ESRS 1, GRI 1「基礎2021」, IFRS S1号を参考にしました。

出所：ESRS 1に基づき筆者作成

　インパクト・マテリアリティの立場では，ステークホルダーは，「事業者の活動およびそのバリューチェーン全体にわたる直接的・間接的な取引関係によって，その利害が影響を受ける，または影響を受ける可能性のある個人またはグループ」と定義されます。具体的には，従業員やその他の労働者，サプライヤー，消費者，地域社会や社会的弱者，公的機関（規制当局や中央銀行など）が含まれます。インパクト・マテリアリティの判断は，こうしたステークホルダーとの対話（エンゲージメント）によって進められます。実際に対話が不可能なステークホルダーは，サイレント・ステークホルダーとして認識されます。例えば，将来の世代や自然等がこれに該当します。

　一方，財務マテリアリティの立場でのステークホルダーは，「一般目的財務報告の主要な利用者」と定義されます。ここで，一般目的財務報告書（general purpose financial reports）とは，「主要な利用者が企業への資源の提供に関連する意思決定を行うにあたり有用な，報告企業に関する財務情報を提供する報告書[12]」を指します。ステークホルダーの例として，ESRSでは「既存および潜在的な投資家，貸し手，資産運用会社，信用機関，保険会社を含むその他の債権者」が示されています。

　このESRSのステークホルダーの定義を他の基準等と比べてみます。まずGRIスタンダードでの定義は，「組織の活動によって影響を受ける，または受けることがありうる利害関係を有する個人またはグループ」となっています。

---

[12]　IFRS S1号 付録A「用語の定義」

これは，ESRSのインパクト・マテリアリティの立場での定義と類似しています。

　一方，IFRSサステナビリティ開示基準については，文中でステークホルダーという単語は使われているものの，その定義は示されていません。IFRS S1号の付録A「用語の定義」の中において，「一般目的財務報告書の主要な利用者」を「現在の及び潜在的な投資者，融資者及びその他の債権者」と定義しています。ESRSの財務マテリアリティでのステークホルダーの定義は，前半部分が「一般目的財務報告書の主要な利用者」ですので，これはIFRSサステナビリティ開示基準と同じです。

Q4-2 ステークホルダーの優先順位と役割[13]

ステークホルダーとのエンゲージメントには優先順位がありますか。

A

　事業者は自身のサステナビリティ事項について，前述のようなステークホルダーのすべてに関わっているとは限りません。該当するサステナビリティ事項から影響を受けないステークホルダーとのエンゲージメントは意味を持たないでしょう。すべてのステークホルダーが事業活動によって等しく影響を受けるわけではありませんので，事業者は各サステナビリティ事項に関して，影響を受けるステークホルダーごとにエンゲージメントを行います。

　例えば，海域の埋立てによる土地開発を行い，当該海域に生息する魚介類に対して個体数の減少といった影響をもたらすケースを考えてみましょう。該当する地域社会の漁業従事者，その魚介類を加工することによって生計を立てている人々，魚介類の値上がりの影響を受ける消費者，海域の地形変化の影響を受ける地域住民や公的機関は間違いなくステークホルダーといえます。加えて，開発が行われないと失業する可能性のある労働者（工事関係者含む）や，利益

---

13 'Implementation Guidance, EFRAG IG 1 Materiality Assessment', FAQ16（2024）を参考にしました。

を得られない投資家も利害関係者です。一方，当該地域に居住していない住民はステークホルダーには含まれませんので，エンゲージメントや対話を行っても意味がありません。

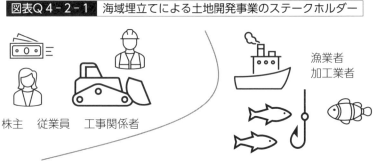

図表Q4-2-1　海域埋立てによる土地開発事業のステークホルダー

出所：筆者作成

　同じ事業者が，都市開発により地下水くみ上げを行った結果，地域住民に影響を与える可能性がある場合には魚介類に関するステークホルダーとは異なるグループとのエンゲージメントが必要になります。つまり，事業者は，サステナビリティ事項ごとに利害関係者へのインパクトの大きさや範囲，可能性，時間軸を考慮して優先順位付けし，どの利害関係者の意見を考慮すべきかを明らかにしなくてはなりません。影響が大きい，あるいは将来的にも大きな影響を受ける可能性のあるステークホルダーを重視しエンゲージメントを実施していく必要があります。

　エンゲージメントで得られる情報は，マテリアリティを評価するためにとても有用なインプットになります。緩和や適応のために，短期～長期にわたって何を目標とした施策を行うのか，そのための投資や費用について試算し，かつ施策の進捗を管理していく方策の立案にも結び付いていきます。

　なお，影響の有無が明確になっていない場合でも，ステークホルダーに関与してもらって影響の有無の判断や検討を行うことも可能です。

Q4-3　サイレント・ステークホルダー[14]

「サイレント・ステークホルダー」とはどういったグループを指すのでしょうか。サステナビリティを考える上での重要性はありますか。また「声なきステークホルダー」を考えるために，どのような方法をとればよいのでしょうか。

A

サイレント・ステークホルダーとは，懸念を実際に表明できない／しないステークホルダーのことです。その例として，ESRSでは「自然」を挙げています（ESRS 1付録A.AR7）。自然は，事業者のサステナビリティを考える上で，バリューチェーンの根本をなすものといえるでしょう。自然は声を出したり，書面にして自らの懸念を表明したりすることはできませんが，動植物の個体数や状態，海や河川，森林等の状況といった自然に関する科学的データによって，事業者は自然の置かれている状況を理解することができます。科学的データとしては，プラネタリーバウンダリー[15]に関する科学に基づく研究・知見や科学的に検証されたデータなどが挙げられます。

図表Q4-3-1　サイレント・ステークホルダーとエンゲージメント

科学的データ　専門家／NGO

「サイレント・ステークホルダー」のモニタリングはインパクト，バリューチェーンでの依存関係，そして，場合によっては事業者のリスクと機会に関するマテリアリティ評価のための重要な情報を提供します。サイレント・ステー

---

14 'Implementation Guidance, EFRAG IG 1 Materiality Assessment', FAQ17（2024）を参考にしました。
15 「地球の限界」ともいわれ，地球環境が安定した状態を保てる限界の範囲を指します。大気中のCO2濃度，海洋酸性化などが含まれます。

350

クホルダーについて考えるためには，サイレント・ステークホルダーを適切に代表していると考えられる組織といった「代理人」を活用したり，専門家の協議，NGOやその他の利害関係者との協力に基づいて潜在的なインパクトの推定結果を検証するといった方法が挙げられます。

　なお，ステークホルダー自身が当該事業のステークホルダーであるとは認識していない場合もありえます。GRI 1「基礎2021」2-4 では，事業者は，このようなステークホルダーも含み，かつ自らの意見を明確に表明できないステークホルダー（例えば，将来世代など）の利害も考慮し，ステークホルダーを特定すべきである，と述べています。将来世代は必ずしも「懸念を表明できないステークホルダー」ではないかもしれませんが，事業活動拠点から地理的・時間的に離れていても，影響を受ける可能性がある個人やグループの利害についても考える必要があるといえるでしょう。

5. バリューチェーン

Q5-1　バリューチェーンへのインパクト[16]

バリューチェーンへのインパクトとはどのようなものがあるのでしょうか。

A

　ESRSの巻末にある用語集ではバリューチェーンを「事業者のビジネスモデルおよび事業者が活動する外部環境に関連するあらゆる活動，資源および関係」と定義しています（ESRS ANNEX II, Table 2）。事業者が製品やサービスを構想・開発・生産し，納品，消費，使用終了に至るまでに用い，依存する活動や資源，関係性が含まれます。

　事業者のインパクト，リスク・機会は，多くの場合，自社の中だけではなく，

16　ESRS 1 ANNEX IIを参考にしました。

その上流・下流のバリューチェーンでも発生します。自社の事業にだけ焦点を当てていては，事業者の活動，製品，サービスに関連する人々や環境へのインパクトの部分的な把握にとどまります。

バリューチェーンの中で発生するインパクトの例としては，以下のようなケースが挙げられます。

① サプライヤーにおける雇用状況（上流でのインパクト）

あるアパレル事業者は，外国の縫製業者に委託してシャツを生産し，それを自国で販売しています。自社での業務では団体協約に基づき自社従業員に適切な賃金を支払っています。しかし，下請けの縫製業者においては従業員の報酬がその国の適正賃金基準を下回り，結社の自由も認めていません。サプライヤーの雇用において，労働に関する重大なマイナスのインパクトが発生しています。

② 取引先工場の汚染（上流でのインパクト）

ある小売業者は，環境面の法的要件が厳しくない外国の業者から玩具を調達しています。この業者の玩具製造工程には，粉塵や化学物質の排出といった環境・安全衛生リスクがあります。そのため，当該業者の労働者のみならず，地域社会も重大な労働災害や健康リスクにさらされています。

③ 廃棄物投棄による生態系被害（下流でのインパクト）

ある電子機器メーカーが製造する製品には，そのまま廃棄されると自然環境に悪影響を及ぼす物資が含まれています。同メーカーは廃棄される際の処理方法について処理業者に伝えています。しかし，この処理方法が必ずしも徹底されておらず，有害な物資が未処理のまま廃棄されることがあります。その結果，野生動物の生育や植生に甚大なマイナスのインパクトを与えています。

352

| Q 5 - 2 | バリューチェーンの範囲[17] |

バリューチェーンの始まりと終わりはどこになるのでしょうか。

| A |

バリューチェーン上でインパクトと事業者との因果関係は3つに分けられます。自社事業が直接に関与する場合は「原因となる（cause）」，下請企業などを通じて引き起こす場合は「助長する（contribute）」，調達行為などから関与する場合は「直接結び付く（directly linked）」と区分されます（図表Q2-2-1参照）。

契約関係や近接性という点では，上記に並べた順番で関係性が低くなります。しかしながら，関係性が低いからといってインパクトの発生を軽視してよいということにはなりません。

事業者の事業，製品，サービスの開発や販売等に関する，あるいはそれらの製品やサービスの使用や最終使用まで含めて，インパクトを把握する必要があります。具体的には次のグループが含まれます。

- 上流のバリューチェーンでの第一次以降の下請け業者
- 商品やサービスの利用者
- 商品の廃棄業者
- 商品やサービスによって影響を受ける可能性のある人々

バリューチェーン上のマイナスインパクトを軽視し，何の対策も講じないで事業活動を続けると，将来的に経営にマイナスの影響を及ぼしかねません。例えば次のような事例が考えられます。

---

17 'Implementation Guidance, EFRAG IG 2 Value Chain', FAQ1（2024）を参考にしました。

補章　ESRSの重要用語Q&A　**353**

①　水不足地域での資材調達

　ある事業者は，水不足の地域で操業する業者から中間財を調達しています。その業者は地域の鉱山会社から原材料を調達していますが，この鉱山での採掘は地域の水源からの取水に依存しています。水源から取水を続けることで地域全体の水不足が深刻になれば，操業の中断やコスト増につながる可能性があります。

②　下請企業への無理な要求

　ある事業者は下請企業から，購入価格が製造コストをカバーしないような条件で製品を納入しています。こうした取引が続くと，下請企業における雇用条件が悪化する可能性があります。あるいは下請企業での製造のリードタイムを考慮しない無理な日程での納品を求めると，下請企業の従業員の過度な時間外労働，労働災害などを招きかねません。下請業者の雇用状況が悪化し，当該製品の調達が不安定になる可能性があります。

③　生物多様性リスクのある地域での農業

　ある食品加工企業は，ある農産物を常に確保する必要があります。主要サプライヤーの１つは生物多様性喪失のリスクの高い地域でプランテーション農業を営んでいます。当該地域の自治体は野生動物の生息域の回復に努めており，当該サプライヤーが野放図に熱帯林を開墾し，農園を拡げ，野生動物の生息を難しくしていることを問題視しています。そのため，当該サプライヤーに対して，農園内での野生動物の生息域の確保を命じました。こうした措置により，農園の経営効率が低下し，生産量が減少することになりました。食品加工企業自体の製造コストに影響を及ぼす可能性があります。

Q5-3　バリューチェーンのデータ収集[18]

　バリューチェーンのデータを収集するための「合理的な努力」とは何ですか。

18　'Implementation Guidance, EFRAG IG 2 Value Chain', FAQ9（2024）を参考にしまし

354

| A |

　ESRSでは，報告企業は「合理的な努力の範囲」で，バリューチェーンに関する情報を収集しなければならないと示されています（ESRS 1.69）。収集できない場合は不足情報を推定しなければなりません。その際は，過度なコストや労力をかけることなく，報告日時点で事業者が入手可能な，合理的かつ裏付けのあるすべての情報を提供する必要があります（ESRS 1.AR17）。

　合理的かつ裏付けのある情報には，推定値，セクター平均データ，国やセクターの統計に基づくリスク評価データなどがあります。意味のある情報を作成するために利用可能な最善の方法を決定し，難易度を適切に評価した上で，それに見合った時間とコストを投入することが求められます。

　「合理的な努力の範囲」について，ESRSには具体的な説明はありません。事業者自らが判断する必要があります。直接データを入手することによる報告負担と，その行動を取らないことによって生じる情報の質の低下とのバランスを検討することになります。

　直接情報を入手することが困難な場合，事業者は他の情報源，例えば，農業における強制労働ならILO（国際労働機関）やFAO（国連食糧農業機関）の資料も参照することができます。重要なのはインパクトの深刻度を結論付けるのに十分な情報を持つことです。

　事業者のガバナンスのために，また保証提供者の監査証跡のためにも，事業者は努力と結果，情報がどのように報告プロセスに組み込まれたかを文書化しておくことが推奨されます。

| Q5-4 | **バリューチェーンに関する推定値[19]**

　バリューチェーンに関する推定値はどのように作成するのですか。

た。

19 'Implementation Guidance, EFRAG IG 2 Value Chain', FAQ10（2024）を参考にしました。

補章　ESRSの重要用語Q&A　355

A

　バリューチェーン情報は，サステナビリティ方針の内容における，すべての
開示に求められるわけではありません。事業者がバリューチェーン情報を必要
と判断する場合に情報が必要であり，合理的な努力をしても直接収集するデー
タが入手できなければ，推定値を使用します。直接収集したデータとの組み合
わせも可能です。推定値は間接的な情報源からのデータ，セクター平均データ，
サンプル分析，市場や同業者グループのデータ，その他の指標，支出ベースの
データなどが含まれます。

　例えば，事業者の製品の原材料として使用される鉱物を採掘するバリュー
チェーンの労働者に関して，安全や健康に対するマイナスインパクトや児童労
働のリスクに関するデータや情報を直接に入手困難な状況があったとします。
現場監査を手配するといった合理的な努力が必要ですが，それで入手できなけ
れば，採掘現場におけるインパクトに関するセクター別，国別データを利用し
て推定値を算出します。

　環境，社会，人権，汚職の問題に対処するのに役立つ外部情報源としては，
以下が挙げられます。

- 学術機関の環境パフォーマンス指数
- 政府機関が発行する社会進歩指数[20]
- ILOの国別／社会的保護データ[21]

20　例えば，EUの社会進歩指数（Social Progress Index）は，国内総生産（GDP）などの
　　従来の経済進歩の尺度を補完するものであり，EU地域の社会進歩を測定することを目的
　　として設定されています。53の社会経済および環境指標に基づいています。
　　https://ec.europa.eu/regional_policy/information-sources/maps/social-progress_en（EU
　　社会進歩指数サイト）

21　ILOの社会保護（Social protection）サイトには，傷病手当や失業手当など９分野につ
　　いてILOの方針や分析などが示されています。さらに，加盟国の状況は国別データからの
　　確認が可能です。
　　https://www.ilo.org/topics-and-sectors/social-protection（社会保護サイト）
　　https://www.ilo.org/regions-and-countries（国別サイト）

- NGOなどの非営利団体資料[22]

---

22 例えば，国際的なNGOであるワールド・ジャスティス・プロジェクトは「WJP Rule of Law Index（法の支配指数）」を国ごとに提示しています。
https://worldjusticeproject.org/rule-of-law-index/（法の支配指数）

《著者紹介》

三井　久明（みつい　ひさあき）

（株）国際開発センター（IDCJ）SDGs室長／主任研究員
GRIサステナビリティ・プロフェッショナル，早稲田大学非常勤講師
早稲田大学政治経済学部卒業，同大学大学院および英国サセックス大学大学院修了。
1990年代より国際協力分野の調査・研究業務に従事。2018年からはGRI認定講師として，GRIスタンダード，ESRS研修など各種研修を担当。またサステナビリティ・コンサルタントとして，企業のマテリアリティ特定，KPI設定，GRI内容索引作成等に携わる。
著書に，『SDGs経営の羅針盤』（エネルギーフォーラム，2020年），『SDGsゴールとターゲット全解説』（東京図書出版，2022年）がある。

片岡　まり（かたおか　まり）

（一社）株主と会社と社会の和　理事
英国CMI認定 サステナビリティ（CSR）プラクティショナー，PRSJ認定PRプランナー
慶應義塾大学文学部哲学科卒業。
（株）資生堂において，商品開発やマーケティングで研鑽を積んだ後，ステークホルダーに向けてのコーポレートコミュニケーション全般を担当し，独立後，現職。サステナビリティ・コンサルタントとして企業の統合報告やサステナビリティ報告の企画・制作支援に携わる一方，サステナビリティに関わる講演や研修を行っている。

ESRS〈欧州サステナビリティ報告基準〉ハンドブック
■持続可能な成長のためにダブル・マテリアリティで考える

2025年2月10日　第1版第1刷発行

著　者	三　井　久　明	
	片　岡　ま　り	
発行者	山　本　　　継	
発行所	㈱中　央　経　済　社	
発売元	㈱中央経済グループパブリッシング	

〒101-0051　東京都千代田区神田神保町1-35
電話　03 (3293) 3371 (編集代表)
03 (3293) 3381 (営業代表)
https://www.chuokeizai.co.jp
印刷／三英グラフィック・アーツ㈱
製本／誠　製　本　㈱

Ⓒ 2025
Printed in Japan

＊頁の「欠落」や「順序違い」などがありましたらお取り替えいた
しますので発売元までご送付ください。(送料小社負担)
ISBN978-4-502-52901-6　C3034

JCOPY〈出版者著作権管理機構委託出版物〉本書を無断で複写複製 (コピー) することは，
著作権法上の例外を除き，禁じられています。本書をコピーされる場合は事前に出版者著
作権管理機構 (JCOPY) の許諾を受けてください。
JCOPY〈https://www.jcopy.or.jp　eメール：info@jcopy.or.jp〉

いま新しい時代を切り開く基礎力と応用力を兼ね備えた人材が求められています。

このシリーズは，各学問分野の基本的な知識や標準的な考え方を学ぶことにプラスして，一人ひとりが主体的に思考し，行動できるような「学び」をサポートしています。

ベーシック＋専用HP

教員向けサポートも充実！

中央経済社

2024年1月1日現在の基準・解釈指針を収める
IFRS財団公認日本語版!

IFRS®会計基準
2024〈注釈付き〉

IFRS財団 編　企業会計基準委員会
　　　　　　　公益財団法人財務会計基準機構　監訳

中央経済社刊 定価24,200円（分売はしておりません）B5判・5024頁
ISBN978-4-502-50831-8

IFRS適用に必備の書!

●**唯一の公式日本語訳・最新版**　本書はIFRS会計基準の基準書全文を収録した唯一の公式日本語訳です。最新の基準書はもちろん、豊富な注釈（基準書間の相互参照やIFRS解釈指針委員会のアジェンダ決定）がIFRS会計基準の導入準備や学習に役立ちます。

●**使いやすい3分冊**　原書同様に、日本語版もPART A・PART B・PART Cの3分冊です。「要求事項」、「概念フレームワーク」をPART Aに、「付属ガイダンス」、「実務記述書」をPART Bに、「結論の根拠」、「定款」などをPART Cに収録しています。

●**2024年版の変更点**　「サプライヤー・ファイナンス契約」（IAS第7号・IFRS第7号）、「国際的な税制改革―第2の柱モデルルール」（IAS第12号）、「交換可能性の欠如」（IAS第21号）といった基準書等の修正が盛り込まれているほか、「IFRS第16号『リース』―リースの定義―入替えの権利」などのアジェンダ決定も収録しています。

IFRS会計基準の参照にあたっては、つねに最新の日本語版をご覧ください。

中央経済社
東京・神田神保町1-35
電話 03-3293-3381
FAX 03-3291-4437
https://www.chuokeizai.co.jp

収録内容
PART A収録
基準書本文
（基準・適用指針）
財務報告に関する
概念フレームワーク
PART B収録
適用ガイダンス・設例
IFRS実務記述書
PART C収録
結論の根拠・定款　など

▶価格は税込です。掲載書籍はビジネス専門書Online https://www.biz-book.jp からもお求めいただけます。

IFRS財団公認日本語版！

IFRS® サステナビリティ開示基準

IFRS財団 編　　サステナビリティ基準委員会　監訳
　　　　　　　　公益財団法人財務会計基準機構

中央経済社刊　定価12,100円　B5判・768頁　ISBN 978-4-502-51321-3

2023年12月31日現在の基準一式を収めた必備の書！

収録内容

IFRS S1号
Part A
　サステナビリティ関連財務情報の開示に関する全般的要求事項
Part B
　「サステナビリティ関連財務情報の開示に関する全般的要求事項」に関する付属ガイダンス
Part C
　結論の根拠

IFRS S2号
Part A
　気候関連開示
Part B
　「気候関連開示」に関する付属ガイダンス
　「気候関連開示」の適用に関する産業別ガイダンス
Part C
　結論の根拠

中央経済社
東京・神田神保町1-35
電話 03-3293-3381
FAX 03-3291-4437
https://www.chuokeizai.co.jp

▶価格は税込です。掲載書籍はビジネス専門書Online https://www.biz-book.jp からもお求めいただけます。